博多の考古学

中世の貿易都市を掘る

大庭 康時 著

高志書院刊

目　次

Ⅱ　都市の景観

はじめに

文明十二年(一四八〇)、九州の博多を一人の文人が訪れた。陸路、大宰府から北上して、夕暮れ時に博多に入った彼は、翌朝眼前に広がる光景を次のように記している。

「前に入海遥かにして、志賀の島を見渡して、沖には大船多くかかれり。唐人もや乗けんと見ゆ。左には夫となき山ども重なり、右は箱崎の松原遠く連なり、仏閣僧坊数も知らず、人民の上下門を並べ、軒を争ひて、その境四方に広し」(『筑紫道記』新校群書類従　第三三六)

鳥瞰図を見るような巧みな描写で、格調高く、けだし名文と言うべきだろう。この旅人の名は、飯尾宗祇といい、当代第一の連歌師であった。

多少の文飾はあるにせよ、都に暮らし、各地をめぐってきた宗祇をして、その殷賑ぶりを語らせた「博多」は、一方で、文献史家に中世文書の遺存の悪さによる史料的な研究の困難さを嘆かせている。博多遺跡群の考古学的な発掘調査は、一九七七年(昭和五二)の福岡市営地下鉄の建設に先立つ調査以来、四〇年以上、二〇〇地点以上に上り、多くの知見を重ねてきた。発掘調査の成果は、文献史学の欠を補い、かつ文献史料ではうかがいしれない都市景観や庶民生活について雄弁に語りかけてくれる。

福岡県福岡市博多区、その博多湾に面した一帯を、旧博多部と呼ぶ。旧博多部とは、明治二十二年(一八八九)市制がしかれ市名が福岡市と決まった後の呼称であり、江戸時代には筑前黒田五二万石の藩都が置かれた福岡と並んで、商人の町博多があった。現在の行政の地名表示の上では、区名・駅名に名を留めるだけのこの博多部こそが、古代末以来中国・朝鮮との貿易で栄えた都市「博多」の地にほかならない。

昭和五十二年(一九七七)、博多遺跡群に初めて考古学のメスがはいった。博多遺跡群は、中世都市「博多」の遺跡である。福岡市教育委員会が設定した遺跡の範囲は、東を石堂川、西を博多川に画され、南は出来町公園から藤田公園を結ぶ線、北は対馬小路あたりまでで、約一・六平方キロの面積を持つ。

本論に入る前に、現代の博多を訪ねながら、発掘調査の成果を中心に、中世の博多を探ってみよう。

中世前半の港

博多の夏は、祇園山笠であける。七月になると、町のあちこちに博多人形で飾った飾り山笠がたち、十日からは、締め込み姿の男たちがかき山笠をかいて町内を疾駆する。そして、十五日早朝、博多の町々をかけめぐってそのタイムを競う朝山で、フィナーレとなる。この博多祇園山笠が奉納されるのが、博多の西端に鎮座する櫛田神社である。

櫛田神社は、社伝では、天平宝字元年(七五七)鎮座とも、平安時代の末、平清盛によって肥前国神崎荘(佐賀県神埼郡神埼町)の櫛田神社から勧請された神社ともいうが、史料的根拠は薄い。遅くとも、鎌倉時代中頃には存在したようである。この付近は、鎌倉時代末期には鎮西探題がおかれ、九州の政治・軍事の中心となっていた。

櫛田神社から冷泉小学校跡地(一九九八年閉校、大乗寺跡)をはさんだ北側に冷泉公園がある。昼食時には、弁当を持ったOLでにぎわうこの公園の下には、古代末から中世初めの港が眠っている。冷泉公園のすぐ東側で行った発掘調査では、最下層の泥土層から山積みになった白磁の碗や皿などが見つかった。十二世紀初め頃、船から積み荷を陸揚げした際に、船の中で壊れたものを一括して捨てたと考えられている。宋から渡航して来た、陶磁器をはじめさまざ

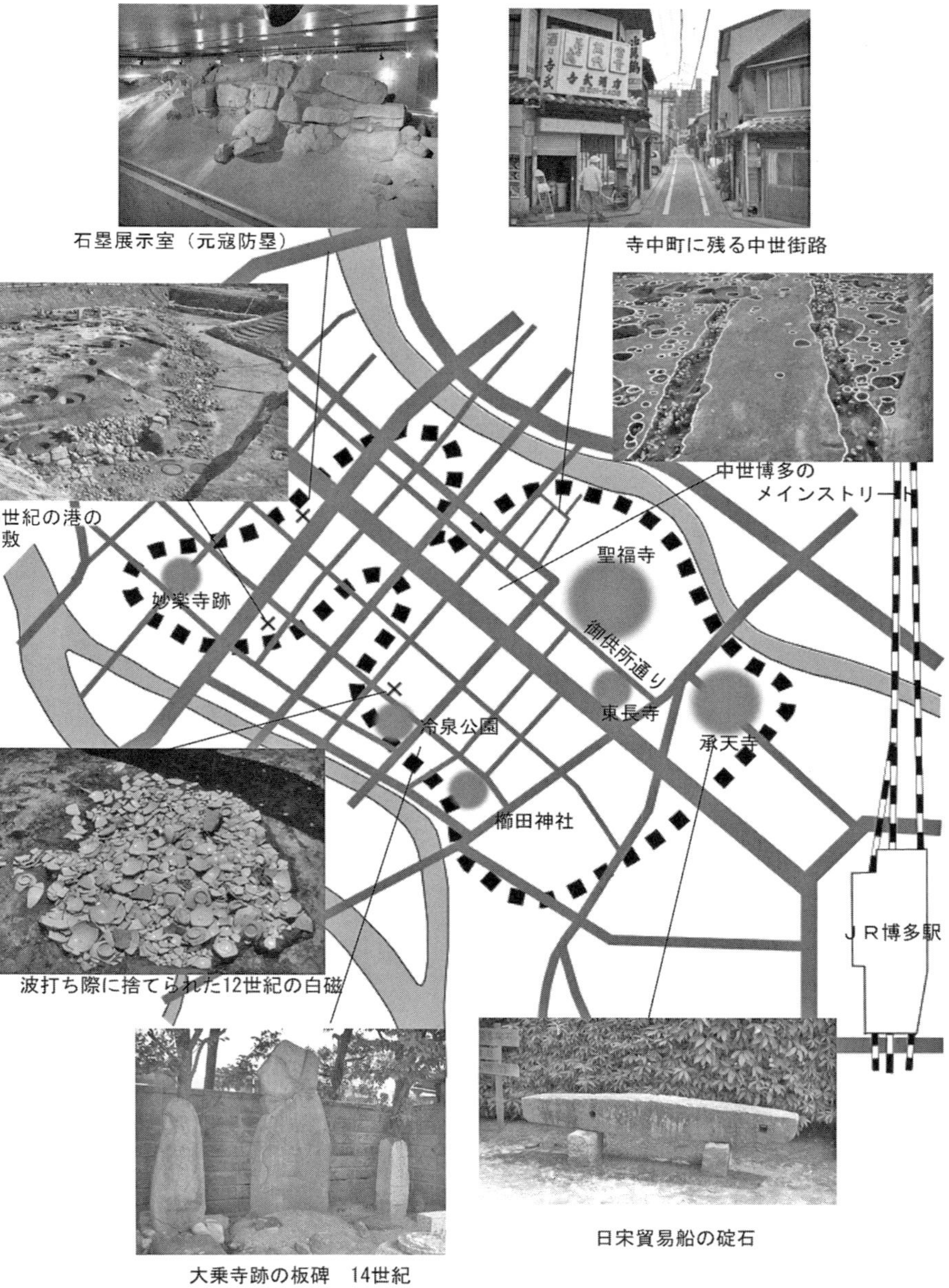

図１　現代の博多に探る中世の博多（写真は福岡市埋蔵文化財センター提供）

まな珍奇な荷を満載した船は、博多湾の沖合に浮かぶ能古島や志賀島の島影に碇をおろし、小舟で博多の港を往来したのである。

博多綱首

博多の東辺には、聖福寺・承天寺の二大寺がその偉容を誇っている。聖福寺は、宋から帰国した栄西が最初に開いた寺と言われ、「扶桑最初禅窟」という額が山門に掲げられている。都心に豊かな緑を提供している寺地は、創建前は宋人の百堂の跡であったと伝えられている。承天寺は、聖福寺の南に建てられた寺である。現在は、かつての鉄道敷地や道路によって寺域が著しく縮小しているが、もとは聖福寺に隣接して広大な敷地を誇っていた。仁治三年(一二四二)、宋から帰国した聖一国師円爾をむかえて、謝国明が建立した。

十一世紀から十三世紀当時、博多での貿易を担っていたのは、宋から来た商人たちであった。彼らは、博多に家を構え、妻をめとり、子をなした。そして、宋・高麗と博多とを往来し、貿易を行ったのである。彼らを称して「博多綱首」という。

栄西の渡宋にあたっては、博多綱首張国安、通事李徳昭らとの交わりも伝えられており、聖福寺創建に博多綱首らの後押しがあったことが推測される。

謝国明は、櫛田神社の近くに家を構え、日本人の妻を迎えて子をなしていた。また、玄界灘に浮かぶ宗像神社領小呂島(福岡市西区)の地頭職を持ち、その一方で筥崎宮(福岡市東区)にも帰属していた。さらに、円爾が宋で学んだ径山万寿禅寺が火災にあった際には、円爾の勧めをいれて、復興のための材木一千枚を日本から送ったという事跡も残されている。

博多綱首の活躍を示す資料は、発掘調査でも多く見つかっている。聖福寺や承天寺にも近い地下鉄祇園駅の調査では、十二世紀後半の井戸から、火災にあって捨てられた大量の青磁碗・皿、陶器の壺・甕が出土した。商品として蔵に蓄えられたまま、火事にあったものと考えられている。これと同様に、火事で焼けた陶磁器を一括廃棄した遺構は、博多の各所から見つかっており、あちこちに博多綱首たちが家を構え、商売を行っていた様子が推測できる。

十二世紀代の史料には、「博多唐房」という言葉が見える。宋商人らの居住区、すなわちチャイナタウンと考えられている。もちろん現在の博多にその名残はなく、発掘調査でも直接にその所在を示す遺構・遺物は出土していない。しかし、遺物・遺構からうかがわれる手がかりを総合すると、櫛田神社から聖福寺・承天寺の間、博多部の南西の一角あたりにあったのではないだろうか。前述した、中世前半の港を含む一帯である。貿易都市博多は、ここから誕生したといえる。

博多の町並み

聖福寺の前面、築地塀に沿って、御供所通りと呼ばれる道路が通っている。この界隈は戦災にもあわず、古い町並みをよくとどめた一角である。通りは幅三間(約五・四メートル)程で、その両側には間口二間半の二階家がびっしりと連なっている。現在のこの道路は、天正十五年(一五八七)豊臣秀吉による博多復興(太閤町割り)によってつくられた道路で、中世の道路筋とは、若干異なっている。中世においても、聖福寺と承天寺の前面を通る道路がメインストリートであった。発掘調査で出土したメインストリートは、幅三間前後で、現在の道路の西側を、今よりももっと西にふれた方位を取って通っていた。

中世の道路としては、このほかにメインストリートに平行する縦筋道路を二本、メインストリートに交わる横筋道路を五本検出している。それぞれ厳密には平行・直交せず、交差点も直角ではない。したがって、道路に囲まれた街区は、大ざっぱにみれば長方形といえるが、実際にはかなりいびつな四辺形をつくっている。当然、街区ごとの面積も違い、規格性・統一性に欠ける。

これらの道路は、十三世紀末頃ほぼ一斉につくられたもので、十六世紀末の太閤町割りによって廃止されるまで、少しずつずれたり、道幅を狭めたりしながらも、ほぼそのままの姿で続いていた。中世の博多は、この街区の中で繁栄を誇っていた。

菊池一族の首

御供所通りと大博通りに挟まれた一角に、東長寺がある。かつては息浜にあったが兵火にかかって荒廃したものを、江戸時代初めに福岡藩二代藩主黒田忠之によって現在の地に移された。黒田氏の巨大な墓石が並び、朱塗りの五重塔がそびえ、大博通りからでもひときわ目を引く。

この東長寺の前で実施した発掘調査で、十四世紀前半に埋まった溝から、百十体分の頭骨が出土した。火葬されたこれらの頭骨は、少年を含めてすべて首から上だけで、斬首されたものと考えられる。

元弘三年(一三三三)、後醍醐天皇の綸旨に応じた肥後の菊池武時は、博多の鎮西探題を襲った。しかし、孤軍奮闘むなしく敗れ、一族二百人の首が犬射馬場にさらされた。

発掘調査で出土した頭骨は、その数、時期からみて、菊池一族の首級である可能性が高い。鎮西探題館の遺構は出土しておらず、その位置はいまだ確定できていない。しかし、史料からは櫛田神社に接していたことがうかがわれ、おそらく櫛田神社と東長寺の間付近にあったのだろう。近年の発掘調査では、北条氏の家紋と同じ三つ鱗文様を刻んだ双六の駒が出土していて、蓋然性は高まったように思う。鎮西探題は、蒙古襲来に端を発して鎌倉時代末期に設置された鎌倉幕府の機関で、九州の軍事・警察・訴訟を担当した。これにより、博多は九州の政治・軍事の要となった。

しかし同年、鎮西探題は滅亡し、時代は移る。

今に残る中世の町

さて、御供所通りにもどって、北に向かおう。御供所通りの右手、聖福寺の北側に、江戸時代に寺中町と呼ばれた一角がある。御供所通りの町並みが南北街路を軸に連なっているのに対し、東西街路を軸にし、町屋の奥行きは著しく短い。発掘調査の結果、この町割りが中世にさかのぼることが明らかになった。道幅も、ほとんど変わっていない。すなわち、聖福寺北側の一角には、十五〜十六世紀の町が、今も息づいている。

息浜の繁栄

御供所通りをさらに博多湾に向かって進むと、道は急な下り坂となる。そのまま、国道二〇二号線を横断すると、今度は緩い上りに変わる。息浜である。国道二〇二号線付近の低地が、かつて砂丘と砂丘との谷間にあった入海の名残にあたる。

大博通りと昭和通りの交差点に接する、博多小学校の一角の地下に「石塁遺構展示室」がある。若干窮屈な感がある地下室の中央に、二〜三段程度の石積が連なっているのを見ることができる。博多の元寇防塁である。元寇防塁は弘安の役(一二七一年)に先立って、博多湾岸に延長二〇キロにわたって築かれた石塁である。現在は七地点が国史跡に指定され現地保存が図られており、遺存状態の良い今津地区、生の松原地区では、発掘調査した状態での露出展示や復元展示がなされている。博多の元寇防塁は、息浜の都市化にのまれ、中世末から破壊が進んでいた。博多小学校の発掘調査では、比較的良好な状態で出土したため、そのもっとも状態が良い部分を保存し、地下の露出展示として公開している。蒙古襲来は、日本の主要四島が体験した唯一の対外戦争である。博多は、その激戦地のひとつであり、博多小学校の石塁はわずかに残された証人である。

息浜は、十二世紀後半以降にできあがった、いわば新開地であった。ところが、蒙古襲来後の南北朝時代から港が息浜に移り、室町時代には博多の中心となっていく。そこには、かつての博多綱首の姿はなかった。博多を直撃した二度の元寇と宋の滅亡が、中国人商人のあり方を変えたのだろう。同時に、博多綱首たちの子孫は、混血がすすみ完全に同化してしまったに違いない。息浜商人に、博多綱首のような、異国の香りを感じることはできない。

貿易の担い手が変わるとともに、その相手国や博多の外国人の姿にも変化が生じた。朝鮮との貿易はさかんになり、東南アジア、琉球との貿易も行われた。しかし、その一方で倭寇による略奪が横行し、倭寇によって明や朝鮮からつれてこられた被虜人(奴隷)も多数いて、売買されていた。

息浜を発掘すると、十四世紀から十六世紀にかけての厚い生活層の堆積にあたる。この時代の遺物としては、やはり中国製陶磁器が多いが、朝鮮製の陶磁器の比率が高まっていることに目を引かれる。また、点数としては少ないが、タイ・ベトナムなど東南アジア製陶磁器が出土していて、息浜を舞台にした国際貿易の広がりを物語っている。

さて、息浜の西のはずれは、冒頭にふれた博多祇園山笠のレースの決勝点になっている須崎の商店街である。この付近には、室町時代、遣明船の宿坊となり、明や朝鮮からの使節・文人らを迎えた妙楽寺があった。息浜貿易のなかば公的な拠点であった妙楽寺も、戦国時代末期の兵火のため焼け落ちた。その後、福岡藩主となった黒田長政によって、聖福寺と承天寺の間に再建され、息浜を去った。

近世都市博多

昭和通りに面して、ホテルオークラ福岡がある。川端地区の再開発後に立地したホテルだが、それに先立つ発掘調査で、十六世紀の護岸、十七世紀初頭の埋め立て遺構が出土した。十六世紀の護岸遺構は汀線の斜面を石敷きで覆ったもので、一部には艀を引き込むための平坦面を作り出していた。息浜の船着き場の一角であろう。十七世紀初頭、杭を打って土止め板を置き、大規模な埋め立てが行われた。これによって、砂丘間に残った湿地は完全に埋まり陸地化した。中世都市博多は、ここに幕を下ろしたのである。

戦国時代末期の兵禍から、豊臣秀吉によって復興された博多は、中世博多の姿を払拭し、整然と区画された近世都市へと再生した。しかし、徳川幕府の鎖国政策のもと、海外に雄飛する翼をもがれた博多は往時の繁栄を取り戻すことはなく、筑前福岡藩の商都に転身することになる。

本書の構成

本書は、中世都市博多に関して、これまで発表してきた論文・研究ノートを配列し、一書を編んだものである。本来であれば、時点修正や発表後の情報を盛り込んで書き直しをしなくてはならないのであろうが、いずれもそれなりに完結したものであり、その後の発掘調査・研究によっても論旨の修正を要さないので、余分な手は入れないことにした。ただし、博多の自然地形を説明した部分は、各論文に共通するので、冒頭の総論にまとめて、以下の各論では省略した。

冒頭には総論をおき、中世都市博多以前から終焉までを概観した。ここに盛り込まれた内容は、Ⅰ以降の検討に立脚した部分も含むが、詳論に入るための、博多の考古学的成果の入門として、冒頭においた。

Ⅰでは、中世前半、貿易都市としての博多誕生から成長期を扱った。博多は、鴻臚館から博多に宋商人がその拠点を移したことによって成立し、一気に都市化した。かれら中国人商人は「博多綱首」と呼ばれた。考古資料から、成立期の博多の特徴を探る。

Ⅱは、鎌倉時代末期から室町時代後半を主にあつかった。蒙古襲来を契機に、博多には鎌倉幕府の出先機関である鎮西探題が置かれた。鎮西探題のもとで、博多には長方形街区を基調とした都市整備がなされ、その枠組みは戦国期まで維持された。一方、貿易面では、商人の主役は博多綱首から博多商人に移り、貿易港としての博多の唯一性は薄れ、肥後の高瀬津、薩摩の坊津など九州各地に貿易拠点が登場した。とはいえ、博多は遣明船の発着基地であり、対朝鮮貿易や対琉球貿易においても、博多の優位は揺るがなかった。出土した街路の検討から都市景観の復元を試みる。

Ⅱの最後では、中世都市博多の終焉をあつかった。近世都市博多の成立は、戦国期の焦土からの復興であり、中世都市博多からみれば、破壊的な改変にほかならなかった。中世都市博多は、完全に塗り込められてしまった。それは、同時に海外貿易都市博多の幕引きでもあった。

これらを通観することで、博多遺跡群の全体像を描くことが可能となる。しかし、本書に収録した諸論文の刊行後、あらたに発表された研究の中には、本書の行論とは齟齬を生じるものもある。そのために、終章を用意した。終章において、筆者が看過できないと考えるいくつかの論点にふれ、私見を述べることで、本書全体の風化に備えたい。

総論

博多遺跡群遠景（福岡市埋蔵文化財センター提供）

考古学からみた博多の展開

1　博多の立地

博多湾は、九州本島北岸のほぼ中央に位置し、日本海の玄界灘に面している。東から北側にかけては海の中道・志賀島に遮られ、西側には今津湾を擁した蒙古山、さらには毘沙門山が張り出し、東西一九キロメートル、南北八キロメートルの巾着状を呈する。志賀島と蒙古山の間は五・六七キロメートル、志賀島と毘沙門山の間は六・三キロメートルにすぎず、さらに玄界島・能古島がそれぞれの中央部に座り、開口部を二分する。すなわち博多湾全体が、玄界灘の風涛を防ぐ地形に恵まれているのである。

博多は、福岡平野を北流する御笠川と那珂川、さらには博多湾内の海水の左捻流によって形成された砂丘上に立地する。砂丘は数列あり、博多の地形復元を試みた遺跡立地研究会の報告では、内陸から砂丘Ⅰ、砂丘Ⅱ、砂丘Ⅲと呼んでいる［小林・磯・佐伯・高倉編 一九九八］。砂丘Ⅲは、史料にその名がみえる「息浜」にあたる。(1) 砂丘Ⅱと Ⅲの間には、古墳時代には川が東流していた。博多の西側の天神地区の再開発工事に伴う立会調査の所見からは、天神から北東方向＝博多にむかって河川が流れていた状況が観察されており、これが博多浜と息浜の間に流れ込んでいたものと考えられる。したがって、息浜は、本来天神付近から東に向かって伸びた砂州であった。奈良時代前後と思われるが、こ

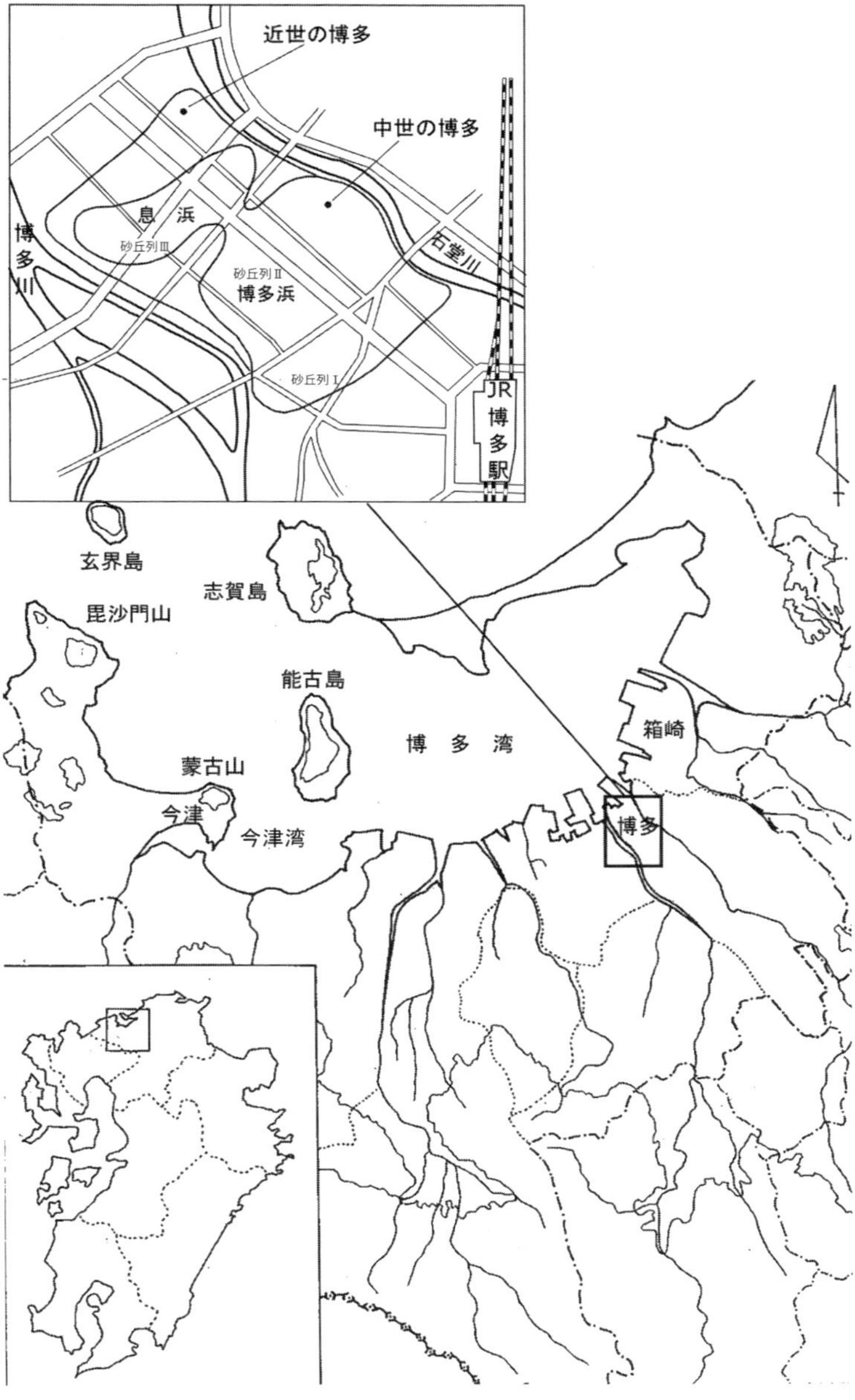

図１　博多遺跡群の位置と博多浜・息浜

の川が流れを変え、砂州の基部付近を縦断して博多湾に流れ込むようになる。このため、息浜と博多浜の間は堆積が進み、湿地化する。十二世紀初頭ころ、その一部が埋め立てられ、砂丘IIとIIIはつながった。とはいえ、砂丘IIとIIIの間の低地は、湿地として残り、これが完全に埋められるのは、近世を待たなくてはならない。

これらの砂丘群の西側は、那珂川と御笠川が注ぎ込み、前面を砂州で閉ざされた入江で、中世には「冷泉津」と呼ばれていた。博多の船着き場は、この入江側の砂浜に設けられていたと考えられる。博多遺跡群第一四次発掘調査では、冷泉津に面した海岸辺に堆積した土層から中国産白磁の一括廃棄遺構が検出された。船内で破損した陶磁器を荷揚げにあたって海に投棄したものと推測されている。砂丘Iの南側では、御笠川が西流し、冷泉津にそそいでいた。御笠川の両岸には、低地が形成され、博多の南辺をなしていた。御笠川は戦国時代の開削で東に流路を変え、石堂川と呼ばれて、近世以降は博多の東で博多湾にそそぐようになる。すなわち、戦国時代以前の砂丘Iは東に続いていたが、砂丘II・IIIは現在の石堂川付近で切れていた。そして、砂丘IIIの北側は博多湾である。

博多が貿易都市として登場した十一世紀後半頃には、砂丘IIIは、砂丘I・IIの沖に頭を覗かせた低い砂州にすぎなかった。それでも、砂丘IIIの存在が、博多湾からの直接の波涛を遮る役割を果たしていた。すなわち、砂丘I・IIは博多湾と砂丘IIIという二重のバリアーによって、玄界灘の荒波から守られていたのである。

博多の西の入海を挟んだ向かいの丘陵上には、古代の鴻臚館が営まれていた。鴻臚館は、福岡平野と早良平野を画する丘陵の先端に立地している。東側には低地から入海が広がり、西側には現在の大濠公園の付近から南西に入江が広がっていた。北側はすぐ海に落ちるが、大濠につづく入江の開口部を隔てて荒津山が隆起しており、その麓は古代の港湾と推定され(「荒津」)、埋め立てが進んだ現在でも福岡港として機能している。

2　博多前史

古代以前

博多遺跡群の発掘調査では、しばしば中世以前の遺物や遺構が出土する。中世の博多は、突然に降って涌いたものではなく、より古い時代からの歴史環境を前提にして出現した遺跡であることが、発掘調査から明らかになってきた。

博多遺跡群から出土する最古の遺物は、縄文時代晩期の土器片である。しかし、遺構は未だ見つかっておらず、遺跡の実態は明らかではない。弥生時代前期になると、砂丘Ⅰの西端付近で甕棺墓が出土しており、中期前半では竪穴住居跡や甕棺墓が調査され、集落が営まれていたことがわかる。

図２　東海系土器（手前）と畿内系土器（奥）
（福岡市埋蔵文化財センター提供）

弥生時代終末期から古墳時代前期にかけて、博多遺跡群はその特異な様相を見せ始める。それはまず、見慣れない土器として姿を現した。九州はおろか、西日本では希な東海地方の土器が出土したのである。小さく段を作った口縁と底部に台がつく特徴的なプロポーションの甕（S字状口縁台付甕）は、科学分析の結果、尾張地方（愛知県）で作られた土器であることが、明らかとなった。そのほか、畿内系（近畿地方）、山陰系（島根県）、吉備系（岡山県）などさまざまな地域の土器が出土している。古墳時代前期には、竪穴住居の大集落が砂丘Ⅰに作られ、鉄器の製造が行われた。集落の縁辺には方形周溝墓が営まれ、畿内系の土器が供えられていた。

さらに古墳時代中期になると、砂丘上であるにも関わらず、前方後円墳が築かれている。後世の削平で墳丘は失われ、主体部も明らかではないが、周囲からは家型埴輪などが出土した。かろうじて残存した葺石から全長五六メートルを超える墳長が復元され、福岡平野の首長墓のひとつに位置づけられている。

このような日本各地からもたらされた土器や、砂丘上に偉容を誇る前方後円墳の存在からは、海の道の重要拠点としての博多の存在感が強く感じられるのである。

古代の博多

古代の博多遺跡群について、示唆を与えてくれる文献史料は皆無に等しい。「博多」の初見として七五九年、『続日本紀』天平宝字三年三月二十四日条の「博多大津」があげられるが、これは広義の博多津すなわち博多湾を指したものとされる。その後平安時代末まで、博多遺跡群を指した狭義の「博多」の例は史料には見えず、文献的に古代の博多を知ることはできない。

一方、発掘調査成果からは、博多に下級官人を中心とした何らかの官衙があり、官人らの居宅が営まれたことが推定されている［池崎 一九八八］。砂丘Ⅰの東よりに、東西・南北の正方位をとる溝で区画された一辺一〇〇メートルのエリアがあり、大型の掘り方を持つ掘立柱建物跡が調査されている。また、その北西一帯には、井戸・竪穴住居跡・掘立柱建物跡・土葬墓が点在し、公的な装束である衣冠束帯の帯を飾った帯金具・石帯が出土し、官職を示す「長官」「佐」などの文字を墨書した須恵器も出土している。

ところで、博多津を広く指した場合、古代において忘れることができないのは、鴻臚館の存在である。六八八（持統天皇二）年以降史料に現れる「筑紫館」を前身とし、九世紀前半に改称した鴻臚館は、遣唐使や遣新羅使の発着拠点として、また唐や新羅から派遣されて来日した国使の迎賓館として機能した対外公館であった。国使の往来が絶え

図3　墨書土器・皇朝銭・帯金具・石帯(福岡市埋蔵文化財センター提供)

た九世紀後半以降は、わが国を訪れる中国人商人の滞在施設・交易施設となった。鴻臚館跡の発掘調査は、一九八二年から二〇一一年まで計画的に実施された。鴻臚館の発掘調査で最も印象的なのは、初期貿易陶磁器と呼ばれる一群の中国陶磁器の豊かさである。種類・量ともにわが国では群を抜いている。

その鴻臚館と、わずかに入江ひとつを隔てただけの博多遺跡群に影響が及ばないわけはなく、博多遺跡群から出土する初期貿易陶磁器の量は、鴻臚館に次いで多い。

十一世紀中頃、鴻臚館での遺構・遺物が、突如絶える。一方、博多遺跡群では、十一世紀後半になると遺構・遺物は激増し、都市博多が成立したものと考えられる。文献史料では、永承二年(一〇四七)に鴻臚館放火犯人が大宰府によって捕縛、禁獄された記事がある(『扶桑略記』永承二年十一月九日条)。おそらく、この放火・焼失をきっかけに、鴻臚館は放棄されたに違いない。そして、鴻臚館に替わって貿易拠点として登場したのが、中世都市「博多」である。

3　中世商都「博多」

博多津唐房

十二世紀前半から中頃の史料には、「博多津唐房」という言葉が見える。「唐房」とは、中国人居住区すなわちチャイナタウンの意味とされている（本書終章参照）。鴻臚館という貿易拠点を失った宋の商人らは、博多に宋人街を作り、家を構え、中国との間を往来して、貿易を行ったのである。これを住蕃貿易という［亀井 一九八六］。

博多遺跡群の大きな特徴として、貿易陶磁器の高い出土比率、コンテナとして運ばれた大型容器類、商品としては未加工なままの陶磁器、貿易陶磁器の大量一括廃棄遺構、墨書陶磁器などがあげられる。大型容器である中国陶器の甕や木製の結い桶は、貿易に際して、香料や液体などの容器として積み込まれたものが、博多で梱包を解いた後不要となり、そのまま日常容器として使われたものである。未加工な陶磁器は、釉が融けて蓋と身がくっついてしまった合子とか、生産窯で重ね焼きされたまま輸入され重ね焼きをはずしていない碗などである。大量一括廃棄遺構は、船中で破損したり、商品検査で傷物だったり、倉庫で備蓄中に火事にあったなど、さまざまな理由で売り物にならなくなった陶磁器をひとまとめに捨てた遺構である。陶磁器の底に記された墨書は、中国で積み荷を梱包する際に、積み荷の行く先すなわち荷主を識別するために書き込んだと考えられている。

これらの特徴は、博多が日宋貿易の一大拠点であったことを如実に示している。しかもこれらの特徴を博多遺跡群のように兼ね備える遺跡は、わが国では皆無なのである。鴻臚館の後を受けた博多が、貿易に関しての独占的な地位も引き継いだことは、明らかである。

ところで、博多津唐房の位置は、具体的にはわからない。しかし、墨書陶磁器の時期別出土状況や陶磁器大量一括

図４　開かない合子・窯道具・白磁碗の底に窯道具
（福岡市埋蔵文化財センター提供）

廃棄遺構の分布などから推定して、現在の櫛田神社から冷泉公園の東側当たりであったと推測することは可能である。また、冷泉公園に面した土居通り沿いの発掘調査で、船内で破損した陶磁器を水際に廃棄したと思われる十二世紀前半の遺構が見つかっており、冷泉公園付近に唐房時代の港があったことはほぼ確実だろう。

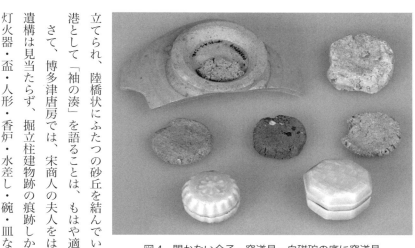

最近まで博多には、平清盛の築港による「袖の湊」と呼ばれる港があったとされてきた。現在も、そういう説明が語られることは多い。しかし、平清盛築港説は、実は昭和初期に九州大学の中山平次郎博士が提唱したもので［中山 一九八四A］、史料的な根拠はない。また、戦国時代以来博多のかつての港と言い伝えられてきた「袖の湊」については、近年、和歌の修辞がきっかけで歌枕化したもので、固有地名ではないことが明らかとなった［佐伯 一九八八C］。さらに、「袖の湊」の跡とされてきた現在の呉服町交差点あたりは、砂丘Ⅱと砂丘Ⅲの間の低地で、十二世紀初頭には埋め立てられ、陸橋状にふたつの砂丘を結んでいたことが、発掘調査で確認されている。これらのことから、中世博多の港として「袖の湊」を語ることは、もはや適当ではない。

さて、博多津唐房では、宋商人の夫人をはじめ多くの日本人も生活していた。発掘調査では、中国建築を思わせる遺構は見当たらず、掘立柱建物跡の痕跡しか検出できない。火災で廃棄された一括遺物の検討からは、中国陶磁器の灯火器・盃・人形・香炉・水差し・碗・皿などとともに、長崎県西彼杵半島で産出する滑石でつくった石鍋などが出土している。これらの点からみて、日本風の家に住み、身の回りを珍奇な唐物で宋風に飾りながら、奥向きでは日本の石鍋などで調理を行う、和漢入り混じった生活スタイルがうかがわれる(本書終章参照)。

十二世紀後半の墨書陶磁器や陶磁器一括大量廃棄遺構の分布は、博多浜のほぼ全域に広がっている。このことから、宋人の居住域は唐房の範囲を超えて拡大し、日本人との混住はますます進んだものと考えられる。

博多綱首という言葉がある。綱首とは、商船の運行を請け負い、乗船して貿易の実務全般を行う者を指す[斯波 一九六八・二〇〇六]。博多に住んだ宋商人らは、綱首として貿易全般を仕切っていた。こうして、博多は、東シナ海をまたにかけた宋の海商と、瀬戸内海を下って唐物を求める日本商人や宋人らの生活を支える職人・商人らで賑わったのである。

図５　パスパ文字遺物(銅銭・印・指輪)
(福岡市埋蔵文化財センター提供)

鎮西探題の時代

博多の賑わいに影を落としたのは、モンゴル帝国による宋の滅亡であった。博多の宋人は故国を失ったのである。しかし、出土遺物を見ると、中国との貿易に衰退した形跡はない。

十三世紀後半になると、有力武士や貴族、大寺社が貿易船を派遣するようになる。博多の宋商人は、彼ら権門が仕立てた貿易船の運営を請け負い、操船して渡海し、貿易を取り仕切ったのであろう。博多からは、元のパスパ文字を刻んだ印や指輪、銅銭が出土している。また、元の青磁は威信財としてシンボル的に鎌倉武士に受け入れられ、全国に広まっていった。

元（モンゴル帝国）は、一二七四年と一二八一年の二回にわたって、日本に襲来した。一二七四年の文永の役では、息浜に日本軍の本陣が置かれ、戦場となり、兵火にかかった。その後博多湾岸には、元軍の上陸を阻むための石塁が築かれた。博多では、息浜の頂部に築かれており、発掘調査で検出されている。

十三世紀末には、元の襲来に備える九州の御家人を統率するため、博多に鎮西探題が置かれた。探題には、鎌倉幕府執権北条氏の一族が任命され、幕府の出先機関として、九州を統括した。

十四世紀初頭頃、博多ではいっせいに街路が整備された。博多浜の中央部には、不整形ながら長方形街区が並んだ。時期的にも、都市整備を断行した実力的にも、街路整備を行ったのは、鎮西探題であろう。この街路は、かさ上げを繰り返しながら、戦国時代まで維持された。中世後半の博多は、鎮西探題によって作られたといっても過言ではない。

元弘三年（一三三三）、鎌倉幕府滅亡の動乱の中で、鎮西探題も攻防の戦いに巻き込まれた。三月十三日には肥後（熊本）の菊池武時が探題館を襲撃し敗死、五月二十五日には探題も滅亡した。祇園町の東長寺前の発掘調査で、十四世紀前半に廃絶した溝の上面からおよそ一一〇体の火葬頭骨が出土した〔永井　一九八六〕。刀傷が残る骨も見られた。また、近くからは、火葬を行った荼毘遺構も発見された。菊池武時が探題を攻めた合戦では、敗北した菊池方の頸が二〇〇級、探題館の犬射馬場にさらされたという（『博多日記』）。出土した火葬頭骨は、おそらくこの戦いによる首級を弔ったものであろう。

博多浜の南辺一帯には、十四世紀後半以後の遺構・遺物がまったく見られなくなるエリアがある。この部分は、近世初頭の絵図では、「畠地」と注されており、近世にいたるまで町場として土地利用された形跡がない。原因ははっきりしないが、鎮西探題の滅亡後その跡地を嫌って空き地となり、畑に化したものと思われる。

息浜の隆盛

文永の役で日本軍の本陣となり、弘安の役では元寇防塁が築かれた息浜は、元寇以後急速に都市化した。かつて港があった冷泉公園付近では埋め立てが進行し、建物などの生活遺構が営まれており、港が移動したことを示している。室町時代の港は未だ確認できていないが、息浜側に移動したものと思われる。

息浜の町場は、東西に伸びる砂丘の軸線に規制されて、博多浜のような縦横に連続した長方形街区を作ることはなかったと思われる。(2) 砂丘Ⅲである息浜は、この時代になっても東西八〇〇メートル南北三〇〇メートル程度と決して広くはない。さらに砂丘頂部には元寇防塁が伸び、町場が海側に拡大するのを阻んでいた。おそらく、防塁内側の砂丘中央をメインになる道路が通り、その両側に取り付くように町屋が構えられたのだろう。そこに、息浜商人と呼ばれる貿易商人らが家を構え、称名寺・妙楽寺などの寺院が点在し、稠密な町場が形成されたに違いない。

かつての元寇防塁が崩され、町屋が石塁の外に拡大するのは、十五世紀後半以降である。それまでは、元寇に対する恐怖心が、都市の拡大を抑え込んでいたのだろう。

息浜を象徴する遺物のひとつに、ベトナムやタイで生産された陶磁器がある。息浜商人は、当時中国の明と東アジア諸国とを中継した琉球貿易に絡んでいた。東南アジア陶磁器は、博多息浜の商人が東アジア海域に雄飛したことを物語っている。

太閤町割り、近世都市への転換

日明貿易・日朝貿易・琉球貿易で栄えた博多も、戦国時代の争乱はさけられなかった。しばしば戦火に焼かれ、甚大な被害を受けている。発掘調査で検出される焼土層は、火災後の整地によるものであるが、十六世紀末の焼土層は博多遺跡群のほぼ全面を覆っており、その被害の大きさを物語っている。

図６　戦国時代の陶磁器埋納（福岡市埋蔵文化財センター提供）

十六世紀後半の発掘調査では、まれに陶磁器を地中に埋納した遺構が出土する。皿は皿、碗は碗で数枚ごとに重ねて、整然と埋め込んだもので、破損品はまったくなく、捨てたものではないことは明らかである。おそらく、戦火や戦乱に乗じた略奪から守るために地中に隠匿したのだろう。

一五八三年の肥前（佐賀県）龍造寺氏による焼き討ち、一五八五年薩摩（鹿児島県）島津氏による焼き討ちを境に、博多の町は一変した（本書終章参照）。鎮西探題が町割りして以来維持されてきた街路は、この焼土層よりも上層では見当たらず、放棄されて町屋に替わったことがうかがわれる。大々的な区画整理がなされ、道筋が変わってしまったのだ。すなわち、太閤町割りである。

一五八七年島津氏を逐って九州を平定した豊臣秀吉は、焦土と化した博多の復興を行った。博多は、整然とした長方形街区で覆いつくされた。太閤町割り後、筑前を領した小早川氏・黒田氏によって、息浜南側の湿地（かつての砂丘ⅢとⅡの間の低地）が完全に埋め立てられ、博多は一面の町として生まれ変わった。

聖福寺北側の一体に、江戸時代寺中町と呼ばれた町屋が広がる。太閤町割りとは街区の方向、大きさを異にするが、隣接地域の発掘調査の結果、中世の道路区画をとどめていることが明らかとなった。聖福寺に残る『安山借家牒』や『聖福寺古図』から、もともと聖福寺の築地に囲まれた寺域内に成立した町場であり、太閤町割りにおいても、手を付けられなかったのだろう。

太閤町割りは、第二次世界大戦の空襲による焦土から復興なった現在の博多においても、博多の町の基本となっているが、その片隅で中世博多は今も息づいている。

註

（1）息浜は、「澳濱」「興濱」「沖濱」とも見え、初見資料は「蒙古襲来絵詞」である。その後、諸史料にその名が見え、海側の砂丘を示す固有名詞として、定着していた［佐伯 一九八七］。一方、内陸側の二列の砂丘については、特に名称が知られていない。「博太濱」の文字は、仁寿二年（八五二）の「僧円珍牒」（平安遺文四四六二）に見え、円珍がここで読経したことが知られる。八五二年当時、まだ息浜は博多の領域に取り込まれておらず、人々の生活も営まれていなかったと思われる［福岡市教委 一九九一A］。したがって、「博太濱」の文字が、内陸側砂丘に対して用いられたことは明らかである。残念なことに、その後の史料には、「博多（太）濱」の名称は見えない。本稿では、新興地である息浜に対する旧来の博多という、内陸側砂丘の持つ歴史的な位置を勘案して、「円珍牒」に言う表現を借り、博多浜の呼称を用いることにする。

（2）本論文発表後の発掘調査で、息浜が最も幅を持つ西橋付近においては、砂丘頂部の軸線に並行・直交する道路が四例確認されており、息浜西端部においては街区が形成されていた可能性が考えられる［福岡市教委 二〇〇八・二〇一七］。

図７　博多に残る中世街区（上呉服町）（筆者撮影）

Ⅰ　唐房の時代

「丁綱」銘墨書

第一章　集散地遺跡としての博多

はじめに

中世の国際都市「博多」が、博多遺跡群として埋蔵文化財の発掘調査の対象となった当初より、地中から出土する多種・多量の貿易陶磁器には目を見張るものがあり、また発掘調査の積み重ねはおぼろげながらではあるが、都市「博多」の景観を浮かび上がらせてきた。国内産の陶器・土器についても、九州では希に多様な搬入状況が確認されている。

本章では、出土遺物にみられる博多独特の特徴を検討し、特に中国貿易において博多が持った特質を論じたい。なお、対象とする時代は、博多がほとんどわが国唯一の貿易港として栄えた中世前半、十一世紀後半から十三世紀代までとする。

1　博多綱首の時代

(1) 貿易システムの変容

古代律令制下での貿易は、公によって管理されており、中国・朝鮮に対しては大宰府鴻臚館をただひとつの窓口としていた。この鴻臚館貿易が崩壊して後、博多の登場となる。

この時期の貿易システムの変遷について本格的に論じたのは、森克己氏であった。森氏によれば、外国商船がもたらした交易品は、中央から派遣された唐物使が大宰府鴻臚館においてまず買い上げ、余った積み荷について交易を許した。その後、律令体制の弛緩に伴って唐物使の派遣が停止され、先買権も大宰府に委任されるようになり、十世紀以降有力貴族や寺社の荘園内での密貿易が横行するようになったとする［森克己 一九七五］。

しかし、近年山内晋次氏らによって、これに疑問が呈されている。山内氏によると、森氏が荘園内密貿易の根拠として上げた史料は、決して貿易管理が行われていなかったことを示すものではなく、大宰府を通じての管理貿易は少なくとも十二世紀前半までは続いているという［山内 一九八九・一九九六］。

一方、亀井明徳氏は、鴻臚館貿易以後の変遷を、波打ち際貿易から住蕃貿易へという言葉で説明した。波打ち際貿易では、渡航した商人は博多湾岸に設置された鴻臚館に留め置かれ饗応を受け交易するが、そこから内地へは入っていけない。すなわち、商品の流通過程には関与しない形態で、中国陶磁器が国外に輸出され始めた八世紀後半から十世紀頃まで行われた。これに対し、住蕃貿易は、宋商人が国外に長期にわたって居住して交易を行うもので、十一世紀から十三世紀に日本や東南アジアで広く見られた形態である。日本では、文献史料から、十一世紀後半頃から博多に宋商人が居住していたことが知られており、博多が住蕃貿易の拠点となっていたことが知られる［亀井 一九八六・一九九五］。史料的には、彼ら宋商人は「博多綱首」として知られている。

また、亀井明徳氏は、八世紀から十七世紀までの貿易のモデルを、一極ラジアル（放射線）型から多極クロス（交差線）型への推移とした。一極ラジアル型には、鴻臚館での波打ち際貿易も博多での住蕃貿易も含まれる。日本への搬出品は、対日本の市舶司が置かれた中国の明州（寧波）に集められ、ここから直線的に鴻臚館・博多へと持ちこまれた。しかしやがて、生産地と輸出国の多極化、中継貿易国の出現などで、複数の生産国と需要国を複線で結び、さらに需要国相互と中継貿易国を結びつける構造を示すようになる。これが多極クロス型で、十三世紀に始まり十四世紀に支配的になるとする[亀井 一九九七]。

林文理氏は、十一世紀半ば以降の日宋貿易の主体は、寺社・公家・武家などの中央の権門勢家とそれに連なる大宰府府官層を含んだ現地勢力であったとし、十二世紀前半には荘園公領制に対応した貿易システムが形成され、荘園公領制の論理が日宋貿易の構造にも貫徹していたという。その上で十一世紀半ば以降の日宋貿易は、「博多における権門貿易」と捉えるのが相応しいとした。さらにその実際の担い手として、中国から運んできた陶磁器などを博多で荷揚げ・荷解きするまでの貿易活動を博多綱首たち中国商人、博多から日本国内への流通・販売は山僧・日吉神人・八幡神人などの交易集団の役割であり、この連携・分業を統括・調整していたのは両者を同じ神人・寄人として組織していた中央の権門勢家と博多周辺の現地勢力であったと考えた[林 一九九八]。

森氏・山内氏・亀井氏の論は、中国から日本に貨物を持ち込む過程に主眼を置いて論じているのに対し、林氏はこれに加えて国内の大消費地への流通・販売も視野に加えた。その結果、前者は直接の担い手である中国人貿易商人の活動を第一義とし、後者は国内外の商人の活動を支持した国内の体制＝荘園公領制・権門体制に重点を置いたものとなっている。本稿における立場は次節で検討するが、考古資料に基づくという制約上、国内への流通・販売は具体的検討対象とはなりにくい。また、日宋貿易における博多の位置づけを明らかにするという目的上からも、貿易の直接の担い手である博多綱首の実態を跡付けるという作業を試みるもので、林氏の視点には及びがたいことをあらかじめ断っておきたい(1)。

(2) 出土遺物からみた日宋貿易構造の検討

次に、前節で見た貿易の構造を出土資料に基づいて検証し、本稿における筆者の見解を明らかにする必要があるだろう。

博多遺跡群で最もさかのぼる遺構は、弥生時代前期末の甕棺墓である。出土遺物としては、縄文時代晩期の土器片が報告されているが、人間の営みを示す遺構としては弥生時代前期後半以前に属するものは確認されていない。その後、古墳時代前期と奈良時代に大規模な遺構の広がりが見られる。特に、奈良時代から平安時代初めにかけては、皇朝銭、巡方・丸鞆などの銅製帯金具・石帯、墨書須恵器・土師器(「長官」、「佐」など)、須恵器円面硯・風字硯など、律令官人の存在を示す遺物が多く出土している。ところが、史料的には官衙関連施設の博多での存在は記されておらず、今後の解明が待たれる。十世紀代から十一世紀前半にかけては、遺構が疎らな時期にあたる。それが、十一世紀後半になると突如として、いわば爆発的に増加する。遺構は博多浜と呼ばれる砂丘上にほぼ全面的に拡大し、遺物は中国製の白磁・陶器を主に激増する。この激変の背景に文献史料で知られる宋商人の博多居住が関係していることは、時期的にも遺物の内容的にも十分にうかがわれるのである。一方、博多の西の丘陵上に威容を誇ってきた鴻臚館の遺跡では、十一世紀前半を最後に遺物・遺構が見られなくなり、その役割を博多に譲ったことが知られる。すなわち、貿易都市としての博多は、宋商人の居住によって誕生したということができるのである。

十一世紀後半以降の博多遺跡群における考古学的特徴の第一は、貿易陶磁器とりわけ中国陶磁器の豊かさにある。それは量の多さにとどまらず、実に多種多様な中国陶磁器が出土している。器種について言えば、碗・皿・小鉢・すり鉢・こね鉢・盤・鉢・急須・水注・壺・甕などと言った日常生活の用具から、合子・小壺・水滴・玩具・天目茶碗・灯火器などにいたるまで、中国で生産されていたほとんどすべての器種が揃っている感がある。特に、壺・甕などの大型容器類が多いことに注意しなくてはならない。これらは、香料・香辛料などの商品の外容器としてわが国に持ち込まれたものと考えられている。それらが大量に出土するということは、博多で陶磁器にとどまらない多彩な物品が荷揚げされたことを示している。また、玩具・水滴や灯火器などは、他の遺跡からの出土が珍しいことを見れば、博多に居住した宋商人の身辺で愛用されたものに相違ない。

また、博多遺跡群における陶磁器の出土状況で注目しなくてはならないのは、一括して大量の陶磁器が捨てられている点である。第一四次調査では、かつての海岸べりの泥質土層中からひとかたまりになって白磁碗・皿が出土した。博多に着岸して荷揚げをする際に、船中で破損した白磁器を投棄したものと考えられている［折尾・池崎・森本 一九八四、池崎・森本 一九八八］。

第五六次調査SK〇二八一では、一辺約一メートルの木箱に詰まった状態で、五〇〇個体以上の白磁碗などが棄てられていた。報告者は、荷揚げした貨物を選別し、欠けなどが生じた不良品を一括廃棄したものと考えている［福岡市教委 一九九三B］。

第七九次調査の一八二七号遺構でも、一辺約一メートルの木箱に詰まったと思われる状況で、四五〇点以上の陶磁器が出土した。これらはすべて被熱していた。内容的には、白磁の碗・皿を主体に白磁合子・陶器の鉢・盤・壺、さらには石鍋なども出土している。注目されるのは、同タイプが大量に出土するものと一点ないし数点しかないものとが見られる点で、前者は備蓄されていた商品、後者は商家の備品と考えられる。火災にあった家財・商品を箱に詰めて一括廃棄したものであろう［福岡市教委 一九九六A］。

これらは、すべて十二世紀初頭から前半の例であるが、十二世紀後半では地下鉄関係調査店屋町工区A区井戸や第七九次調査二七一四号遺構が火災にあった一括廃棄例として紹介されており［福岡市教委 一九八四A・一九九六A］、十二世紀代を通じて博多の宋商人のもとには商品として大量の中国陶磁器が蓄えられていたことが知られる。おそらく、十三世紀においても同様の状況は見られたと思われる。火災で消滅したものや、腐りやすい有機質遺物を考慮すれば、蓄えられていたものは陶磁器にとどまらないであろう。多種多量の「唐物」が、所蔵されていたに違いない。

博多出土陶磁器で忘れてはならないのは、陶磁器の裏側に書かれた墨書である。墨書の内容はさまざまであるが、

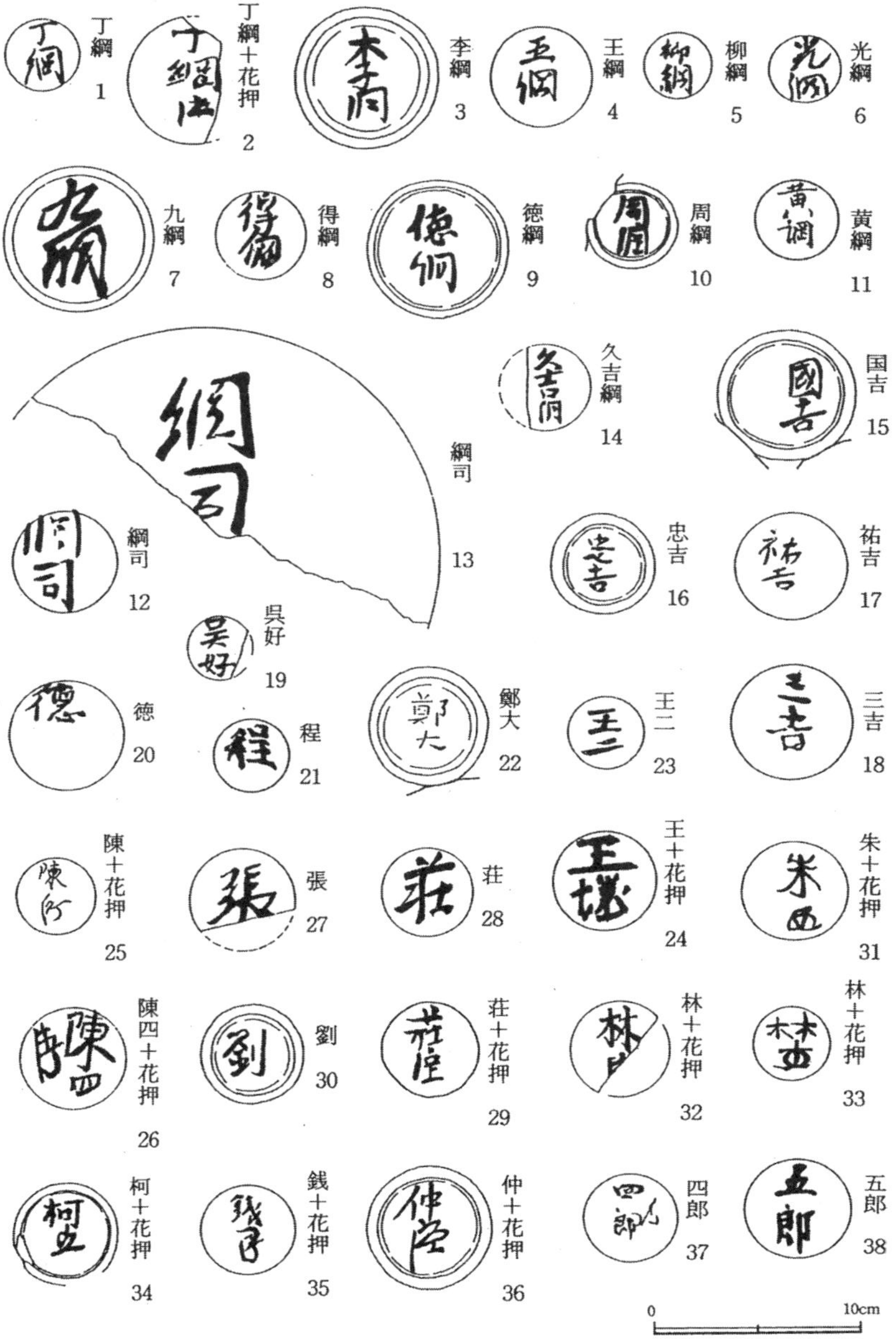

図１　博多遺跡群出土陶磁器墨書１

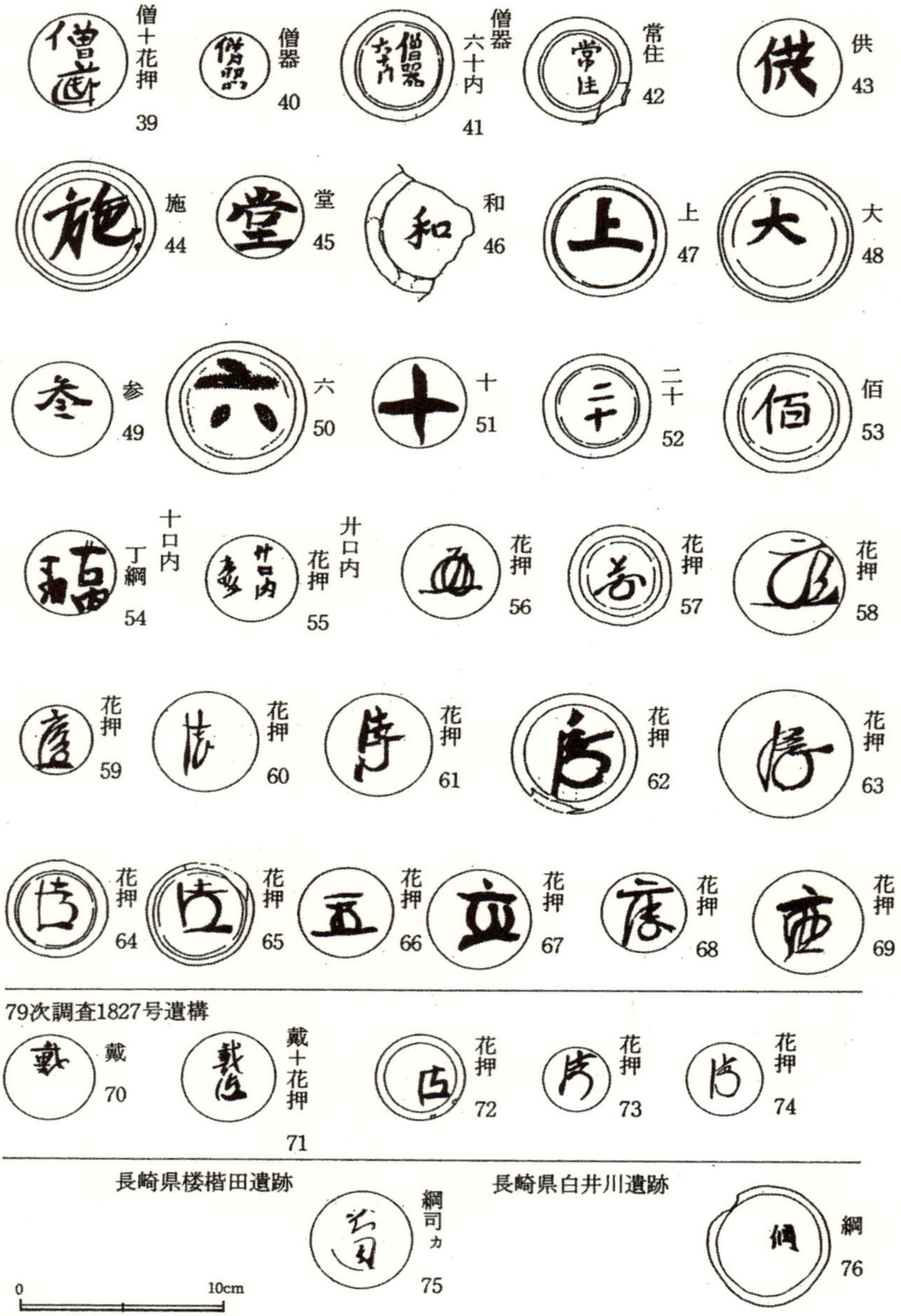

図２　博多遺跡群出土陶磁器墨書２

図３　中国福建省福州出土陶磁器墨書

ここでは図1・2に示したものについてみたい。1～14は、いわゆる「綱」銘墨書である。「綱司」のほか、姓＋「綱」、名＋「綱」がある。14～18は類似した名前を記したもので、親族関係にある者と考えても良いかもしれない。19～36には、中国姓と思われるものをあげた。これらには、花押と組み合わされたものもある。37・38は通称を記したものだが、これをもって日本人に関わるものと断定することは出来ない。39～41は、寺院に関わるものである。42～48は、単語を記している。49～55は、数詞を書いたもので、54は「綱」銘と組み合わされている。56～59のように花押のみの墨書も多く出土している。

博多遺跡群出土の陶磁器墨書については、佐伯弘次氏による整理がある［佐伯 一九九六］。それによれば、「綱」銘墨書については現在大きく分けて二説があるという。ひとつは、古くから出された説で、綱首の略であるとするもの［岡崎 一九六八］、もうひとつは亀井明徳氏によって主張されたもので、何々綱という組織名を示すというものである［亀井 一九八六］。後者の場合、墨書は重ねて束ねられたひとかたまりの陶磁器の荷主である「綱」を示すもので、個人名を記したものではない。中国姓名を記したものについても同様に考えることができよう。これについては、森本朝子氏より、一括廃棄遺構の陶磁器の中にまったく墨書が見られないことから疑義が示されていた［森本 一九八六］。しかし、前述の第七九次調査一八二七号遺構出土の白磁や陶器の中には、「戴」および「戴」＋花押の墨書が数点含まれていた（図2―70～74）。また、最近中国で博多遺跡群出土陶磁器墨書と酷似した陶磁器墨書が報告されている（図3）。残念ながら「綱」銘墨書は見られないが、字体の似たものがあるほか、花押にも類似したものがある点に注目したい。これをみると、博多遺跡群出土の陶磁器墨書のかなりの部分について、中国で出荷前に書かれた可能性が高まったと言って良いのではなかろうか。「綱」銘墨書にとどまらず、中国姓や花押を記したものも貿易に際して中国で記された荷主の識別記号と見て良いように思われる。したがって、亀井説の説得力は増したものと考える（本書終章参照）。

陶磁器以外で看過できない遺物としては、木製の結桶があげられる。博多遺跡群では十一世紀末頃から井戸の井側に転用されて出土するようになり、十二世紀以降中世の井側は例外なく結桶を用いるようになる。ところが、結桶は、一般的には十四世紀以降にならないと普及しない遺物とされている［三浦 一九八八、鈴木［正］二〇〇〇］。製作技術的には、桶部材の側面を削る台カンナと絡めて論じられるわけだが、残念なことに博多遺跡群出土例ではそこまで細かい観察が可能なほど遺存状態の良い例は報告されていない。しかし、筆者の経験では、部材同士が極めて強く圧着していて容易に外れなかった十二世紀後半の井側桶を検出したことがあり、それからみてもわが国における台カンナの普及とは別の次元で、博多において結桶が存在したことはまちがいない。中国福建省泉州湾出土の南宋代の沈没船には結桶が積まれており［福建省泉州海外交通史博物館 一九八七］、日宋貿易で輸入品の外容器として持ちこまれたものと考えるべきかもしれない。

外容器の木製品と言う点では、木箱も想定できる。図4に示したのは、前述した第五六次調査ＳＫ〇二八一、第七九次調査の一八二七号遺構および、築港線関係第一次調査二一号土坑［福岡市教委 一九八八Ｂ］で確認された木箱痕跡である。いずれも一辺約一メートル、高さ五〇センチの箱が復元できる。これらは十二世紀前半の例であるが、判で押したように同法量に復元できたと言うことは、この規格の箱が多数存在したことをうかがわせる。十四世紀前半の例では、韓国の新安沖沈没船の調査例があり、船倉に陶磁器類を収めた木箱が並べられていた。木箱には数法量あるようだが、いずれも長方形の平面を呈する［韓国文化広報部 一九八八］。この形態的な違いが時期差によるものか明らかでないが、博多における木箱は、廃棄された内容等から見ても宋商の居宅の備品であることはまちがいなく、おそらく新安沈没船同様に陶磁器などの貨物のコンテナとしてもたらされたものであろう。

九州・沖縄の出土銭を集成・検討した小畑弘己氏の指摘も看過できない［小畑 一九九七］。小畑氏はこれまで研究の対象とされてこなかった廃棄・遺棄銭に注目し、さらに博多周辺で特徴的な出土を示す大型銭を検討の対象に加えた。それによると、九州・沖縄地区の銭名の判明した中世の渡来銭の約四割を、博多出土銭が占めている。これに銭名不

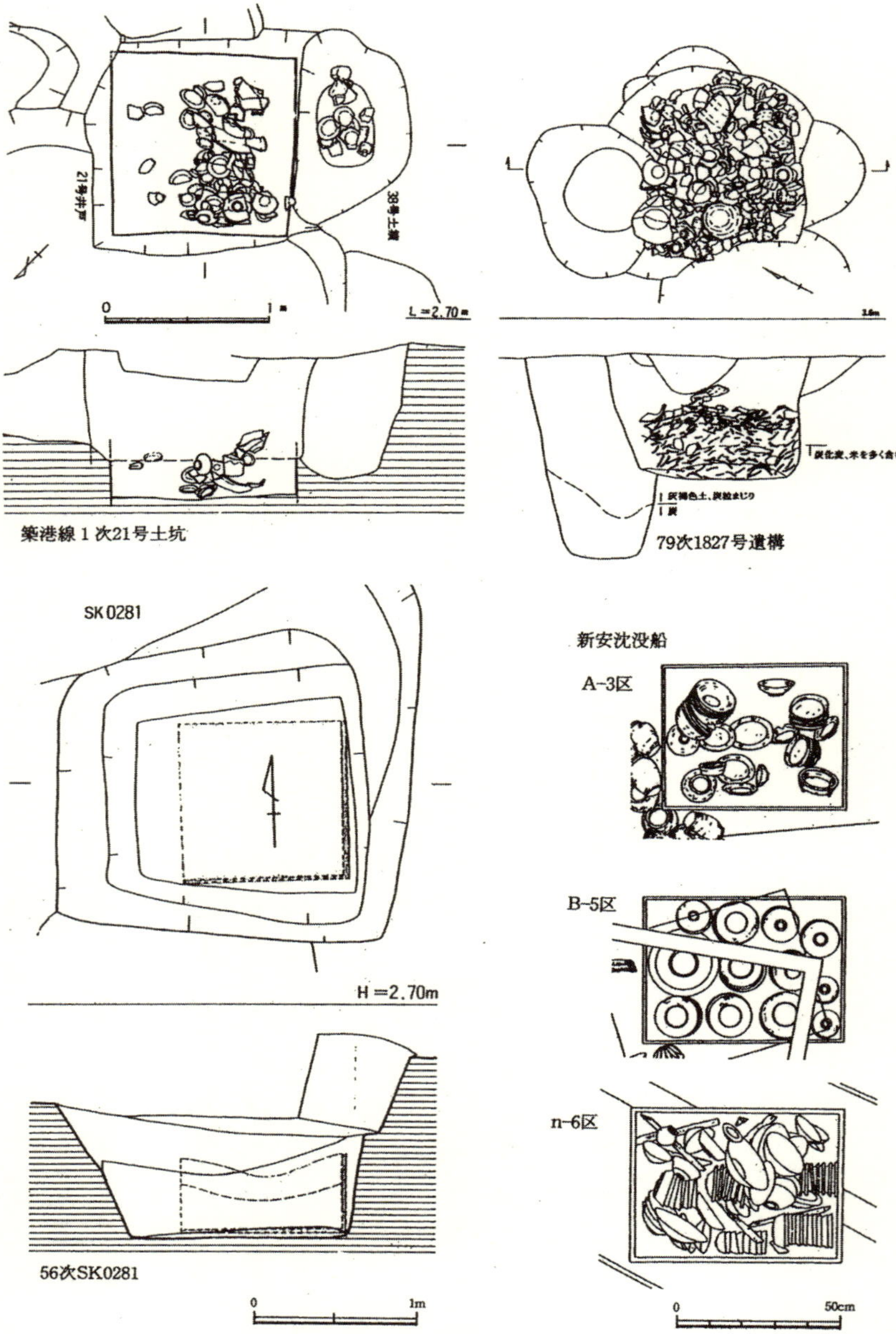

図4　木製容器遺構実測図

明銭や無文銭を加えると何と半数にも達するという。また、大型銭に関しても、全国的には出土は希で、出土しても周囲を一文銭と同じ大きさにまで削りこんだ磨輪銭がほとんどであるのに対し、博多を中心とした九州の沿海地域ではしばしば出土し、しかも大きいままで磨輪してはいない。さらに、中世渡来銭の出現は博多が抜きん出て早く、十一世紀後半にはすでに普及しているし、大型銭も十二世紀初頭には流入していると言う。これらの事実から、小畑氏は「当地における大型銭を含めた銭貨が、北宋における価値基準のまま、しかも発行後まもなく貨幣として流通していることを示」し、「貿易の対外的貨幣として多量に博多に宋銭が持ち込まれた」とした。

以上概観したような遺構・遺物のあり方からは、博多における宋商人の存在形態が浮かび上がる。宋商人らは、博多に商品貯蔵庫を併設した家を構え、本国との貿易に従事していた。商品としての陶磁器とは別に、自らの身辺に中国風の色取りを添えるさまざまな陶磁器を持ち込んでいた。貿易品の外容器として持ちこまれた木箱や結桶も、中身を売り捌いた後は、宋商人の家を中心に容器として用いられていた。結桶は底を抜いて重ねて井戸側とすることが多く、その消費量はかなり多かったはずで、あるいは博多で生産していた可能性も考えなくてはならないかもしれない。博多の宋人社会では、早くから中国の銅銭が使われていたが、本国との貿易用貨幣として持ちこまれたものが定着したと考えられる(2)。

(3) 九州諸地域の調査事例との比較

次にこのような状況を、森克己氏の言う荘園内密貿易の舞台となった九州沿海部の各地と比較し、博多の特質を探ってみよう。

① 博多湾沿岸(図5)

まず、博多とならんでしばしばその名が見える、箱崎の調査状況を見てみたい。箱崎は、箱崎八幡宮の門前町であ

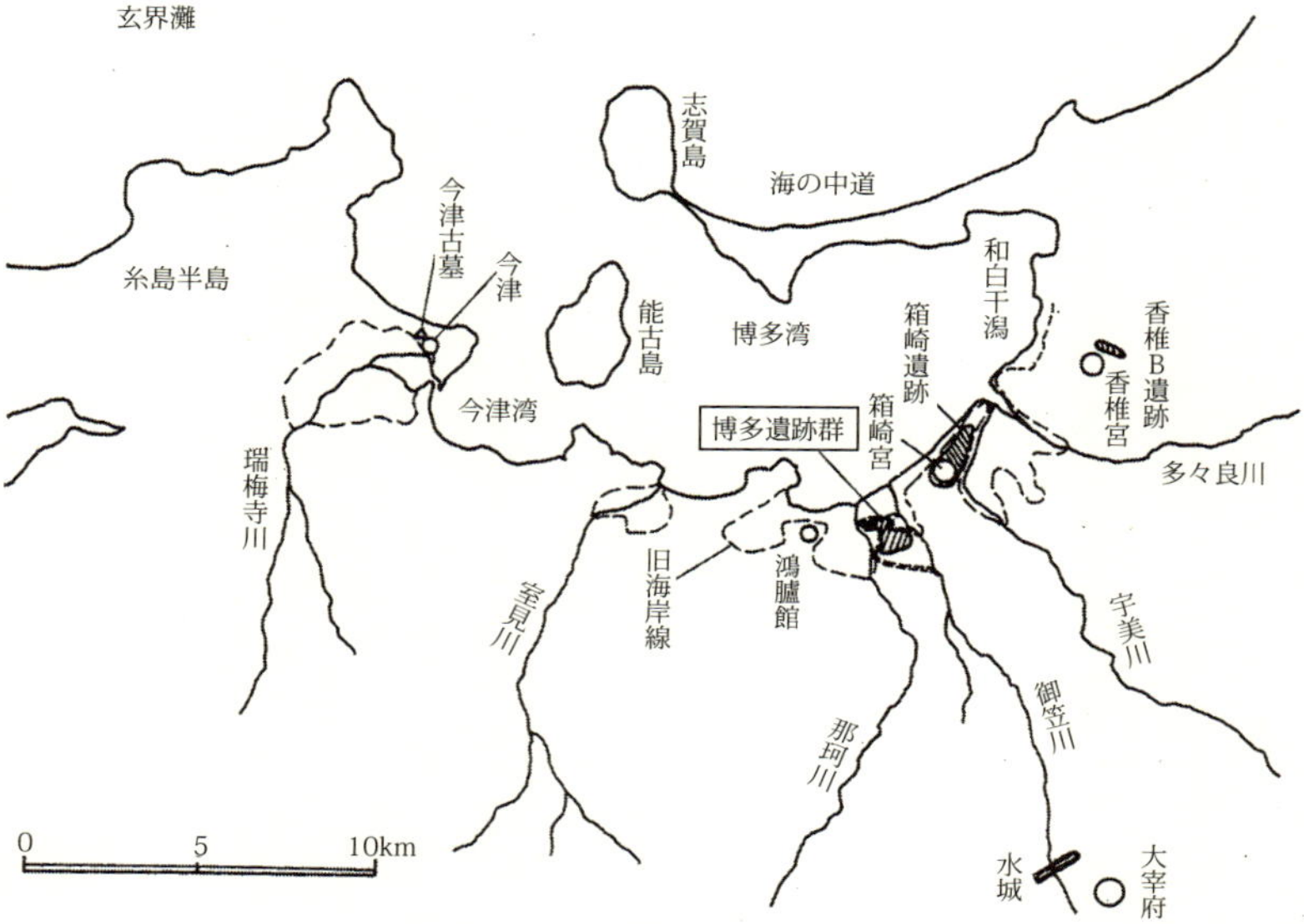

図5　博多湾沿岸主要遺跡分布図

るとともに、宇美川の河口部に開かれた港である。

『今昔物語集』巻二六「鎮西の貞重の従者、淀に於いて玉を買ひ得たる語　第一六」によると、箱崎宮神官秦定重は藤原頼通らへの贈り物として博多の宋人（「船頭」＝博多綱首）から、太刀十腰をかたとして絹六、七千疋ばかりを借り受けたという。定重は大宰府の府官であり、大宰大弐藤原高遠の「不善の郎等」とも呼ばれていた。十一世紀前半頃の事例である。

下って、仁平元年（一一五一）、大宰府目代宗頼の命により大宰府検非違所別当安清、同執行大監種平、季実等が五〇〇余騎の軍兵を引き連れて、箱崎・博多で大追捕を行うという事件が起きた（『宮寺縁事抄』筥崎、文治二年八月十五日、中原師尚勘文案）。追捕は、「宋人王昇後家」よりはじめて、一六〇〇家に及び、ついには箱崎宮に乱入したという。これによれば、博多から箱崎にかけて一六〇〇家以上もの家々が存在したことになる。これに関連して、中国で明代に成立した『武備志』（一六二一年）、『日本風土記』（一五九二年以前）には、「大唐街」の名が見える。従来は、これを箱崎にあったもの、または博多から箱崎にかけてあったものと理解されていた。しかし、佐伯弘次氏の検討によれば、原文に則して読めば、「大唐街」は博多津、ただし箱崎をも含めた広義の博多津にあったことになる。その上で墨書陶磁器の出土状況などを勘案して、狭義の博多部に存在した可能性が高いと結論付けた［佐伯 一九八八B］。福岡市教育委員会による周辺の発掘調査の成果によれば、博多遺跡群と箱崎遺跡群の間には、中世の遺構・遺物が全く出土しない地域が挟まっており、この二つの遺跡が一連の景観を呈するということは考えがたい。仁平元年に追捕を受けた一六〇〇余家は、博多にあったと理解するのが妥当だろう。この追捕事件は、原因はわからないが、日宋貿易と箱崎宮内の主導権争いが昂じたものと考えられている［川添 一九八二］。

さらに下って、鎌倉時代の建保六年（一二一八）、箱崎宮留守行遍・子息左近将監光助が博多で博多綱首張光安を殺害するという事件が起きた。張光安は、比叡山延暦寺末寺の大宰府大山寺の寄人で、博多船頭すなわち博多綱首であった。これも明らかに貿易がらみの事件と考えられる（本書I第四章参照）。

翌承久元年（一二一九）の「筑前筥崎宮寺調所結解」によると張光安の事件のあった建保六年当時「宋人御皆免田」として宋人が箱崎宮から貢租を免除された田が二六町あったことがわかる。さらに正応二年（一二八九）「八幡筥崎宮造営材木目録」では、建長五年（一二五三）以来、箱崎宮大神殿四面玉垣は堅粕西崎の所役で、博多綱首の張興と張英が負担していた［林 一九九四］。

以上見たように、限られた文献史料においても、箱崎宮が積極的に博多綱首と結んで、対外貿易に手を出していた様子がうかがわれる。しかし、箱崎宮が足元の箱崎津に宋人を居住させて対外貿易に従事せしめたり、箱崎津に宋船を引き入れた形跡は史料的には見られない。

箱崎遺跡群の発掘調査は、博多遺跡群にはいまだ及ばないが、これまでのところ、博多遺跡群のような累重した生活面の嵩上げによる分厚い包含層は見られず、貿易陶磁器の大量一括廃棄遺構も、「綱」銘墨書陶磁器も出土していない。遺構・遺物の全体的なあり方は博多遺跡群に類似しているのだが、量的には乏しい感がある。すなわち、箱崎において、箱崎津を港とした対外貿易が行われたとは、現時点では考えがたい。

同様のことは、平頼盛領であった香椎宮についても言える。香椎宮関係では、同宮が宋人と関わったことを示す史料は存在しない。香椎宮周辺の発掘調査では、香椎B遺跡において宋人の姓を墨書した陶磁器が数点出土しているが［福岡市教委 二〇〇〇A］、奥まった谷部を区画した屋敷地の遺跡であり、ここに交易拠点があったと見るのは無理だろう。海岸部の調査例は皆無だが、前面は和白干潟という広大な干潟であり、澪道を持つような河川も流れ込んでいないことから、港湾機能を想定するのは無理と思われる。

博多湾の西奥に位置する今津は、貿易港湾の可能性を強く持つ地域である［川添・柳田 一九八八］。中世には仁和寺領の怡土荘に属し、瑞梅寺川の河口に開かれた港である。臨済宗の祖である栄西が、二度目の渡宋前の安元元年（一一七五）から文治三年（一一八七）まで滞在した場所でもある。現在の今津の集落が湾に面した微高地上に載っていることから、この下に中世の今津も眠っていると思われるが、残念ながら発掘調査例は全くない。したがって、博多遺跡群に見られるような住蕃貿易の拠点的な遺構・遺物の状況があるのかどうか、確認できない。しかし、昭和三十三年（一九五八）に集落背後の砂丘上から古墓群が発見され、人骨約二〇〇とともに多数の陶磁器が出土した。時期は大半が南宋後期のものであるが、明代の青花も含まれていた。今津の奥津城と考えられ、少なくとも町場的な景観は形作られていたと見て大過なかろう。ちなみに文永八年（一二七一）には、蒙古の使者張良弼の一行一〇〇余人が、今津に入港している。

以上、博多湾岸の三地点を見たが、博多遺跡群に匹敵する貿易拠点の可能性を持つ遺跡は確認できなかった。次に九州沿岸の貿易港の可能性を指摘されている地域を若干検討する（図6）。

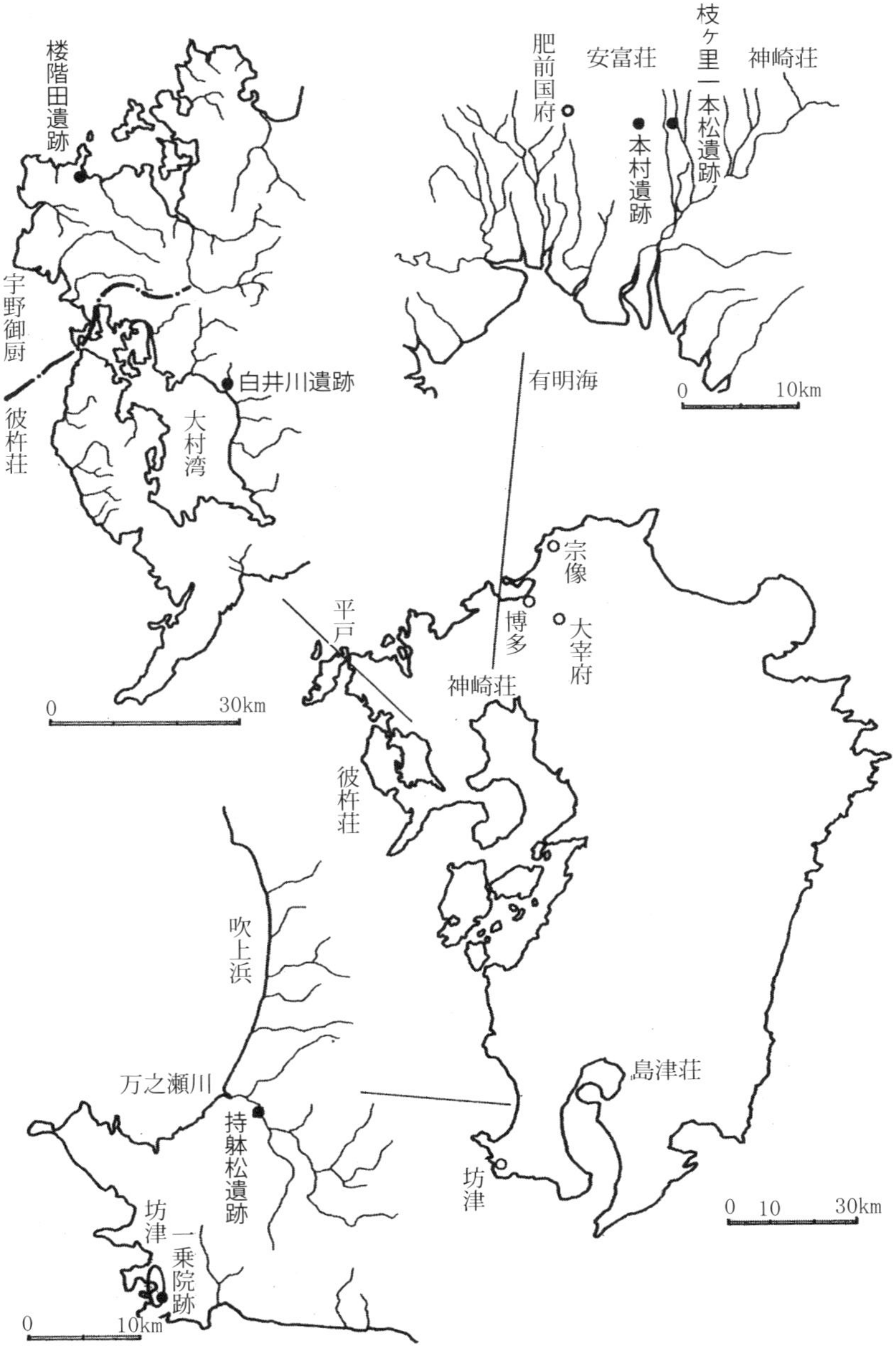

図６　九州沿岸主要遺跡分布図

②肥前東部有明海沿岸

肥前国東部、現在の佐賀県においては、鳥羽院領神崎荘において長承二年(一一三三)平忠盛が宋商周新の船について大宰府の介入を排除しようとした事件が起きている(『長秋記』長承二年八月十三日条)。この事件は、荘園内密貿易の史料として著名で、周新船の着岸地を巡って、神崎荘に着いたか、博多の神崎荘倉敷地に着いたかで見解の分かれるところでもある。ただし、博多に神崎荘倉敷があったとする考えについては史料的な根拠はなく、また忠盛も原文に則してみれば周新船が「神崎御庄領」であると主張しているのみで、神崎荘に着岸したとは言っていない。この主張の根拠が神崎荘に着岸したことにあるという立場に立つとしても、神崎荘において密貿易が行われるのが常態であったとする決め手には欠ける(3)。ただし、有明海に面した神崎荘には大型船は着岸できないのではないかと言う危惧に対しては、潮の干満の差と澪道を利用すれば可能だとする日下雅義氏の見解が出されている[日下 一九九三]。さらに日下氏は、現在の潮の遡上限界から見て、中世の遡上限界を現在の神埼町の櫛田神社付近とし、「有明海を北上してきた船は、外港諸富津で潮の状況を確かめたのち、満ち潮を見計らって、櫛田神社付近まで一気に遡った」とする(本書終章参照)。

また、建保六年(一二一八)神崎荘と何らかの関係を持った宋人として、通事船頭張光安、綱首秀安が知られている。張光安は前述したように箱崎宮留守行遍に殺害された博多綱首である。秀安については、単に「綱首」としてしか伝わっていないが、佐伯弘次氏は張安と同一人物である可能性を示唆している[佐伯 一九八八B]。その真偽は明らかではないが、秀安は張光安の事件とは無関係ではなかったようで、近親者であったことはまちがいなかろう。秀安も博多綱首であったとすれば、神崎荘も箱崎宮同様に博多綱首を介して対外貿易に手を伸ばしていたと言うことになる。

考古学的には、神崎荘を含む肥前東部の有明海側においては、古代以来、下中杖遺跡、蓮池上天神遺跡など、中国陶磁器がまとまって出土する遺跡は少なくない。この地域の状況については、徳永貞紹氏による整理がある[徳永 一九九八]。以下、徳永氏の整理にしたがってこれを概観しよう。

初期貿易陶磁の段階では碗・皿の類は集落遺跡から普通に出土するものの絶対数は少ない。十一世紀後半から十二世紀前半の段階には出土量を増すが、博多の様相とは比べようもなく、器種も依然として碗・皿にほぼ限られる。しかし、十二世紀後半段階には大きな画期があり、陶器の壺・瓶・盤等の器種が一定量含まれるようになるとともに出土量も飛躍的に多くなる。十二世紀後半から十四世紀初頭には中国陶磁の出土量は安定しており、器種毎の出現率は変化しながらも、白磁・青磁の碗・皿を主体として、白磁の小型品、褐釉陶器や白磁の四耳壺・水注、褐釉陶器の瓶・甕・鉢、磁竈窯系の黄釉鉄絵盤、無釉陶器捏ね鉢などが少量加わるという組成を示す。こうした貿易陶磁器の組み合わせから、一定規模の交易が十二世紀後半以後に神崎荘域を含む九州沿岸各地で行われた可能性が強くうかがわれると言う。

枝ヶ里一本松遺跡(神崎郡神崎町)は、神崎荘の鎮守である櫛田神社の西南に近接し、現在の城原川本流との間に位置する。未報告の遺跡なので、徳永氏の論文から孫引きするが、徳永氏はこの位置関係を考慮すると神崎荘における在地経営の中枢部に近く港湾機能を併せ持っていた遺跡の可能性があるという。出土遺物は十一世紀後半から十五世紀代までに及ぶが、主体は十二世紀後半から十四世紀前半である。一五〇〇㎡ほどの調査範囲より接合前の破片数で二万点近くが出土していて、このうちの三〜四割を貿易陶磁が占める。中国陶磁には、白磁碗・皿・合子・四耳壺、龍泉窯系青磁碗・皿、同安窯系青磁碗・皿、褐釉陶器鉢・四耳壺・瓶、無釉陶器捏鉢、磁竈窯系黄釉鉄絵盤などがあり、量的には碗・皿の類が多い。枝ヶ里一本松遺跡における貿易陶磁の組成率はこの地域では突出したものであると言う。

本村遺跡(佐賀市久保泉町)は、神崎荘に隣接した安富荘の集落遺跡である。報告書では、「上層農民層あるいは彼らや領主層までを含めた主要な村落構成員の下層に所属する下人・所従や小百姓(作人)の居住区」と位置づけている

〔佐賀県教委　一九九一〕。ここでは、一区から溝で方形に区画された屋敷地全体をほぼ調査しているが、その区画溝及び一区内で輸入陶磁器の占める比率は、それぞれ一一％、四・九％にすぎない。しかし、それでも九州外の遺跡と比べれば高率と言える。大々的に溝を巡らした屋敷構えからは、下層農民層の居住地とは思えないが、上層農民層の居住地でもこれだけの比率を示すと考えれば、かなりの量の輸入陶磁器が供給されていたと見なくてはならない。また、白磁皿の外底部に花押を墨書したものが一点出土していることも付け加えておく。

しかし、神崎荘を含めて、有明海沿岸の諸遺跡を見ても、墨書陶磁器は希で、「綱」銘墨書は皆無である〔徳永　一九九六〕。また、陶磁器の大量一括廃棄遺構は見られないようで、博多遺跡群との相違点は明らかである。

③肥前西部

肥前国西部、長崎県域では、数値だけを見れば博多をはるかに凌駕する遺跡が報告されている。白井川遺跡（長崎県東彼杵郡東彼杵町）は、大村湾に面した河口部の遺跡であり、中世には九条家領彼杵荘に含まれていたと考えられる。遺跡の後背地に平野はなく、大規模な集落は想定しがたい。ただし、同様な地形的特徴は、長崎県の海岸部では一般的で、だからそこに拠点的な集落はなかったとは必ずしもいえない。出土した土器・陶磁器は、十一世紀後半〜十二世紀後半代を主体としている。ここでは出土遺物の六一・三％を中国陶磁器が占めている〔東彼杵町教委　一九八九〕。この比率は、博多遺跡群における平均的な貿易陶磁器の比率三〇〜四〇％をはるかに上回る数値である。(4) さらに注目すべきは、「綱」銘墨書を持つ白磁碗が一点含まれていた点（図2—76）、楠葉型瓦器が出土している点である。楠葉型瓦器は、摂関家領河内国楠葉牧で生産されていた瓦器で、その出土地点は、国衙などの地方拠点や交通の要衝に限られるという〔橋本　一九九二〕。この指摘と、彼杵荘が九条家領であったことを考え合わせれば、白井川遺跡付近で九条家が絡んだ交易が行われていたことが想定できる。この場合見過ごせないことは、近辺の岡遺跡でも輸入陶磁器の比率が、白井川遺跡には遠く及ばないまでも他に比べれば高率を示している点である〔東彼杵町教委　一九八八〕。この岡遺跡と白井川遺跡については、岡遺跡が集落遺跡であるのに対し、白井川遺跡は、人為的な配石遺構〔船着場と想定されている〕を伴う低湿地の包含層であるという違いがある。さらに、白井川遺跡では、遺跡前面にラグーンがひらける地形から、「主要な港からさらに小河川を利用した小舟による運搬が想定」されている。しかし、その一方で、輸入陶磁器の出土点数では、白井川遺跡で五八七点、岡遺跡で七六〇点と、決して大量といえる程ではないという点にも目を向けなくてはならない。すなわち、在地土器を含めた遺物の総量が多くないということは、白井川遺跡・岡遺跡が立地するこの一帯が、港津都市と言えるほどの場ではなかったことを示している。また、報告書に図示された輸入陶磁器を見ると、碗・皿などの供膳形態に対し、壺・甕などの容器は極めて少ない。以上の点をまとめてみれば、白井川遺跡付近においては、しばしば宋船が立ち寄り、京都の権門〔例えば九条家〕からも使いが派遣されてきた可能性があるが、積荷の一部を下ろす程度の交易にとどまっていたということになろう。

楼楷田遺跡〔松浦市志佐町〕は、北松浦半島の先端に位置し、伊万里湾に面した海岸段丘に立地している。立地や漁労関係の遺物の出土が目立つところから、松浦党関係の海民集落と推測される。土器・陶磁器は、十一世紀〜十四世紀を主体とする。白磁碗二点に墨書が見られ、内一点は「綱司」と書かれた可能性をもっている〔図2―75〕〔長崎県教委・松浦市教委　一九八六〕。

長崎県内の貿易陶磁器の出土状況に関しては、宮崎貴夫氏による論考がある〔宮崎　一九九八〕。それによれば、遺跡から出土する中世土器・陶磁器の破片点数の数量分析を行うと、肥前西部では一般的に貿易陶磁の普及度が高いことが指摘できるという。貿易陶磁と国産土器・陶器の構成において輸入品と国産品の割合は、松浦地域が四〇〜五〇%、大村湾沿岸地域が三〇〜七〇%と輸入品が高率を占め、有明海沿岸島原半島地域の今福遺跡では一九%ほどを輸入品が占めるが前二者に対するとやや比率が落ちている。この松浦・大村湾両地域と有明海沿岸との格差は、前者の地域が対外交易・流通経路のメインルートにあったことを示していると考えられる。白井川遺跡と楼楷田遺跡出土の

「綱」および「綱司」？墨書銘資料は、中国船頭・商人の渡来・居住の可能性を物語る資料としての評価を行うことができる。このようにまとめた上で、宮崎氏は、「中国路のルートにある五島・平戸・松浦地域では、文献にみられるように中国商人・船頭の居住が推定され、調査の進展に伴い「綱」「綱司」墨書銘資料の発見が予想される。しかし、圧倒的に出土量の多い博多の状況に比較すれば、県内資料はごくわずかであり、今後もその傾向は変わらないと考えられる。―（略）―その格差は交易の主要目的地である港市の博多と、交易航路上にある寄港・着港地である遺跡の性格や内容の差異が反映した結果と評価することができよう」と結んだ。

安貞二年（一二二八）三月十三日「関東下知状案」（『青方文書』）には、「平戸蘇船頭後家」という文言がみえる。「船頭」は「綱首」の日本的な呼称であるから、綱首蘇某が平戸に住んでいたか、蘇某の後家が平戸に住んでいたか、いずれかであろう。どちらにしても、肥前国西部の沿海地方が宋商人とさまざまな関係を有していたことはうかがわれる。こうした状況が考古遺物に反映したものが、白井川遺跡や楼楷田遺跡における「綱」銘墨書であろう。しかし、それは宮崎氏が指摘するごとく、この地に博多に匹敵するような貿易拠点が形成されたことを示すものではない。考古遺物の絶対量、器種的な幅などの相違がそれを裏付けている。

④薩摩西部

「三津」のひとつである坊津を含む薩摩半島西海岸の様相はどうであろうか。残念なことに坊津では発掘調査例はほとんどなく、その実態は摑めない。わずかに一乗院跡で発掘調査が実施され、十六世紀を中心とした遺物が出土しているほか、鹿児島県教育委員会が実施した分布調査や海岸での表面採集で十三世紀から十六世紀に至る陶磁器が出土しているにすぎない［中村 一九九八、橋口 一九九八］。

ところが、近年になって坊津の北、鹿児島県日置郡金峰町（現南さつま市）の持躰松遺跡から、まとまった量の中国陶磁器の出土が報告された［金峰町教委 一九九八、宮下 一九九八］。持鉢松遺跡は、薩摩半島の西海岸、吹上砂丘に開口する万之瀬川河口からおおよそ五・四キロさかのぼった川の右岸、標高約三・六メートルの自然堤防上に立地している。発掘調査の結果、おびただしい畠跡と石列、集石、鍛冶炉跡などが検出され、貿易陶磁器をはじめとする遺物が石列の周辺一帯で多数出土した。貿易陶磁器では、十二世紀中頃〜十三世紀前半の遺物の出土量が多い。器種も多様で、白磁・青磁の碗・皿にとどまらず、白磁・青白磁の四耳壺・水注・合子・香炉や輸入陶器の甕・壺・瓶・鉢・水注・盤・天目などが出土している。貿易陶磁器は、全遺物量の六二・九%を占め、特に輸入陶器の壺・甕・鉢などが、一〇%にも達している点に注目したい。前者は前述した長崎県白井川遺跡のそれに匹敵する高い数値と言える。後者は、上層農民の屋敷とされる佐賀県本村遺跡1区における数値とほぼ同じであるが、本村遺跡のそれが、壺・鉢を主とし甕を含まないのに対し、持躰松遺跡では壺・甕が主体となり、半ば近くを甕が占める。貿易陶磁器の比重の高さは、ここが長崎県白井川遺跡同様に交易の場であった可能性を示しているし、言わば貨物船のコンテナである陶器壺・甕類の多さは、ここでの交易の規模の大きさを示唆している。発掘調査者である宮下貴浩氏は、「宋船が万之瀬川河口付近の湊まで」船を寄せ、「直接、交易を行っていた可能性が高く、また、国内産陶器、中世須恵器、在地土器の出土状況を加味したときに、物資の集荷地および陸揚げ地的な性格が強く、本遺跡は南薩摩の交易拠点であったことが推測されるのである」というが、あながち大袈裟な評価とは言いきれないだろう。(5) しかし、この場合にも遺物の総量があまりにも少ないという点は注意しなくてはならない。金峰町が調査・報告した遺物の総量はわずか六一三点であり、そのうち貿易陶磁器は三八五点にすぎないのである。貿易陶磁器の点数は、ここから消費地へさらに運搬された残りが出土していると見ればあながち否定的要因とはならないかもしれないが、二二八点にすぎない在地土器・国産陶器などからは、この地点に継続した生活が営まれていたとは言い難いし、まして都市的な景観が形成されていたとは言えない。宮下氏は、河口部近くで中国船から荷揚げし、万之瀬川をさかのぼって持躰松遺跡の地点で陸揚げして臨時に陸上交通に載せたものと考えている。その是非を判断する根拠を持ち合わせないが、交易船の来航に合わせて臨時に使用された場と見るのが妥当であろう［大庭 二〇〇三C］。

薩摩・大隅・日向にまたがる巨大な荘園であった島津荘においては、天野遠景が鎮西奉行であった文治・建久の頃（一一八六〜一一九四）、宋船の着岸をめぐって、大宰府と庄官との間で対立が起こった（島津家文書、「源頼朝加判平盛時奉書案」）。一部を引用すると「為宰府背先例、今年始以押取唐船着岸物事、解状遣之、早停止新儀、如元可令付庄家也、」とある。荘園内密貿易を裏付けるものとして、先に触れた肥前神崎荘に関する『長秋記』の記事とともに著名な史料である。島津荘での交易が先例と言われるほど継続しており、これに対する大宰府の干渉がむしろ新儀として排除された例とされる。しかし、筆者としては「唐船着岸物」という言葉にこだわりたいと思う。この言葉から、寄船を思い起こすのは強引であろうか。もし寄船であれば、「着岸物」を「付庄家」のは紛れもなく「先例」であるし、それを「押取」った大宰府の行為は「新儀」として「停止」されても仕方ないのである。もちろん、このときの「唐船」が本当に漂着船であったかどうかは、別の次元の問題である。むしろ、寄船を口実とした交易が常態であったと考えるべきであろうし、それは領家である近衛家も了解していたと見るべきではなかろうか(6)。

⑤博多遺跡群との比較

さて、博多湾周辺・肥前東部の有明海沿岸・肥前西部・薩摩半島西部について、交易拠点と考えられる遺跡を中心に検討を試みたわけだが、住蕃貿易の段階において、恒常的に交易拠点として維持されていたことをうかがわせる遺跡はみられなかった。

博多遺跡群における住蕃貿易の証拠となる考古学的事象を整理すると、①貿易陶磁器の高い比率、②「綱」銘墨書の大量出土、③貿易陶磁器の一括大量廃棄遺構の存在、④貿易船のコンテナとしてもたらされた大型容器の出土（具体的には陶器の壺・甕類）となる。長崎県白井川遺跡は①および一点だけだが「綱」銘墨書を、鹿児島県持躰松遺跡は①・④を、また佐賀県有明海沿いの諸遺跡も①・④を満たす可能性があるが、②・③が見られた遺跡はなかった。実は、②・③こそが宋商の活動拠点の所在を直接証明する考古資料であり、それが欠けている限り、その遺跡が宋商の活動の主たる舞台であったとはいえないのである。特に②の「綱」銘墨書について補足すれば、わが国における出土例を見ると、陶磁器の墨書自体が極めて希で、「綱」銘墨書に限れば長崎県で二例、大宰府で二例出土したにとどまっている。博多遺跡群で一五〇点以上の出土が報告されているのとは対象的であり、(7)「綱」銘墨書は博多以外では出土しないといっても過言ではない。すなわち、「綱」の所在地が博多に限られていたと言えるわけで、貿易港としての博多の独占的な地位を物語るものといえよう。こうしてみると、博多遺跡群とこれらの諸遺跡との差は歴然で、少なくとも住蕃貿易の段階においては、対外貿易の本拠地は「博多」にあり、九州西海岸には小規模な交易拠点が点在していたものと考えるのが妥当である。これらの交易拠点では貿易船の往路・帰路を狙った小規模な取引が行われていたが、次第に「寄船」を口実とした交易が頻度を増し大規模化していったものと考えたい。

以上述べたような視点から、森克己氏の説く荘園内密貿易は、小規模な交易の形態として臨時的にはあり得たであろうが、恒常的かつ最終的な貿易港としては博多のみであったということができるのである。なお、住蕃貿易の終焉は、私見では十三世紀半ば頃で、十三世紀代に入ると博多遺跡群における貿易陶磁器の比重が減退しはじめることから、この頃から住蕃貿易のシステムが崩れ始めたものと考える。この時期は、石井進氏が指摘した大宰府府官の再編成の時期であり、住蕃貿易の終期は元寇の時期と重なることになる。(8)

(4) 集散地的様相

次に、一極ラジアルの日本での核としての博多を物語る考古遺物について考えてみたい。日宋貿易における博多の占めた独占的な位置を示す資料については前述の通りだが、それ以上に中国との直接的なパイプを指し示す遺物がある。

ひとつは、窯道具である。博多遺跡群からは、丸餅状の陶製品がしばしば出土する(図7―5・6)。これは、陶磁器を焼き上げる際には、窯の空間を無駄にしないために製品を重ねて匣鉢に入れ、さらにその匣鉢を積み上げて窯詰めするのだが、重ねた陶磁器が互いにくっついてしまわないように製品と製品の間にはさむものである(図7―7～9)。「ハマ」とか「トチ」とか呼ばれる。窯から出された焼物は、ひとつひとつはずされ、「ハマ」をはがした後出荷される。博多遺跡群からは、「ハマ」や、「ハマ」が底部に貼り付いたままの陶磁器も出土しているのである。図7―3・4は、白磁の皿・碗であるが、青磁などでも見ることが出来る。類似の状況は、博多以前に中国貿易の拠点であった鴻臚館遺跡(福岡県福岡市)からも出土している。鴻臚館遺跡出土のものは、内側に団子状の「ハマ」を数個付けたままの越州窯系青磁碗である。もちろん使用に先だって剝がさなくてはならないもので、これが付いたままでは使うことはできない。

また、碗の口縁の直下に、別の碗の口縁の一部が貼り付いているものもある。釉表面の観察では、火災などの二次的な加熱を受けた痕跡はなく、重ね焼きされた時に下の碗の口縁が上の碗に接していて、窯の熱で釉が溶けて両者を接着したものと思われる。

さらに、博多遺跡群第七九次調査からは、白磁の「空かない合子」が出土している(図7―1・2)。これは、蓋と身を嚙み合わせて焼成した際に釉が溶けて流れ、蓋と身をつないでしまったために外れなくなったものである。このように言うと、いかにも不良品を持ち込んだように聞こえるが、おそらくそれは正しくない。実は、合子の蓋や身の合わせ口付近を仔細に観察すると、この部分の釉には口縁端に向かって斜めに摺った痕跡があるのに気づく。すなわち、合子の「空かない」状態は、窯出し時には常態であり、後から接合した部分の釉をやすりで摺り切って、外れるようにしたものと考えられる。

これらの資料は、陶磁器類が、中国の生産地から窯出しし、匣鉢から出されたそのままのかたちで、鴻臚館や博多

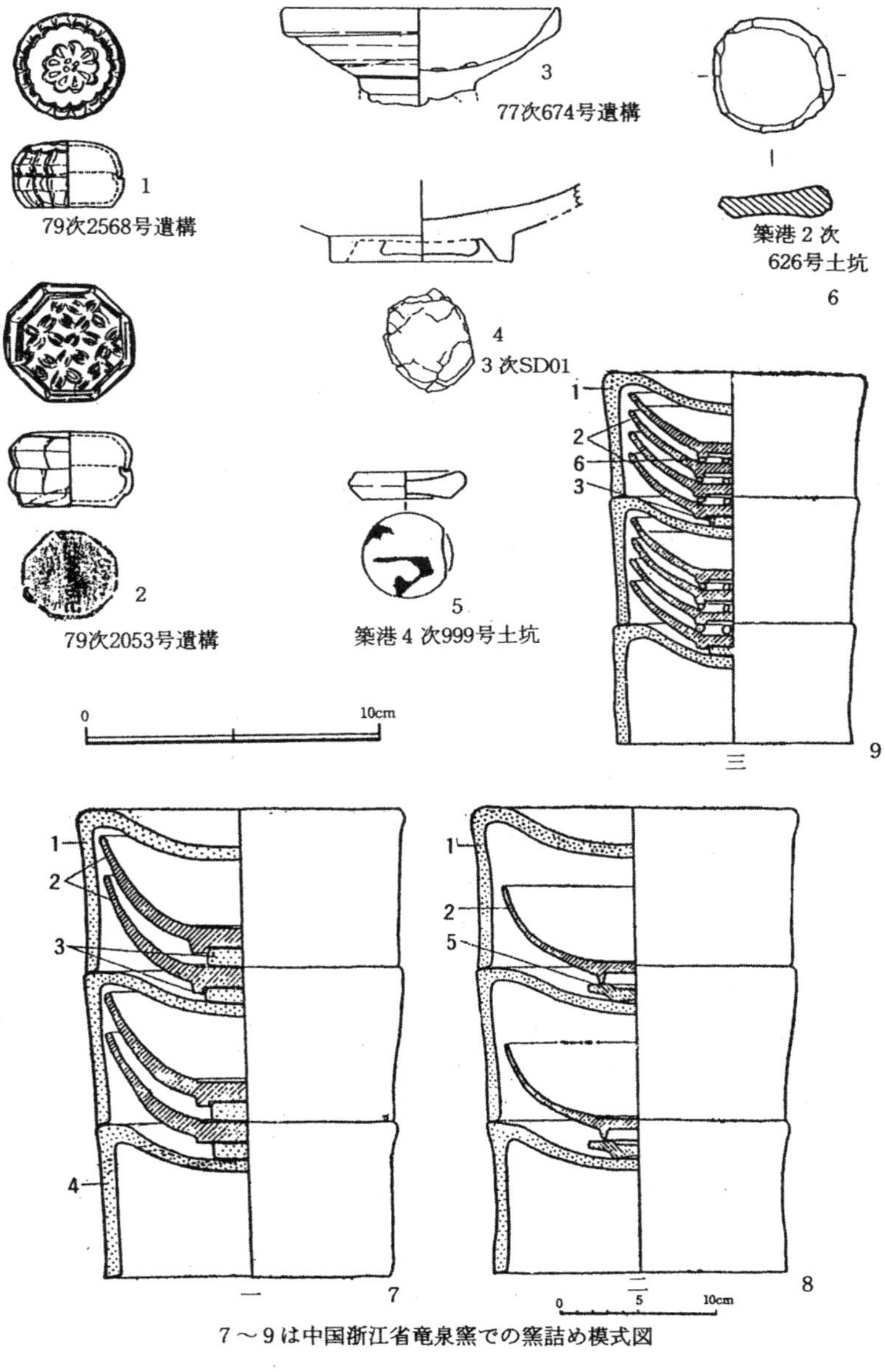

7～9は中国浙江省竜泉窯での窯詰め模式図

図7　窯道具関連遺物実測図

まで運び込まれたことを示している。なお、報告書には載っていないが、第七九次調査では十二世紀代の土坑から匣鉢の破片と思われる遺物が出土しており、匣鉢に入ったまま輸入されたものもある可能性も考えられる。

ところで、宋船一隻の貨物積載量は、実は明らかではない。唯一残されている史料としては、『朝野群載』巻二〇、「大宰府附異国　大宋商客事」に収録された長治二年（一一〇五）の公憑がある。森克己氏が発見されたものであるが［森 一九七五］、これを仔細に検討した亀井明徳氏は、その積載貨物のうちの陶磁器については、白磁碗四〇〇〇口、白磁皿二〇〇〇口と推計した［亀井 一九八六］。時期は下るが、十四世紀前半に沈没した新安沈船の場合は、中国陶磁器全体で二万〇六六一点、竜泉窯系青磁に限れば一万二三五九点が出土している［山本 一九九七］。十三世紀、南宋代の中国浙江省竜泉県安福村竜泉窯y18号窯の発掘調査概報では、この窯で一度に焼くことが出来た青磁碗の総量を四万点と推定している［中国社会科学院考古研究所浙江工作隊 一九八二］。焼成量は、窯の規模によって当然異なるので、この数値を一般化するわけにはいかないが、実に大量の生産が行われていたわけで、ある程度まとまった量を運搬し、販売するには、届け先まで輸送した上で手を加えて商品化したほうが、破損も少ないし手間がかからず早いと言うことかもしれない。

さて、話を戻すが、これらの出土遺物は、中国陶磁器が、商品化された後に運ばれたものではなく、博多に荷揚げされ博多綱首の蔵に収まった後に手を加えられて商品となったことを示している。すでに触れた第五六次調査ＳＫ〇二八一は、荷揚げした貨物を選別し、欠けなどが生じた不良品を一括廃棄したものと考えられており、また「綱」銘墨書陶磁器も亀井説（前述）にしたがって理解するならば、墨書されていることで商品落ちした陶磁器と考えることができる。この状況を重視すれば、前節で見たような港湾としての独占的な位置付けにとどまらず、わが国内に流通した貿易陶磁器、さらには日宋貿易における輸入品全般にわたって、博多がほとんど唯一の発送基地となっていたことは明らかだろう。

2　都市「博多」の景観

①湊

博多綱首時代の湊は、博多浜西側に求められる。博多浜西側は、現地表で等高線を引いてもほぼ南北方向を走るラインが拾えるが、ちょうどこの方向で入江となっていた(冷泉津)。前述した第一四次調査の陶磁器一括廃棄が見られた場所で、荷揚げ場と考えられる。ただし、船は直接砂浜に乗り上げたものと思われ、護岸などは築かれていない(9)。

②博多津唐房

滋賀県大津市西教寺所蔵の「観音玄義疏記」上巻の奥書には、永久四年(一一一六)五月十一日の年紀と共に「筑前国博多津唐房」の文字がある。これに注目した亀井明徳氏・林文理氏は、「唐房」は博多に設けられた中国人街を意味していたとし、博多浜西側の櫛田神社・冷泉津と東側の聖福寺・承天寺にはさまれた五〇〇メートル四方の地域をあてた［亀井 一九九七、林 一九九八、本書終章参照］。

筆者は、前節で触れた陶磁器の一括廃棄遺構の分布を検討し、十二世紀前半のそれは博多浜の西縁付近に限られるが、十二世紀後半では博多浜中央付近でも見られるようになることから、宋商人の拠点が拡大し、あるいは宋商人の数が急増して荷揚げ場から離れた場所にまで居を構えるものが出てきたものと考えた［大庭 一九九七A］。さらに十一世紀前半の越州窯系青磁の出土傾向を見ると、荷揚げの湊と推定されている第一四次調査地点の東側から南側にかけて、比較的多く出土する。これが、十一世紀後半の急激な都市化に先行する状況とすれば、宋商人の居住はまず湊の近くから始まったと見て良かろう。おそらく、「唐房」といっても周辺からそこだけを隔離するような施設を伴っていたわけではなく、宋商人らの集住エリアといった意味合いだろう。したがって、最初冷泉津の湊沿いに始まったものが、まず浜沿いに南に拡大し、ついで東に広がったものと考えたい。ちなみに中世前半の土壙墓・木棺墓の分布を重ねると、博多浜の西半分ではきわめて希薄なことに気づく。土壙墓・木棺墓は、その埋葬様式は周辺の村落や全国で検出されるものと変わらず、日本人の墓制と考えられる。それが博多浜の西側には営まれていないということも、「唐房」の最初の位置が博多浜西側であったことを裏付けているのではなかろうか。そして、東に拡大した時には、すでにそこに住んでいた日本人との混住・雑居が生じたに違いない(図8―⑵)。

③仏地・寺・神社

中世にその名が知られる神社・寺院で、十二世紀代まで史料的にさかのぼれるものは、皆無である。十二世紀末もしくは十三世紀初頭に聖福寺、仁治三年(一二四二)に承天寺が創建されたのが、博多綱首時代に確実に存在した寺院である。博多祇園山笠で有名な櫛田神社は、十三世紀末には存在したが、それが何時までさかのぼるか明らかではない。しかし、十二世紀代の陶磁器墨書に、「寺」、「僧器」などと書かれたものがあり、何らかの寺院が存在したことは推測できる。

ところで、聖福寺は十二世紀末に宋から帰国した栄西が建立した臨済宗の寺院であるが、聖福寺に伝わる栄西の申状には「博多百堂地者、宋人令建立堂舎之旧跡、為空地雖送星霜、既亦依為仏地、人類不居住、仍建立伽藍一」とある。建久六年(一一九五)の日付を持つこの申状は、その体裁などから「検討を要す」(鎌倉遺文七九六)とされているが、その内容については具体的であり、後世の付会であっても無視しがたい部分がある。すなわち、栄西が聖福寺を建立した地は宋人が堂舎を建立した跡地で、堂舎が倒壊し空き地になった後も、「博多百堂」と呼ばれ、人々は住んでいなかったとされる点である。おそらく、聖福寺に伝えられていた記憶を元にしたものであり、とりあえず、この記事の内容を信じることとしたい。宋人らによる堂舎については、聖福寺境内から骨蔵器と考えられる水注が出土したことがあり[岡崎 一九六八]、亀井明徳氏はこれを彼等の墓所とする[亀井 一九八六]。空地となった後も「仏地」として

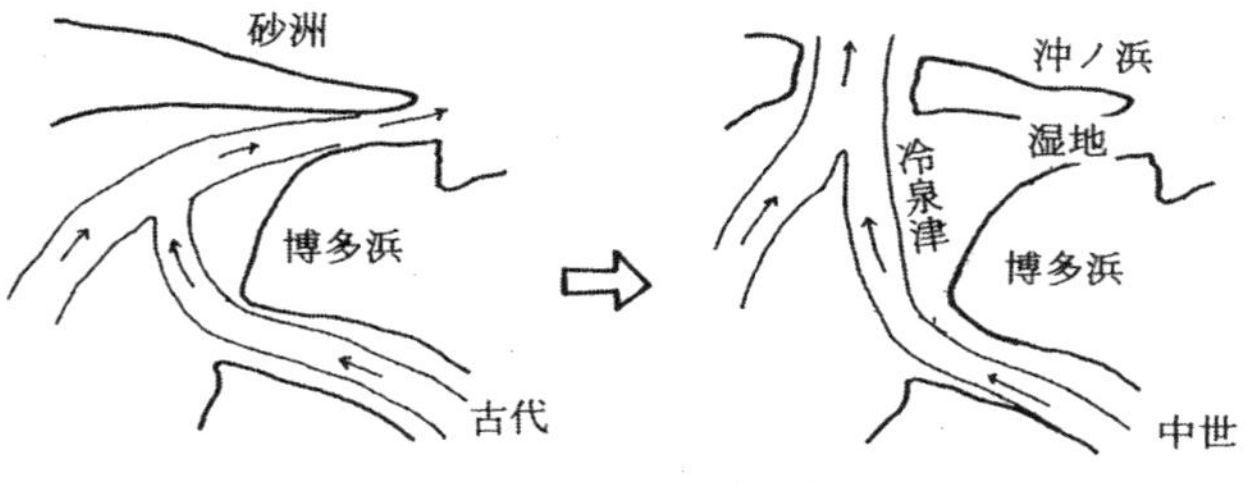

(1)博多付近砂丘地形変遷図

(2)中世前期「博多」

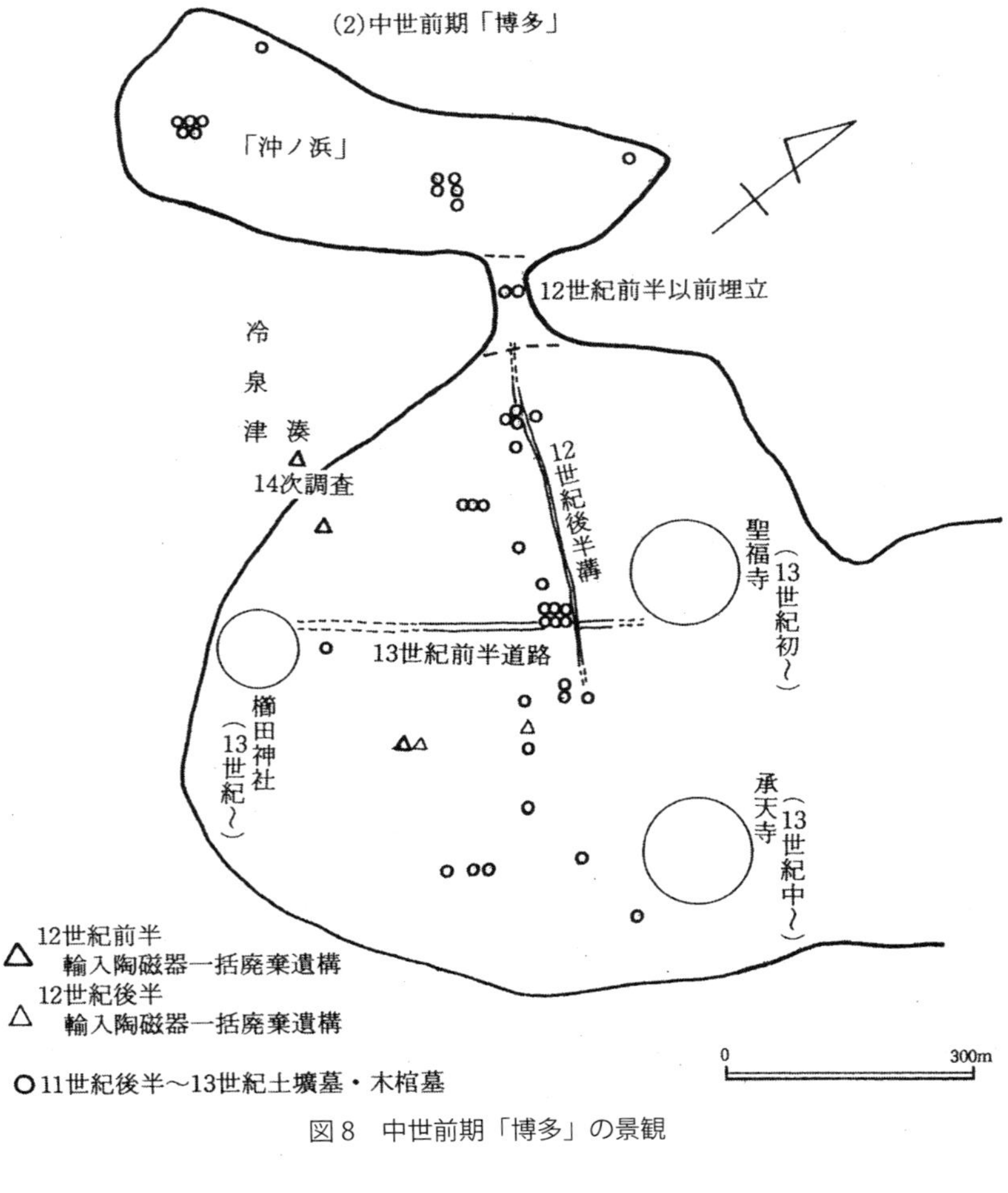

図８　中世前期「博多」の景観

人々が住まなかったということからもうなずける指摘である。十二世紀後半以前、博多浜の東端を占めるこの一角には、宋人らの墓所とそれに付随した堂舎が営まれていたのであろう。

聖福寺には通事李徳昭・張国安が関わり、承天寺は綱首謝国明が建てている。いずれも宋商の支援で建てられた、いわば宋商の寺である。両寺院は、中世・近世を生き延び、太平洋戦争の戦火もくぐり抜け、現在もその威容を誇っている。

④町場

発掘調査では、町場の具体的な様子を知りうる資料は全く得られていない。

十二世紀前半以前に、砂丘Ⅰ・Ⅱと砂丘Ⅲを隔てる湿地の一部が埋め立てられた。おそらく、町場の拡大に伴う埋め立てであろう。砂丘Ⅲにおいても、遺構そのものは十二世紀後半には確実に見られ、十三世紀には都市化が進んだものと思われる。新興の町「息浜」の誕生である。博多浜を縦貫し、埋め立てた陸橋を通って「息浜」に至る道は、中世後半の「博多」のメインストリートである。おそらく、埋め立て後間もなくこの道路は生まれていたと思われるが、遺構としては確認できていない。ただし、十二世紀後半の溝が一条、ほぼ同じ位置に確認されている。道路側溝とは見られず、あるいは前項で述べた「仏地」を生活領域から区画した溝かもしれない。

唯一検出されている十三世紀前半に通された道路は、聖福寺の現在の勅使門から櫛田神社に向かってまっすぐに伸びる道路である。もし、櫛田神社の創建が十三世紀前半までさかのぼるものとすれば、櫛田神社と聖福寺を結ぶ道路ということになり、「門前市を為」していた可能性も考えて良かろう。

おわりに

日宋貿易において博多が持った特質を一言でいうならば、それは一極ラジアル型貿易の、わが国唯一の核であったということに尽きる。

ところで、博多が輸入された宋からの貨物の国内向け出発点であり、それを博多居住宋商人＝博多綱首が出荷していたということは、その貿易の代価としての国内の産物が博多に集まったということも意味する。発掘調査で得られた資料からそれを知ることは、およそ不可能と言わざるを得ない。しかし、わずかながら出土する国内各地の土器・陶磁器から博多に向けての人・物の流れを想像することは許されよう。十一世紀には京都系土師器皿が、十一世紀後半から十二世紀にかけては摂関家領河内国楠葉牧で生産された楠葉型瓦器が出土する。十二世紀前半には備前の甕が、十二世紀半ばには東海の常滑や渥美の甕が出土するようになるし、やや遅れて開窯した瀬戸も十三世紀前半には顔を見せている。常滑・渥美などは、全国的に骨蔵器として出土することが多いが、博多遺跡群でそうした出土状況を示す例は皆無である。これらは量的にも少なく、また博多周辺を含めて九州全般でこの時期の出土例は希である。もとより流通商品としてもたらされたものではあり得ず、人の移動に伴って、入ってきたものであろう。備前・常滑・渥美がほぼ甕に限られているのも、これが外容器として、あるいは国内を回航する船の水瓶として持ちこまれたとすれば、首肯できる。とりわけ、楠葉型瓦器は、一遺跡の出土量としては九州最多であり、近畿地方を除けば国内有数であろう。これについて、橋本久和氏は、「京都と博多とを結ぶ船が頻繁に出入りしたことを示すが、単に京都周辺の土器が運ばれてきたということにとどまら」ず、「その地域に定住する人間の存在を示唆している」とした上で、「中国陶磁器の需要拡大を前にして、権門勢力自らが貿易の管理・統制、商品の独占的・優先的入手、さらに販売・流通に関する特権の掌握を意図したことを」意味するとした［橋本　一九九七］。日宋貿易における集散地としての、博多の位置の大きさがうかがえると言えよう。

最後になったが、標題にもあげた「集散地遺跡」という言葉について、若干の私見を述べたい。集散地・集荷地という表現は、遺跡の性格を語る際にしばしば使われる言葉である。しかし、それを「集散地遺跡」といった場合、果たしてどこまで一般的な言葉になりうるだろうか。集散地であることをその遺跡の本質として持つ遺跡と言えば、一体どんな遺跡がそれに該当するのだろうか。

集散地であることをその本質として持つ遺跡の場合、単なる中継地点であっては物足りない。例えば瀬戸内海に面する港津遺跡の場合、流通の大動脈に位置したとしても、物資の集散地としての性格を中継地点としての位置づけ以上に持たない限り、「集散地遺跡」とは呼べない。たとえ倉敷地として、内陸の荘園からの貢納物を集め蓄積して、船に積んで送り出したとしても、そこが少なくともその地域にとってさまざまな物資の供給基地であり、同時に他の地域に対しての出荷基地でない限り、「集散地遺跡」と呼ぶわけにはいかない。

「集散地遺跡」においては、持ちこまれた貨物に対しての取引が行われる。したがって、当然取引の代価となるべき物資が集積するはずである。たとえ銭貨で決済したとしても、売り手は別の帰り荷を入手し、それを持ち帰って販売することにより、さらに利益を生み出すことを企むわけだから、当然そのための物資が集まりやすい、入手しやすいことが要求される。持ちこまれた貨物を求める人が集まり、持ち出されるための物資を運び込む人間が集まり、そういう流れ込む人間を相手に商売する者も現れる。「集散地遺跡」は必然的に都市遺跡でもある。都市遺跡の中で、政治的都市でも、宗教的都市でもなく、まさに物資・人間が交易のために集散することを本質的な姿とする都市遺跡こそが、「集散地遺跡」と呼ばれるのに相応しい。

そのように定義すると、おそらくほとんどの遺跡は当てはまらない。中世後半期になれば、南蛮貿易との関連で、西日本特に九州にはいくつかの「集散地遺跡」が生まれていた可能性があるが、それ以外では、京都の木津川河床遺跡、伊勢の安濃津、中世後半の堺環濠都市遺跡、近世の長崎などごく限られてしまうのである。

博多遺跡群は、宋商人の居住によって誕生した都市遺跡である。それを支えたのは、在博多宋商によって展開された住蕃貿易であり、それを目当てに集まった権門・大宰府の府官・日本人商人らであった。「集散地遺跡」こそ、博多遺跡群の本質を言い当てた表現と考えるのである。

註

(1) 荘園公領制・権門体制はあくまで日本国内の当時の政治・経済体制であり、博多綱首らの立場に立てば、日本国内への貿易活動の保証を得るためにこれと結びついたという側面もあるのではないか。言いかえれば、荘園公領制・権門体制側の能動的な要求として住蕃貿易が選ばれたわけではないだろう。住蕃貿易が亀井氏の説くごとく、東アジア的な貿易システムであるのならば、博多におけるそれも、まず中国商人に主眼を置いた貿易構造として論じる必要があると考える。ただし、博多綱首といえども神人・寄人として権門に組み込まれ、その保証の下で博多居住・貿易活動がなされていたわけであり、直接宋商と関わった在地勢力にしても、荘園公領制・権門体制の末端に席を占めることで、その地位・権能を保持していたに他ならない。その意味で、日本史的にこれを論じようとした場合には、林氏の指摘は当を得たものであり、必要な視点であると言えよう。

(2) 筆者も、かつては本文のように考えたが、現在は、銅銭は少額貨幣であり、高額に上る貿易決済には不適当であることから、貿易決済用貨幣としての使用には否定的である。むしろ、博多在住の宋商人らによる疑似的な中国社会における少額取引＝売買の場面で用いられたものと考えている。

(3) この事件については、石井正敏氏が、これまでの研究の整理と、緻密な史料解釈に基づいた論文を発表している。詳細はこれに拠られたい。また、渡邊誠氏は、院権力との関わりから論じた中で、神崎荘現地での貿易については否定している。なお、博多に神崎荘の倉敷があったという説は、早くは長沼賢海氏によって唱えられたものだが、近年では五味文彦氏によって主張されている〔石井(正)一九九八、五味 一九八七・一九八八A・一九八八B、長沼 一九五三、渡邊 二〇〇〇〕。

(4) 博多遺跡群においては、遺物の構成比はおろか総点数すら公表されていない調査がほとんどである。これは、主として整理から報告書作成に費やす時間があまりに少なく、また、報告書の印刷経費が遺跡の内容に対して不足していることによる。これまで遺物の数値的データが公表されたのは次にあげるだけであるが、経験的な所見から、貿易陶磁器は総遺物点数の三〜四割を占める程度と思われる［福岡市教委一九八一・一九八四A、池崎一九八三］。

（5）金峰町教育委員会の宮下貴浩氏のご案内で現地を訪れ、鹿児島県立埋蔵文化財センターによって継続されていた持躰松遺跡の発掘現場に立ち寄った。同センターの西郷吉郎氏のご好意で、出土遺物を見学させていただいたところ、出土瓦器の中にかなりの点数で十二世紀代と思われる楠葉型瓦器が入っていることを知った。楠葉型瓦器については、白井川遺跡について説明した個所でも触れたように、国衙などの地方拠点や交通の要衝から出土するという指摘があり、持躰松遺跡の性格を理解する上で、きわめて重要な遺物といえる。この出土を積極的に評価すれば、持躰松遺跡における対外交易の背後に、京都の権門の影を見ることも可能であろう。

持躰松遺跡は、金峰町による調査の後、鹿児島県埋蔵文化財センターによって発掘調査が続けられた［鹿児島県埋文二〇〇七］。また、持躰松遺跡に隣接して、芝原遺跡・渡畑遺跡が調査された。本来一連の遺跡とみて大過ないだろう［鹿児島県埋文二〇一〇・二〇一一・二〇一二］。

（6）林文理氏は、大宰府の貿易管理の変質に関連してこの文書に触れた中で、「これは「唐船着岸物」（寄船）に関するものであるが、鎌倉幕府が荘園領主による管理権を認めた史料といえる」としている［林一九九八］。

（7）一九九四年以前に刊行された発掘調査報告書から集成した時点で、「綱」銘墨書は一四一点、陶磁器墨書全体で一二七四点を数えた［博多研究会編一九九六］。

（補）その後再び、一九九五年から二〇〇一年に刊行された発掘調査報告書から集成を行ったところ、陶磁器墨書八六五点、この内「綱」銘墨書は八〇点であった［博多研究会編二〇〇三］。したがって二〇〇一年刊行報告書以前で、陶磁器墨書二一三九点、「綱」銘墨書は二二一点となる。その後は同様の集成作業は行われていない。

（8）石井氏の指摘によれば、平家政権下における府官の構成は鎮西奉行天野遠景の支配時期を通じて再編成され、建久六年（一一九五）三月以後まもなく九州に下向した武藤資頼以降府官の姓別構成が一変し、平安時代に大多数を占めていた諸雄族がほとんど影を潜めていくという。このことから、それまで博多の宋商人と結んで代々貿易に関与していた府官らの多くが、その地位を追われることによって、公的に貿易に係わる資格を失ったことが推測できる。かつての府官らは博多を離れざるをえず、それが在地の拠点に宋商を呼び込んで大規模に交易を行う引き金になったのではなかろうか

［石井進 一九五九］。

（9）　南出眞助氏は、博多周辺の碇石の出土地点を見ると、「沖の浜」の前面や東側、あるいは博多浜の縁辺付近から出土したものもあり、大型船が直接着岸した可能性を指摘する［南出 一九九八］。これに対し、筆者は、博多湾の水深が浅く、湾の中央部付近でも七メートル程度しかなく、ジャンク構造の大型船が博多津に直接着岸することは困難であるため、大型の貿易船は博多湾内の沖合、志賀島や能古島の島影に停泊し、小船で博多に着岸したと考えている。博多湾を攻めた刀伊が博多湾内の能古島を拠点にしたこと、応永の外寇の後始末に来日した朝鮮王朝の宋希璟が渡航に用いた「楼船」を博多湾頭の志賀島に泊め、艀で博多と往復したことなどを考え合わせれば、基本的に大型船は着岸できなかったとみるのが妥当だろう（本書終章参照）。

第二章　博多綱首の時代——考古資料から見た住蕃貿易と博多——

はじめに

博多遺跡群の出土遺物とりわけ多彩な輸入陶磁器からは、博多が中世前半期においては、ほとんどわが国唯一の対外貿易拠点となっていた様相を看取することができる（本書I第一章）。本章では、港湾都市としての構造を検討し、さらに遺物の分析から、博多にあって日宋貿易に従事した宋人の存在形態について考えてみる。

1　港湾としての博多の立地

まず、「博多」以前に対外貿易の窓口であった大宰府鴻臚館について見よう。大宰府鴻臚館は、博多の西にあたり、南から伸びた丘陵の先端に位置していた（図1）。丘陵西側は、現在の大濠公園であるが、大きな入江が入り込んでいた。鴻臚館から丘陵沿いに南下する官道は、水城の西門を経て大宰府政庁に至ったと推測されている。

鴻臚館は、中国・朝鮮からの使節・商人を滞在させ交易した施設である。地形的には、博多湾に突き出した岬状の丘陵に占地していたわけで、外国人を孤立的に安置しておくには、適地といえよう(1)。

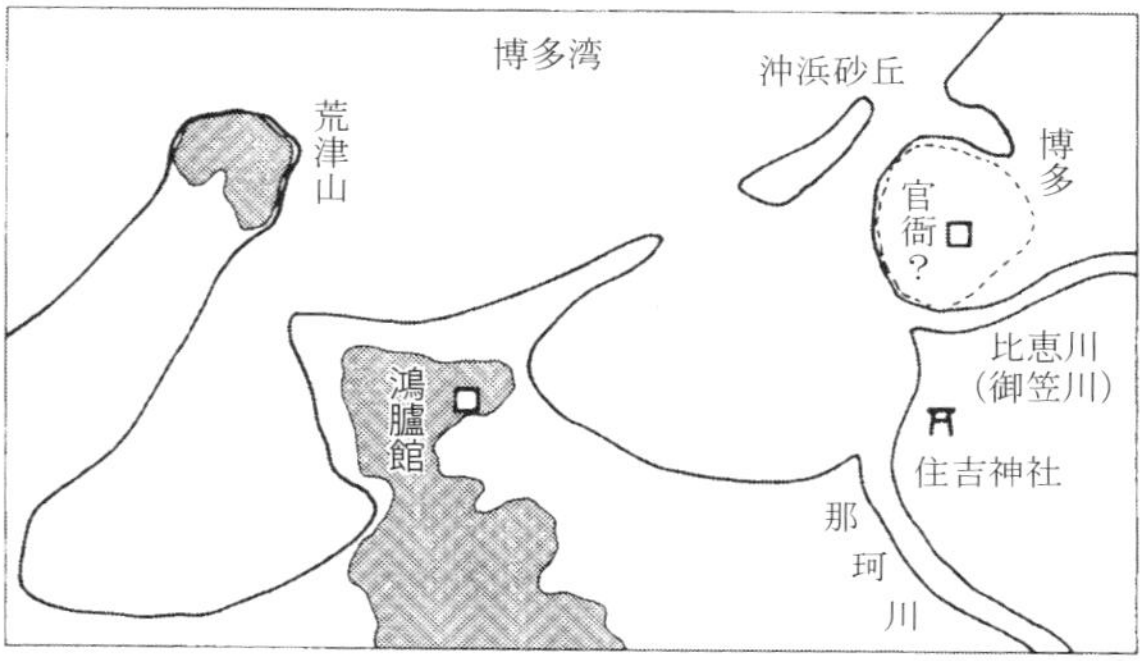

図１　古代地形復元図

さて、律令国家による管理貿易施設としての大宰府鴻臚館が右のように理解できるとすれば、鴻臚館以後の貿易拠点である「博多」はどう見ることができようか。

古代末から中世前期の博多遺跡群の地形・範囲は、図2に示した態をなしていたと推測できる［大庭 一九九七A］。砂丘続きの東側を除く三方は海・入江・川で画されていた。東側についても、小さな谷状のくぼみはあったようで、視覚的に「博多」を画することは可能だったであろう。

こうしてみると、博多遺跡群の範囲が、天然の「出島」をなしていたことが見えてくる。しかも、そのもっとも内陸よりである砂丘Ⅰの高所には、その名称は記録されていないが、古代には官衙が営まれていた。[2]『後拾遺集』巻一九、雑五には、大宰大弐藤原高遠の和歌の詞書として「筑紫よりのぼらむとてはかたにまかりけるに舘の菊の面白く侍りけるを見て」とあり、また源俊頼の『散木奇歌集』第五羇旅の詞書には「つくしよりのぼりけるにはかたといふ所に日ころ侍りけるに」とある。藤原高遠の離任は寛弘六年（一〇〇九）であり、源俊頼が大宰府から上京したのは、永長二年（一〇九七）である。これらの史料から、十一世紀を通じて博多に館と呼びうるような施設が置かれていたことがわかる。この博多の館こそが、律令期の官衙の後身ではなかろうか。いずれにせよ、平安時代を通じて博多の公営施設は維持されていたと見て良かろう。さらに、この博多の館の存在が、大宰府が鴻臚館から博多に対外貿易の拠点を移すに際しての管理上の拠り所となったであろうことも推測に難くない。

しかし、「出島」としての博多は、鴻臚館や長崎のように閉鎖的な空間ではなかったようである。宋商らは生業の

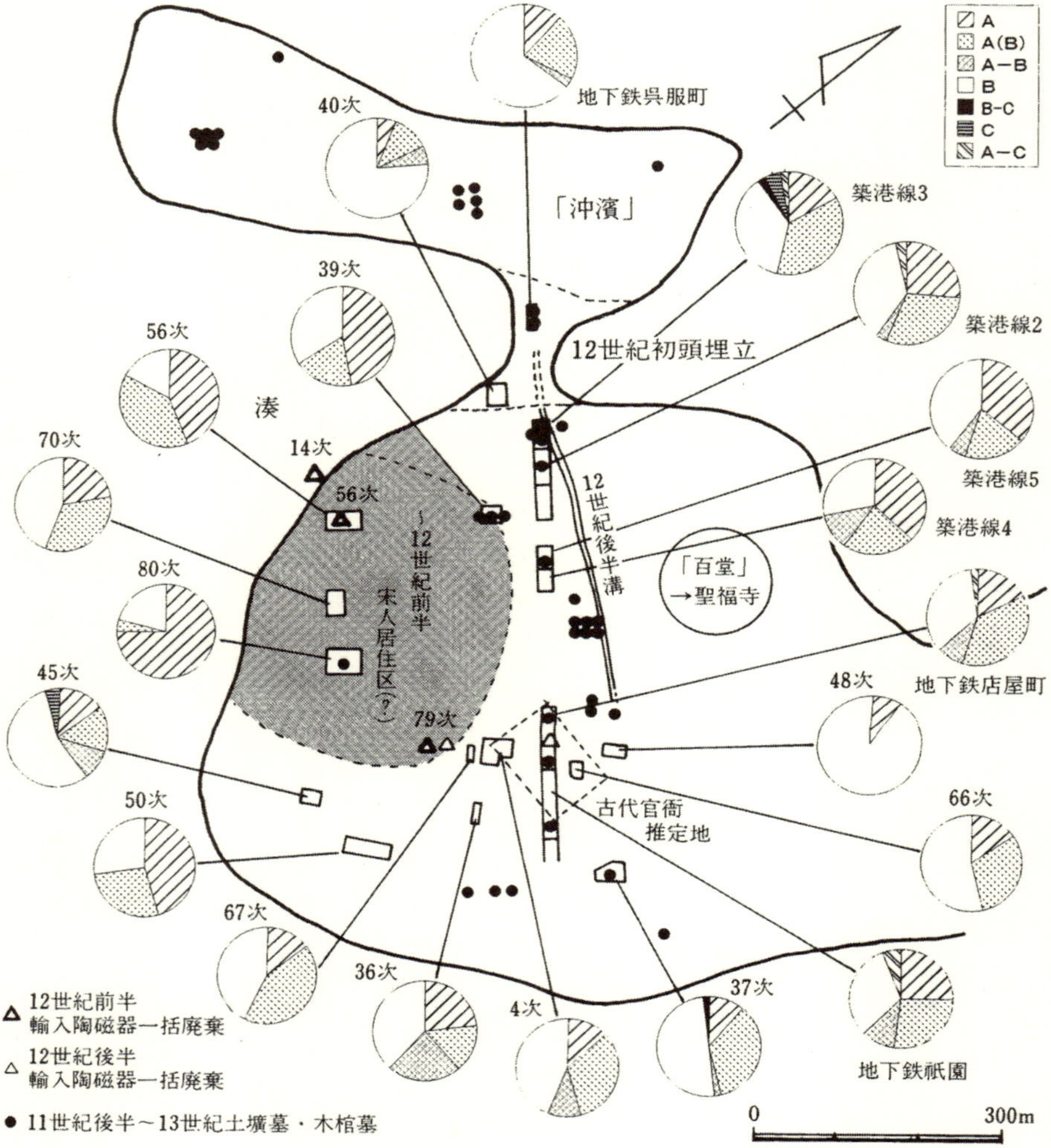

図２　中世前半「博多」考古資料分布

拠点を博多内に置きはしたが、決して博多から他出できないわけではなかった。宗像大社大宮司家が王氏や張氏と婚姻を結んでいたことは著名だし、「平戸蘇船頭」のように、博多から遠く離れて居を構えていた宋商もいた。また、箱崎八幡宮の社役を負担していた張英は「鳥飼二郎船頭」と称しており、博多の西側の鳥飼に居を構えていたことが推測できる。(3)

一方、博多には、多数の日本人が居住していたことも、考古資料的には想定できる。すなわち、「出島」たる博多は日本人にとっても開放された空間であったのだろう。すると、「出島」的な地形をあえて選んだ利点はどこにあったのだろうか。

南出眞助氏は、「古代中世の港といえども、外国人使節の保護・監視や交易品の管理の必要から生じる空間構成、具体的には迎賓館の隔離や船着場と陸上交通路との間の緩衝空間の確保、あるいは保税区域の設定など、今日の港湾に通じる空間構成が企図されていたのではないかという見通し」を指摘している［南出 一九九八］。

仮に、「博多」を保税区域とみなすと、大宰府が管理貿易の拠点としてこの地を選んだ理由、その一方で宋人の居所・邦人の混住については寛容であった点が容易に理解できる。貿易管理権を手放したくない大宰府の官人にとって、重要なのは、貿易拠点を限定して掌握することであり、莫大な利益をもたらす唐物を安全に管理することであったに違いない。そこに、「博多」の構造的な特徴があるのではないだろうか。

2　都市「博多」の構造

本節では、発掘調査の成果に基づき初期の「博多」の景観構造を探ってみたい。

①輸入陶磁器一括廃棄遺構

博多遺跡群の特徴のひとつであるが、しばしば、輸入陶磁器の一括廃棄遺構を検出することがある。特に大量に廃棄された例を見ると、第一四次調査地点(荷揚げ時の破損品廃棄、十二世紀前半)、第五六次調査(商品選別による不良品の廃棄、十二世紀前半)、第七九次調査(罹災品の一括廃棄、十二世紀前半・十二世紀後半)、地下鉄店屋町工区A区(罹災品の一括廃棄、十二世紀後半)などがある。これらは、十二世紀前半では博多の西の入江(冷泉津)近くに分布するが、十二世紀後半になると博多浜の中ほどに移動していることが見て取れる[大庭 一九九七A]。

輸入陶磁器の大量一括廃棄遺構は、その性格に見るように、港(荷揚げ場)の位置や、貿易商人の所在そのものを示す遺構と考えられる。したがって、十二世紀頃の港(荷揚げ場)が、博多浜西側の入江部分にあり、貿易商人の所在が、この入江近くから次第に砂丘内部に広がっていった様子をうかがうことができる。

②陶磁器墨書

輸入陶磁器の底面に中国人商人とおぼしき姓や花押、あるいは「□綱」などの文字を墨書きしたものが出土するのは、博多遺跡群の大きな特徴である。一九九四年までに発掘調査報告書に掲載された陶磁器墨書については、博多研究会から『博多遺跡群出土墨書資料集成』として刊行されている[博多研究会編 一九九六]。この集成では、中世前半期の陶磁器を形態分類した上で、A期(十一世紀後半〜十二世紀前半)・B期(十二世紀中頃〜十三世紀初頭)・C期(十三世紀前半)に分けている。明瞭に時期区分できないものについては、A(B)期・A—B期などのようにまたがった表記をした。この時期区分をもとに、調査地点ごとに墨書の時期組成を見ると、図2のようになる。判断のつきにくい資料の比率は除いて、単純にA期・B期・C期の比率だけを比較してみよう。そうすると、例外的な地点はあるものの、A期が優越するのが博多浜中程の西側付近、B期が多い地点がそれを取り巻くように分布し、北東寄りではC期の墨書もちらほら見えるという傾向が看取できる。なお、C期では、墨書そのものが激減している。また、息浜砂丘では各期を通じて墨書が少なく、「息浜」の都市化が、墨書のピークであったA〜B期よりも遅れることを反映しているということができる。

陶磁器墨書が、輸入に際して中国で書かれたものであり、輸入後商品の選別過程でふり落とされて博多に残ったものであるという理解に立てば(本書I第一章)、墨書された陶磁器の時期的な傾斜は、その調査地点が博多綱首の営業拠点となった時期のずれを物語っていると考えることができる。さらに、この時期的な分布傾向が、前述した陶磁器一括廃棄遺構の分布からみた貿易商人の所在の変遷とほぼ一致している点に注目しなければならないだろう。

③埋葬遺構の分布

次に、埋葬遺構の分布を見てみよう。博多遺跡群から検出される十三世紀前半までの埋葬遺構は、すべて土葬墓(土壙墓・木棺墓)であり、おおむね博多浜砂丘の中程と息浜砂丘に集中している様子が見て取れる。これら土葬墓は、形態的には周辺の村落遺跡さらには全国の中世前半期の土葬墓と共通し、日本人の埋葬形態であり、屋敷墓的な性格を持つものとみなすことができる。したがって、その性格と分布をともに考えれば、博多浜砂丘中程に日本人の居住域が集中していたと考えられよう。なお、息浜砂丘は、十一世紀までは未発達の砂丘であり、潮の高い時には波に洗われるような状況であったことが明らかとなっている［福岡市教委　一九九一A］。「息浜」と博多浜をつないだのは、十二世紀初め頃の人為的な埋め立てであるが、「息浜」の都市化が十三世紀代まで遅れるのであれば、息浜砂丘上で検出される埋葬遺構に関しては、博多浜の都市民の葬地であった可能性も考えなくてはならない［大庭　一九九六］。

さて、博多浜の東縁には、十二世紀末頃に聖福寺が建立された。聖福寺に伝わる栄西申状によれば、その地は宋人が堂舎を営んだ跡地で、堂舎が倒壊し空地となった後も「博多百堂」と呼ばれ、人々は住んでいなかったとされる(4)。この堂舎については、聖福寺境内から骨蔵器と考えられる越州窯系青磁水注が出土したことがあり、亀井明徳氏はこれを彼らの墓所と考えた［亀井　一九八六］。栄西が聖福寺を創建するにあたっては、張国安ら博多綱首の後援があったことが知られている［川添　一九八八A］。したがって、聖福寺を含む博多浜東縁あたりはもともと宋人の墓所であり、その後も霊地として博多綱首らによって占有されていたことが推測できる。

以上をまとめると、次のようになる。十二世紀前半以前においては、宋商人らの生業の拠点は、博多浜の西部、荷揚げ場(湊)のあった冷泉津付近にあり、その東側に日本人居住区が広がり、さらにその東(博多浜東縁)に宋人の墓地が営まれていた。日本人居住区の南部には、少なくとも十一世紀代までは大宰府が維持する施設「館」が存在したものと思われる。十二世紀後半になると、宋商人の居住は、東の日本人居住区全体に拡大し、混住状態が進む。それと並行して、東側の宋人墓地はいずこかへ移動し、跡地は「霊地」として宋人らの管理下に置かれたのである。

3　宋商の博多居住の実態

文献史料では、「博多津唐房」という言葉が知られている(西教寺蔵『両巻疏知礼記』上巻奥書、要法寺本『観音玄義疏記』奥書)。「唐房」という言葉からは、租界的なチャイナタウンのイメージが浮かんでくるが(本書終章参照)、考古資料でそのような像を想い描くことは可能だろうか。本章では、博多に拠点をおいた宋商のあり方について、発掘調査で得られた資料から検討を試みる。

まず住居のイメージであるが、実は発掘調査では中国風の建物の存在をうかがわせる遺構は、全く見つかっていない。検出されるのは、掘立柱の柱穴ばかりであり、通常の集落の調査となんら変わるところはない。建物遺構から、宋人の居宅を推定するのは、不可能である。

ところで、林文理氏によって注目された遺物に、中国系の瓦がある[林 二〇〇二](図3―1～4)。博多遺跡群から出土する瓦に、十一世紀後半～十三世紀前半に限って独特の文様を持つものがあることはすでに紹介されてきた[常松 一九八七・一九九二、佐藤 一九九三・一九九四・一九九五]。平瓦は、薄手で小振り、桶巻作りで須恵質に焼成される。軒平瓦の瓦当には、刺突を伴う重弧文があしらわれ、その下端はフリル状に押圧されている(押圧重弧文軒平瓦)。軒丸瓦は、花卉文を型押ししたものである(花卉文軒丸瓦)。これについて、常松幹雄氏は押圧技法の祖型を高句麗や北魏の瓦に求め、渤海・遼・金・元代の瓦へと継承されたとして、「北方系造瓦技法」の所産と論じた[常松 一九八七]。佐藤一郎氏は、花卉文に注目し、予察めいた結論としつつ「花卉文軒丸瓦の文様の源流を黄釉鉄絵盤見込みの文様から華南、さらにさかのぼって押圧波状文軒平瓦と同様に華中と考えている。北宋の都開封を中心とする河南地方から大運河を下って江南地方を経て、寧波、泉州から東シナ海を渡って、博多の地に文様の祖型あるいは形式・簡略化したものが伝播し、宋商人と消長をともにした」とした[佐藤 一九九三]。博多を往来した宋商人は、明州を船出した人々で、博多への人・物の流れは中国南部を発着点としていた。とすれば、おそらく佐藤氏の推論に妥当性があろう。

これら一連の瓦の分布は、博多遺跡群に集中しており、その使用の中心が博多遺跡群にあったことは、明らかである(本書終章参照)。また、博多浜では各調査からほぼ万遍なく出土しているのに対し、息浜砂丘からはほとんど出土していない。これも、「息浜」の都市化が遅れていたことによるものであろう。

博多浜での分布が広がりを持つ点については、瓦自体の時期的な変遷が明らかでなく、細かく年代を限定できないので、時期的な分布傾向の検討ができない。少なくとも、十一世紀後半〜十三世紀前半にかけて、博多浜では中国風の瓦を使った建物が広く見られたということはできよう。

これについて、佐藤一郎氏は、丸瓦に比べて平瓦の出土量が多いことから、「丸瓦が葺かれる位置は部分的に例えば降棟に限られ、全体的には平瓦が多く用いられていたのであろう。今日中国の民家の屋根で見られるように、軒平瓦を含めた平瓦がその凹面を下に向け、丸瓦を兼ねていたのであろう」という[佐藤 一九九四]。妥当な指摘ではあろうが、それにしても、瓦の出土量は屋根全体を葺くにはおよそ足りない。おそらく棟や軒端を飾ったにとどまるのであろう。宋商らは、日本の技術で建てられた日本の家に住まいしたと考えざるを得ない。

次に、博多遺跡群第七九次調査一八二七号遺構の出土遺物から、博多での宋商人の生業・日常の一端を探ってみよう。一八二七号遺構は、火災にあった土器・陶磁器などを一括廃棄した、十二世紀前半の土坑である。博多綱首の倉に納められていた商品が罹災し、廃棄されたものと考えられる。

出土遺物の大半は輸入陶磁器で四四二点以上、国産遺物として土師器六点、瓦器三点、石鍋三点、そのほか麦・米・ゴマなどの炭化した穀類などがみられた［福岡市教委 一九九六A］。

この一括廃棄遺構から知られることとしては、

1．輸入陶磁器の中には全国的に出土する類と、他の遺跡ではまれであるが本遺構では一定量出土しているものとがある

2．陶磁器に書かれた墨書から、二人の宋人がこの遺物に関わっていた

3．煮炊具には、石鍋が用いられていた

という点が上げられる。

1．については、全国的に出土する類の輸入陶磁器は、商品として国内流通したものであろう。他の遺跡で見ることができない陶磁器は、おそらく流通に乗らなかったものに違いない。しかし、それにもかかわらず、まとまった量が一括廃棄されている点については、買い手側の選択を想定したい。すなわち、輸入された陶磁器は宋商人らによって調達されたもので、日本での需要が前提としてあったものではなかった。そのため、博多から全国的に流通・拡散した陶磁器がある一方で、需要が延びず、結局博多にとどめおかれた陶磁器もあったのではなかろうか。本書Ⅰ第一章で論じたように博多出土の陶磁器には窯出し後ほとんどそのままもたらされたと考え得る状況がある。そして、それらは博多において最終的な手が入れられた後、商品として流通していったのである。同様な状況は、博多の前段階である鴻臚館の出土遺物にも見ることができる。

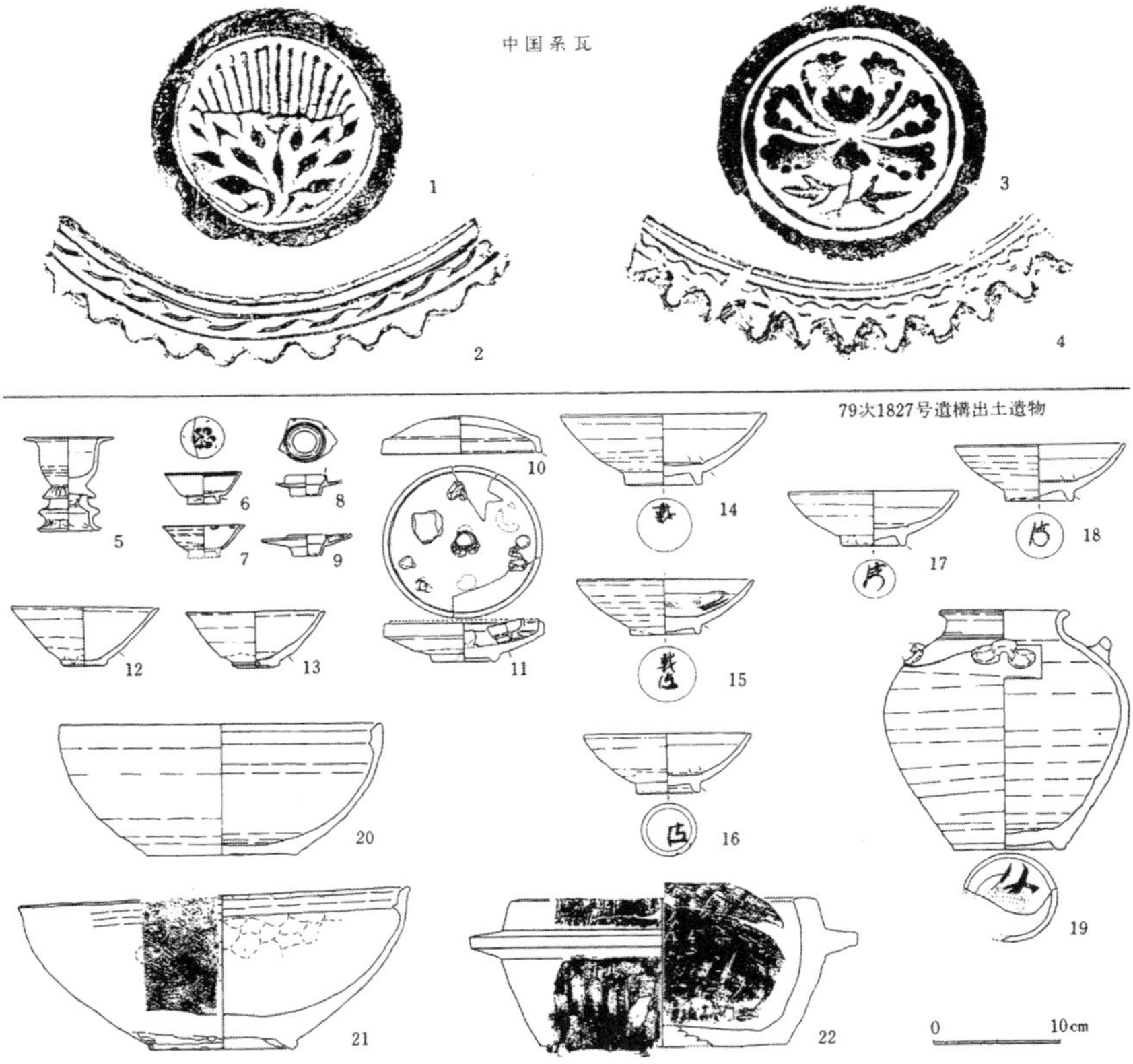

1～4…中国系瓦，1・2…65次、3…62次，4…39次
5…青白磁灯火器（香炉？），6・7…白磁鉄絵小盃，8・9…白磁鉄絵托，10・11…白磁合子，12・13…天目茶碗
14～19…墨書陶磁器、14～18…白磁碗，19…褐釉陶器四耳壺，20・21…陶器こね鉢，22…石鍋

図３　博多遺跡群出土遺物

鴻臚館での貿易は、博多に着岸した貿易船を大宰府の官人が臨検し、その積み荷を京都に報告して、その指示で買い付けを行った後、剰余の貨物に対して交易が許されるといったシステムをとっていた。そうである以上、積み荷に対するわが国側の需要は、荷が博多に入った後初めて生じるわけで、何を持ってくるかの選択は、中国人商人に委ねられていたといえる。事実、鴻臚館遺跡から出土する粗製の越州窯系青磁は、量としては輸入された青磁の大多数を占めるにも関わらず、鴻臚館遺跡・博多遺跡群以外では極めて低率の出土を示すにすぎない［土橋 一九八六］。輸入はされても、受け

入れられていないのである。

鴻臚館貿易から移行した博多における初期の住蕃貿易において、鴻臚館と同様の現象が起きているのは、至極当然といえるのではないだろうか。

2.について、これまで陶磁器の一括大量廃棄遺構からは、墨書陶磁器が出土していなかった。陶磁器の墨書が、貿易に際して書かれたものであるならば、貿易時の破損品や不良品・倉庫での羅災品を廃棄した一括大量廃棄遺構からは、当然墨書陶磁器が出土するはずで、それがみられないということは、墨書は貿易に関連して書かれたものではないという論も行われていた［森本 一九八六］。本遺構から陶磁器墨書が出土したことで、如上の見解に対しては、否という事実を突きつけたこととなる。

さて、本遺構での陶磁器墨書は、「戴」＋花押と花押のみの二種類である。花押を検討すると、二人分の花押が認められる（図3―14～19）。一方は戴氏であるが、他方の姓はわからない。これらの花押は、同タイプの陶磁器に記されていた。出土状況からも、同時に羅災し廃棄されたことはまちがいなく、商品倉庫に保管されていた間も、ともにおかれていたことが推測できる。

花押を遺した両名の関係は明らかではないが、倉庫を共有しているとすれば、一連の世帯に属していたと考えるのが素直だろう。しかし、それぞれがそれぞれの名で商品を保有していたとすれば、単一の世帯とは思えない。断定はできないが、近親者である複数の博多綱首が共同で貿易船に関与し、商品倉庫を共有していたという可能性を考えたい(5)。

3.の煮炊具として石鍋が出土したという点は、興味深い。本遺構の大量な出土遺物のうち、調理など生活の奥向きに関わる遺物は、石鍋と調理具である陶器のこね鉢のみである。石鍋は、長崎県西彼杵半島で切り出した滑石から作ったものである。こね鉢は、中国南部の窯で焼かれたとされる無釉の焼き締め陶器とこれに灰緑色の釉がかかったもので、使用により内底面はつるつるに摩耗している。おそらく奥向きをまかなう使用人は日本人であろうが、和漢折衷の調理風景がうかがわれる(本書終章参照)。

上の項目にはあげていないが、青白磁の灯火器(香炉?)・白磁の合子・天目茶碗などにも、目を向けておきたい。博多遺跡群では、青白磁や白磁の小物などがしばしば出土する。水滴や小型の壺類など、人形を象ったものも少なくない。天目茶碗の出現も十二世紀初頭にさかのぼり、他所に先駆けている。おそらく、博多綱首の身辺に宋風の彩りを添えた品々なのであろう。

4　まとめ〜博多綱首の終焉

以上、中世前半期特に博多綱首が活躍した時代(十一世紀後半〜十三世紀初め)について、いささか散漫な検討を重ねてきたが、若干のまとめを試みて、筆を置きたい。

博多綱首の時代、「博多」はいわば「出島」的な立地条件にあった。古代の「出島」といえる大宰府鴻臚館や近世の長崎「出島」とは異なり、人間の出入についてはルーズな空間であり、宋人・日本人の混住した街が形成されていた。模式的にそれを描けば、図4のようになる。

博多津「唐房」の実態は和漢混住であり、そこに住む宋商人の生活も和漢折衷であった。彼らは、日本家屋に住みながら、屋根を中国系の瓦で飾ったり、身辺にのみ中国の器物を置き、宋風の日常を装ったのである。

さて、これまで触れなかったが、和漢折衷していたのは、宋人社会のみではない。博多遺跡群の特徴のひとつとさされる貿易陶磁器の出土量の多さは、全国的に抜きん出たものであり、貿易陶磁器が庶民の日常に広く用いられていたことを示している。それは、輸入陶磁器の主体を占めた碗・皿にとどまらず、盤から壺・甕にいたるまで、国産品の

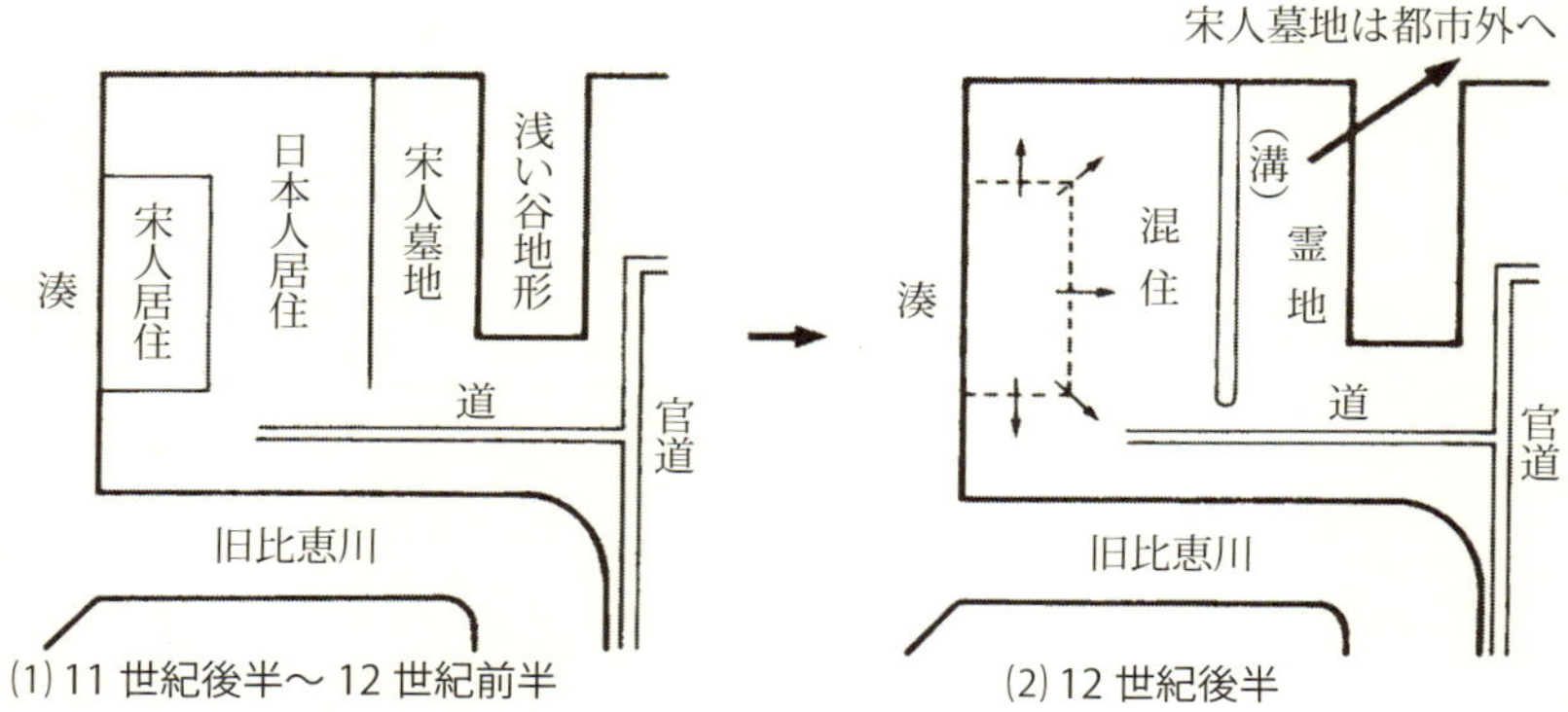

図４　中世前半「博多」模式図

入り込む余地がないくらいに普及していた。

　また、結い桶の出現が早いのも、博多の特徴である〔鈴木（正）二〇〇〇〕。結い桶は、日宋貿易によって北宋からもたらされたとされる。その製作技術とあいまって、全国的にみられるようになるのは十五世紀以後のことであるが、博多遺跡群からは十一世紀後半の井戸から、井戸側に転用されて出土している。報告されている範囲でこれを見ると、十一世紀前半までは、古代以来の板枠を方形に組む井戸側が作られている。それが、十一世紀後半になると急速に結い桶を用いた井戸側に変わり、十二世紀前半にはほとんどが結い桶となる。以後、近世になって井戸瓦にとって代わられるまで、博多遺跡群の井戸側は底を抜いた結い桶を伏せて積み上げる方式がとられていた。

　これらの事柄は、博多綱首らの場合とは異なるが、「博多」の日本人たちにも和漢折衷した生活スタイルが定着していたことを示しているということができよう。

　ここまでは、考古資料から博多綱首と都市「博多」の姿を探ろうという観点で、ことさらに考古事象を宋人・日本人と区別して論じてきた。しかし、現実には、「博多」内部における混住の進度は速く、混血も進んでいた。[6]当事者同士においては、相手との間を隔てる意識は、ほとんど無かったと思われる。宋人・日本人と対置すること自体、「博多」の本質を考える上では、おそらく無意味であるに違いない。

さて、住蕃貿易の前半（十一世紀後半〜十二世紀）に焦点を当てて検討してきたが、その後の変容についても触れておこう。

十三世紀前半にいたって、博多遺跡群から出土する輸入陶磁器の量が若干鎮静化する。それはちょうど、前節で墨書の時期別傾向を見た際のC期にあたり、陶磁器に書かれた墨書自体が激減する時期に一致する。また、陶磁器大量一括廃棄遺構を検討した中で述べたような、流通に乗らないと推測される陶磁器群も見られなくなる。これらの急激な変化は、何に起因するものだろうか。

輸入陶磁器の量の沈静化については、貿易拠点の分散化がその背景にあるものと考えたい。これまで述べたように、「博多」における住蕃貿易は、そもそも鴻臚館貿易の変容であった。場所と形を変えながらも、大宰府府官による管理を前提にして出発したものである。それが、ついに崩壊したのではなかろうか。

大宰府の発給文書を検討した石井進氏によれば、平家政権下における府官の構成は、天野遠景の支配時期を通じて再編成され、武藤資頼以降、府官の姓別構成が一変し、平安時代に大多数を占めていた諸雄族がほとんど影を潜めていくという(7)。このことから、それまで博多の宋商人と結んで貿易に関与してきた府官らの多くが、その地位を追われることによって、公的に貿易に関わる資格を失ったことが推測できる。武藤氏も博多綱首と結んで貿易に関わったことは想像に難くないが(8)、その一方で大宰府・博多を離れ自領に帰ったかつての府官らが、領内の要津に宋商人を引き入れることによって、貿易拠点の分散化に拍車がかかったとみれば、時期的には符合する。それは、同時に、古代以来変質しながらも続いてきた、大宰府による貿易管理の終焉ともなったはずである。

流通に乗らない輸入陶磁器が見られなくなるということは、貿易そのものの実態の変化を意味する可能性があろう。すでに論じたように、流通に乗らない陶磁器輸入の背景には、宋商人の陶磁器調達と日本人の陶磁器受容とのずれがあると見られる。すなわち、中国における商品の調達にあたっては、日本での需要の大小が十分には考慮されていない、極言すれば日本からの要求が無いという状況が考えられる。それが払拭されたということは、日本の需要に沿った商品調達が行われるようになったことに他ならない。

ここで考えなくてはならないのは、権門による唐船派遣である。仁治三年(一二四二)西園寺公経の商船が銭貨十万貫ほかを載せて帰朝している。また、建長六年(一二五四)には、鎌倉幕府は唐船五艘以上を置くことを禁止しそれ以外の船の破却を命じた。これは、川添昭二氏によると「一般の渡宋船に制限を加え、鎌倉幕府＝北条氏の御用貿易船、いわゆる「御分唐船」は自ら保護し、鎌倉幕府＝北条氏自身が対外貿易の主導権を強化しようとした」ものであるという[川添 一九九六]。すなわち、十三世紀前半少なくとも第2四半期には、権門が貿易船を派遣する状況が生まれていたのである。

これら権門が派遣した唐船は、博多で艤装して出港し、博多に戻ったもので、博多から京・鎌倉へは、便船を乗り継いで運送し、この便船も「唐船」と呼ばれていた。(9) してみると、実際に操船し海を渡り、交易して帰朝するのは、博多綱首らに委ねられていたものであろう。(10) 博多綱首による日宋貿易のあり方に、日本の権門が出資者・派遣者として顔を見せるようになったのである。

権門が博多における住蕃貿易に関心を示すようになるのは、十一世紀後半にさかのぼる。博多における住蕃貿易の開始早々といっても良い時期であるが、実はこの時期から楠葉型瓦器と呼ばれる畿内産の瓦器碗・皿が出土するようになる。畿内から西では、一遺跡としてはおそらく最多の出土量となるが、これについて橋本久和氏は、「中国陶磁器の需要拡大を前にして、権門勢力自らが貿易の管理・統制、商品の独占的・優先的入手、さらに販売・流通に関する特権の掌握を意図した」ことを意味するとした[橋本 一九九七]。これに類する史料的事実は、知られていない。しかし、京都の権門が「博多」に直接関わろうとしていたことは、楠葉型瓦器の出土状況からは明らかである。

ところが、十三世紀代に編年される楠葉型瓦器の出土点数は、激減している。史料から権門の唐船派遣が知られる時期になって、逆に畿内産瓦器の出土が少なくなるのは、権門自身が出資者・派遣者となることで、「博多」においていち早く商品を確保する必要がなくなったためと思われる。

こうして、博多綱首による住蕃貿易は、十三世紀前半にひとつの画期を迎える。それは、博多綱首主導から、権門主導の貿易への転換でもあった(11)。

博多綱首が史料上姿を消すのは、十三世紀中頃である。その背景としては、やはり元による南宋攻略が大きいであろう。南宋滅亡後、元に貿易を求めに行った日本の商人らが、博多綱首その人であったという可能性は少なくない。しかし、故国を失った綱首らの生業を指して住蕃貿易というのは、もはや不可能だろう。綱首という名称は、住蕃貿易に特有なものではなく、鴻臚館貿易の時代から存在した。同様に、一三四二年の天竜寺船においても綱司(＝綱首)至本の名が知られる。一三二三年の木簡が出土した、韓国新安沖沈没船においても、「綱司」銘の木簡が見られた。彼らを指して博多綱首と呼ぶのは、適切ではない。博多綱首とは、あくまで住蕃留易の担い手であり、住蕃貿易の終焉とともに十三世紀後半には消滅したものと位置づけたい。

註

（1）古代・中世の港湾をヴィスタ(通景)という観点で理解しようとする南出眞助氏は、上のような鴻臚館の立地そのものが、どこからでも監視可能な空間を選んだものと考えた[南出 一九九八]。

（2）文献上は組織の名が伝わっていない施設であるが、銙帯・石帯や「長官」・「佐」に代表される墨書須恵器、大量の越州窯系青磁や緑釉陶器など、一般集落とは異なる性格を示す遺物の出土が多く、何らかの官衙が営まれていたのは確実といえる。なお、この官衙については、「下級宮人の政務の場の域を出るものではない」という佐藤一郎氏の見解がある。その名すら伝わっていないことを考えれば、至極当然である[佐藤 一九九二]。

（3）宗像氏関係は、宗像大社蔵「阿弥陀経石追刻銘」および「預所橘知嗣下文」文永六年二月日(八巻文書)。平戸蘇船頭

関係は「関東下知状案」安貞二年三月十三日(青方文書)、「鳥飼二郎船頭」については「筥崎宮造営材木目録」正応二年八月十七日(石清水文書)による。

(4) 「栄西言上状」建久六年六月十日(聖福寺文書)。その体裁などから「検討を要す」(鎌倉遺文七九六)とされているが、内容は具体的で、あながち後世の付会でも無視しがたい。おそらく、聖福寺に伝わる記憶をもとにしたものであろう。

(5) 文献史料から、姓を共にする博多綱首が多数知られることも、この推論を可能にする。花押を記した墨書が多数出土しているのも、姓だけでは荷主を区別できない場合の識別記号と理解できる(本書I第四章)。

(6) 日宋貿易に関わった宋人に日本人を母とするものが少なくないのは、文献史料から知られるところである。博多綱首らが、日本人を妻にしていることも、同様に指摘されている。また、宗像大宮司は、宋人王氏や張氏を母にしている。もっとも、宋人が博多に居を構える際に、婦女子まで伴ってきたかというと疑わしく、この王氏・張氏自体、二世であった可能性は高い。いずれにせよ、宋人世帯と邦人世帯との通婚は、珍しくなかったと見て大過なかろう。

(7) 石井氏によれば、建久六年(一一九五)三月以降間もなく九州に下向した武藤資頼が、名実ともに大宰府の支配者のみならず府官の首位につくのは、嘉禄二年(一二二六)大宰少弐に任ぜられて後であるが、正治三年(一二〇一)の大宰府政所牒にその過渡的状況が認められる[石井進 一九五九]。

(8) 仁治三年(一二四二)博多綱首謝国明によって博多に建立された承天寺の寺地は、武藤氏の施入と伝えられる。武藤氏が、博多綱首らと結びつきを持ったことは、疑いなかろう。

(9) 金沢文庫に残る「金沢貞顕書状」(金文五〇・五一)・「倉栖兼雄書状」(金文五六三)などの一連の唐船をめぐる文書によれば、「このときの「唐船」は「唐物」を積んだ船で、瀬戸内海から東では「便船」が「唐船」の実態であった」という[神奈川県立金沢文庫 一九九二]。これについては、神奈川県教育庁文化財課服部実喜氏のご教示による。他に福島[一九九二]、永井[二〇一〇]を参照。

(10) 「筥崎宮造営材木目録」(正応二年八月十七日、石清水文書)によれば、大神殿四面玉垣の造営は堅粕西崎の所役であったが、その領主の一人博多綱首張興には割注して御分通事と記されている。箱崎八幡宮の神人であった博多綱首の張興が、鎌倉幕府の御分唐船の通事でもあったということは、御分唐船にしても実際に東シナ海を渡って交易する場面では、博多綱首が起用されていたことを示している。

(11)　榎本渉氏は、博多綱首について文献史料に基づき分析した結果、「博多綱首は、日本の寺社・権門等を　パトロンとして、その使者として宋に貿易船を派遣していた」と結論づけた［榎本 二〇〇二］。榎本氏が立論に使った史料は、十三世紀代以降、十四世紀前半までのもので、それを博多綱首による日宋貿易全般に及ぼしたものである。博多綱首による貿易が、十一世紀後半から三〇〇年間にわたって同じシステムを取ったとは、筆者には考えがたい。また、これまで述べてきたように、考古資料は、十三世紀前半頃に何らかの変化があったことを明瞭に示している。

第三章　博多の都市空間と中国人居住区

はじめに

永長二年(一〇九七)、都を遠く離れた鎮西の地で、ひとりの貴人がこの世を去った。正二位行大納言兼大宰権帥源経信、和漢の学問に通じ、詩歌・管絃に秀で、「朝家之重臣」(『中右記』永長二年閏正月廿七日)と評された彼は、寛治八年(一〇九四)任地大宰府に下り、京へ帰ることなく没したのである。

父経信とともに大宰府にあった俊頼は、その歌集につぎのように記している。

「はかたにはへりける唐人ともの、あまたまうてきて、とふらいけるによめる、

たらちねに　別ぬる身は　唐人の　こととふさへも　此世にはにぬ」(『散木奇歌集』第六悲歎部)

経信の死に際して、博多に在住していた多数の「唐人」が弔問に訪れたというのである。「唐人」、当時中国は宋朝であり、宋の商人をさしたものであろう。

滋賀県大津市西教寺蔵『両巻疏知礼記』上巻奥書には、経信死去の一九年後、永久四年(一一一六)五月十一日の日付で「筑前国薄多津唐房」の文字がみえる。唐房は、中国人居住区と解されている(本書終章参照)。

これらの史料は、平安時代後期の博多に中国人居住区があり、多数の中国人が滞在していたことを物語っている。

ところで、博多では、一九七七年以来さまざまな開発行為に先立って、考古学の発掘調査が福岡市教育委員会によって実施されている。

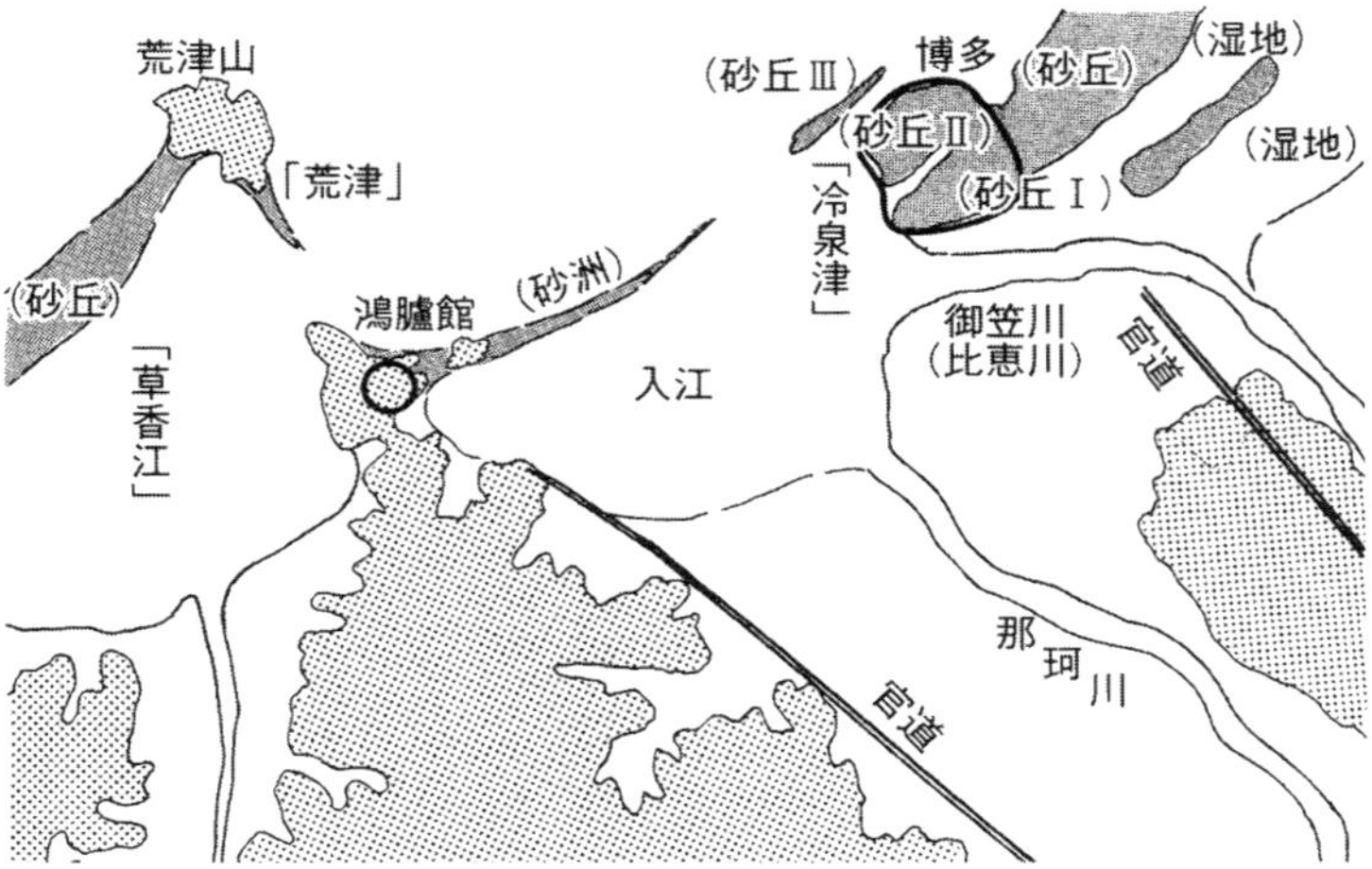

図１　古代地形推定復元図（明治33年地形図による。1/400,000）

本章では、宋商人、唐房をキーワードに、古代末から中世に貿易港湾都市として繁栄した「博多」の都市景観・構造について、主として考古学的見地から考察を試みたい。

1　鴻臚館における中国人商人の滞在

鴻臚館は、律令国家にとって外交の窓口であった。その国家史的位置づけや、歴史的経緯、機能を詳述することは、本稿の目的から外れる。ここでは、鴻臚館が、窓口であると同時に、外国からの使節を隔離的に監視する施設であり、警固所が併置された海岸防備の拠点であったということを共通理解としたうえで、主として考古学的な成果にもとづく検討を試みたい。

鴻臚館は、博多湾に突き出した出島のような景観をもち、博多湾岸を一望できるとともに、逆に周囲からその出入りが監視しやすく、かつ良港に恵まれるという地形条件を備えていた。

鴻臚館を訪れる外国人は、筑紫館と称したその当初には新羅使・唐使など国家的な使節が訪れたが、九世紀には新羅商人、九世紀後半以降は唐・五代・宋の中国商人が中心となる。

鴻臚館に商船が到着した際の手続きについて、石井正敏氏の整理にしたがってみておこう［石井〔正〕一九九八］。外国の商人が大宰府に来航すると、まず大宰府が責任者（綱首）の姓名・来日の理由・積載品目などを尋ね、公憑など必要書類の提出を求める（存問）。これを文書化して商人・府官が連署する。大宰府は、商人から提出された文書（公憑・貨物解・和市物解）や存問日記などに大宰府解を添えて、太政官に送る。朝廷では陣定を開き、これらの資料にもとづいて、安置（滞在と貿易の許可）もしくは廻却（貿易を認めずに帰国させる）を決める。そして陣定の結論を上奏し、勅裁を仰ぎ、その決定が官符で大宰府に伝えられる。安置の場合には貿易の手続きがとられ、廻却の場合には直ちに帰国が命じられることになる。

鴻臚館の発掘調査は、一九八八年の暮れ、福岡市中央区舞鶴公園内平和台球場外野スタンド改修工事で遺構の存在が確認されて以来、今日まで計画的に実施されている。残念なことに近世福岡城、陸軍歩兵二四連隊、国体会場、平和台球場と破壊が続き、遺構の遺存状態は良好とはいえない。とくに九世紀後半以降については、建物遺構は削平により失われ、廃棄土坑（ゴミ穴）が残るのみである。しかし、限られた遺構とはいえ、重要な情報をわれわれに提供してくれている。本論に関係することのみ、紹介しよう。

鴻臚館跡から出土する遺物は、十一世紀前半までのもので、後半以後の遺物はまったく出土していない。これは、鴻臚館の廃絶が十一世紀中ごろであったことを意味する。『扶桑略記』永承二年（一〇四七）十一月九日条には、「大宰府、捕進大宋国商客宿房放火犯人四人、依宣旨禁獄」とあり、おそらくこの放火による焼失を機に鴻臚館の施設は再建されなかったものと推測される。

出土遺物に中国陶磁器が多いのはいうまでもないが、その器種が豊富なことは強調すべきであろう。とりわけ、青磁の茶展輪・薬壺、陶器の灯明皿・こね鉢など、ほかの遺跡ではまったく出土しない器種がみられる。しかも、それらは希少な高級陶磁器ではなく、日用の実用品である。出土した個体数としては少なく、商品として持ち込まれたものではない。おそらく、鴻臚館に滞在した中国人商人らが、日々使っていたものであろう。

最も一般的な陶磁器は碗・皿であるが、外底部まで釉がかからないものや、胎土の粗いものが多い。これらは、いわば粗製品であるが、鴻臚館では大量に出土している。ところが、粗製品の碗・皿は、西北九州ではそこそこの出土があるものの、他地方の遺跡ではほとんど出土しない。鴻臚館まで持ち込まれはしたが、日本では需要がなかったのである。

遺物の出土状況にも、看過できないものがある。粗製の青磁碗などで、生産窯で重ね焼きされたままの状態で出土することがある。中国の窯では、生産の効率を上げるために、間に土製の玉など(窯道具)を挟んで数個の碗・皿を重ねて窯詰めし、焼成した。後から分離し、窯道具をはずして商品となるわけだが、鴻臚館では窯道具を挟んで重なったままの状態で廃棄されているのである。すなわち、粗製の青磁碗などは、中国の窯から、直接仕入れられたことがわかる。さらに釉の表面が焼けていることから、火災にあって廃棄されたことは明らかで、鴻臚館にいたって船から下ろし、倉庫にいったん収め、窯道具をはずして商品化する直前に火災にあったものと思われる。つまり、商品化の最終工程は、鴻臚館内で行われており、鴻臚館はたんなる宿房にとどまらず、中国人商人らの営業拠点化していたといえよう。

文献史料からは、九世紀の李延孝、十一世紀の曽令文など、たびたび来航した商人が知られる。李延孝は、仁寿三年(八五三)博多から帰国、斉衡三年(八五六)帰国、天安二年(八五八)来航、貞観四年(八六二)来航、貞観七年(八六五)来航、元慶元年(八七七)来航(遭難して溺死)の記録が残っており、頻繁に来日していた。貞観四年、貞観七年の来航時には勅により鴻臚館に「安置・供給」、貞観三年もしくは四年には鴻臚北館に滞在しており、ほかの来航時にも鴻臚館に安置されたものとみてまちがいなかろう。それぞれの滞在期間は明らかではないが、来航の報告が東上し、陣定・勅裁を経て指示が届くのに一～二カ月、さらに交易が行われた期間を勘案すれば、半年近くの滞在は必要であったに違いない。(1) 李延孝と重複して、詹景全、大宰府の大唐通事に任じられた張友信などもしばしば来航・滞在している。このほか史料に漏れた商人の来航があったとすれば、鴻臚館においては、ほとんど常時唐商人の滞在がみられたということになる。

くだって、十世紀末から十一世紀前半では、曽令文(最長滞在期間三年)、周文裔(同四年)、莫晏誠(同四年)など、数年間にわたって滞在したことがわかる例が多数ある。貞観七年の李延孝の場合六三名、貞観八年(八六六)の張言のときは四一名、万寿四年(一〇二七)の陳文祐では六四名が一便の船に乗って来着した。かりにこれら全員を鴻臚館に収容したとすれば、商人滞在の都度、四〇～七〇人の中国人が鴻臚館で生活を送ったことになる。商人の鴻臚館滞在が頻発し、長期化すれば、ほとんど常にこれ以上の中国人が、鴻臚館で暮らしていたことになるのである。ここに、「博多津唐房」の祖形があるものと考えられる。

2　中世港湾都市「博多」

(1) 都市「博多」の登場

「博多津」には、博多湾そのものをさす広義の用法と、中世以降「博多」と呼ばれた現在の旧博多部をさす用法とがある。博多の史料上の初出は、『続日本紀』天平宝字三年(七五九)三月二十四日条にみえる「博多大津」である。これは「大津」とあるように、博多湾全体をさしていると解される。以降、古代の史料にみえる「博多」は、広義の用例が多いようである。それでは、「博多津唐房」の場合はどうであろうか。

仁平元年(一一五一)、大宰府が筥崎宮に対して行った追捕事件に関する史料には、「押混筥崎博多行大追捕」とある(『宮寺縁事抄』文治二年〔一一八六〕八月十五日中原師尚勘文案)。博多湾岸の二個所の地名が併記されており、この「博多」が狭義の博多であることは明らかである。南宋の乾道三年(一一六七)四月の紀年をもつ中国寧波市天一閣の石碑には、「日本国太宰府博多津居住弟子丁淵」とある。これは、博多津に住む丁淵が、明州(寧波)の寺の門前道路の造営に際して、銭十貫文を寄進したことを刻んだ石碑である(2)。「日本国太宰府博多津居住」とは、いわば住所であり、あえて「博多津」と書いた以上、漠然とした範囲を表記したものとは考えにくく、狭義の博多をさすとみてよいだろう。このように十二世紀中ごろになると、狭義の「博多」の用例が確実にみられるようになる。

考古学の発掘調査では、十一世紀後半から博多遺跡群の隔絶した貿易拠点的様相が認められるようになり、仁平元年の大追捕にあった「博多」が、十一世紀後半に成立した都市「博多」であった蓋然性はきわめて高い。したがって、永久四年(一一一六)の「博多津唐房」についても、狭義の博多である博多遺跡群にあったと考えて、まちがいないと思われる。

さて、考古資料からみた鴻臚館の廃絶は、前述したとおり、十一世紀中ごろである。一方、博多遺跡群の発掘調査では、十一世紀後半になると、遺構・遺物が急激に増加することが明らかとなっており、鴻臚館の廃絶と博多の勃興とは、考古学的には整合する。実際には、博多にも古代にさかのぼって官衙が存在した可能性があり、鴻臚館と同時期の中国陶磁器が多数出土している。史料に名が残らない博多の官衙を、鴻臚中島館に比定する意見もあるが明らかではない。いずれにしても、博多における十一世紀前半と後半の格差は著しく、鴻臚館の廃絶を機に貿易拠点としての博多が登場したといって、大過ないであろう。

(2) 博多津唐房

亀井明徳氏は、鴻臚館での貿易を「波打ち際貿易」、博多での貿易を「住蕃貿易」と呼んだ〔亀井 一九八六〕。鴻臚館では、宋商人は着岸後上陸するものの海岸近くにつくられた鴻臚館に収容され、鴻臚館を出て自由に交易することは許されない。これに対し、博多では、宋商人らは住居を構え、日本人の妻を迎えて家族をなし、そこを営業拠点として、本国との間を往来して貿易したわけで、交易の自由度は格段に増すこととなる。前節でみたように、鴻臚館での中国人商人の滞在は長期化・常態化し、ほとんど集住状態に近かったものと思われる。その行きつくところとして、「住蕃」はいわば必然であったといえよう。宋商人らの「住蕃」のもとで形成された宋商人居住区こそが、「博多津唐房」であった。

話を少し戻そう。前節では、鴻臚館が永承二年の焼亡から再建されず、宋商人の貿易拠点は博多に移ったと考えた。仮にこの放火が直接の原因ではなかったとしても、発掘調査が示すように鴻臚館は十一世紀半ばで廃絶しており、施設の存続がはかられなかった以上、宋商人らが他所に貿易拠点を求めるのは当然であった。

ところで、鴻臚館貿易は公による管理貿易であるが、文献史学では、長く管理貿易から荘園内密貿易へという図式が語られてきた。森克己氏に代表されるこの定説では、博多は荘園内密貿易の拠点のひとつという位置づけになる［森 一九七五］。これに対し、同じく文献史学の立場から異を唱えたのは、山内晋次氏である。山内氏は、森氏が荘園内密貿易の根拠とした史料を検討し、それらが必ずしも密貿易の史料たりえないとしたうえで、少なくとも十二世紀前半までは大宰府による管理貿易は続いたとした［山内 一九八九］。山内氏以降、新たに提示された研究は、いずれも荘園内密貿易に否定的な立場に立っている［林 一九九八、榎本 二〇〇一など］。

博多遺跡群から出土する貿易陶磁器の分析からは、博多がほかの九州沿岸部の遺跡にくらべて隔絶した内容をもつことは明らかで、少なくとも十二世紀代までは、日宋貿易における博多の独占的な地位は変わらない(3)。この様相からは、荘園内密貿易説は成り立ちえない。もちろん、各地の港湾での小規模な商取引まで否定するつもりはないが、この時期の貿易構造の本質が荘園内密貿易ではないことは明らかである。これは、考古資料から山内説を支持するもので、鴻臚館廃絶後も大宰府による貿易管理は続いたものと思われる。

鴻臚館に代わる貿易拠点として博多を選んだのは、宋商人であると同時に大宰府の府官であったに違いない。博多は、鴻臚館とは入海ひとつを隔てた砂丘であり、宋商人にとって新たな航路を開く必要はない。そこには鴻臚館のような隔離的な施設はなく、「住蕃」を妨げるものはない。大宰府の官人にとっては、博多は出島的景観をもった砂丘で、宋商人の往来を管理するうえで鴻臚館と大差なく、かつ「住蕃」させれば、宋人滞在のための施設を維持する必要もないのである。こうして、管理する側と利用する側、双方の利害が一致したところで博多が選ばれたのである。

「博多津唐房」の所在地については、史料はなにも語ってくれない。そこで、考古資料の分布から、「博多津唐房」の所在地を検討してみよう。

博多遺跡群からは、ほかの遺跡では認められない、いわば博多特有の遺構・遺物が出土する。それらは、博多の特性、すなわち「住蕃」の拠点であったことに由来すると考えられる。したがって、博多遺跡群におけるそれらの分布や、国内的な遺構・遺物分布との対比をみることで、「博多津唐房」の絞り込みをすることが可能になる。

まず、墨書陶磁器をみよう。博多遺跡群からは、輸入陶磁器の底に墨で文字を記したものが多く出土する。文字の内容は漢字・数字から記号にいたるまでさまざまであるが、中国人商人名にかかわるものや、「綱」字をふくむものに注目しよう。これらの墨書陶磁器を時期別にみると、十一世紀後半から十二世紀前半の墨書陶磁器が高い比率を占める地域は、博多浜の西側の一部に集中している。その周囲を十二世紀後半から十三世紀初めの墨書陶磁器が優越する地点が取り囲んでいる。さらに十三世紀以降都市化が進んだと思われる息浜の発掘調査では、墨書陶磁器そのものがほとんどみられない。陶磁器の墨書が、輸入に際して中国で書かれたもので、輸入後商品の選別過程で振り落とされて博多に残ったものであるという理解に立てば(本書終章参照)、このような時期的な傾向は、その調査地点が宋商人の営業拠点となった時期のずれを示していると考えられる。

宋商人らの活動を示す遺構として、輸入陶磁器の一括廃棄遺構がある。荷揚げ以前に破損したり、火災にあって焼けてしまったりして、商品にならなかった輸入陶磁器をひとまとめに棄てた遺構で、数百個体の陶磁器が出土する。これらの一括廃棄遺構を時期別に分けると、十二世紀前半以前の遺構が博多浜西側に集中するのに対し、十二世紀後半では博多浜中ほどでもみられるようになる。分布域としては拡大したことになる。

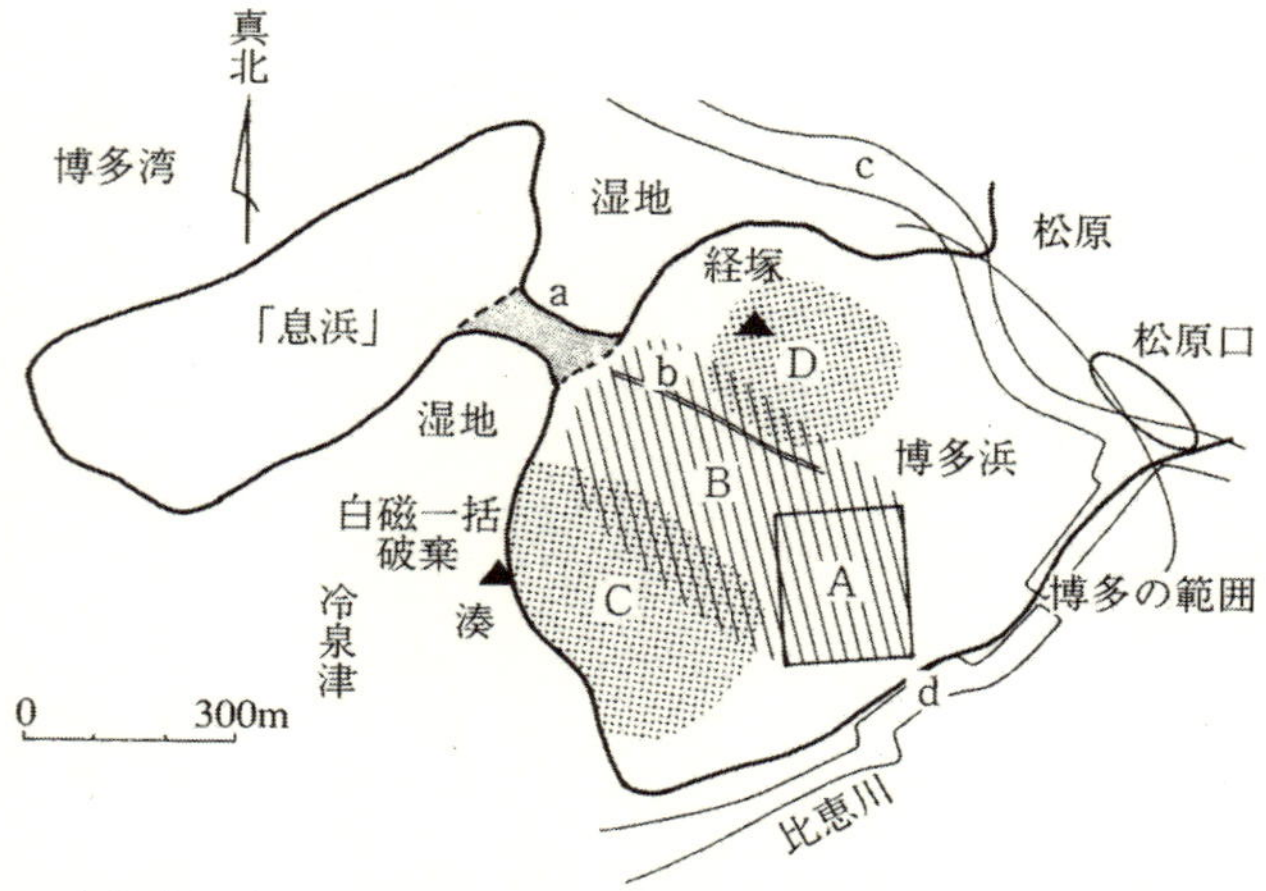

A. 古代官衙域　B. 日本人居住域（～12世紀前半）
C. 宋人居住区＝「唐房」（～12世紀前半）　D. 宋人墓地＝「百堂」
a　陸橋状埋立12世紀初頭　b　区画溝12世紀後半～13世紀代
c　石堂川（16世紀中ごろ～）　d　房州堀（16世紀中ごろ～19世紀末）

図２　「博多津唐房」関係推定復元図（大庭 2003D に加筆）

つぎに埋葬遺構をみよう。博多遺跡群から出土する十三世紀前半までの埋葬遺構は、すべて土葬墓（土壙墓・木棺墓）である。これらは、形態的、埋葬風習的には周辺の村落遺跡や全国の中世前半の土葬墓と共通しており、日本人の埋葬形態であり、屋敷墓的な性格をもつものとみなすことができる。博多遺跡群における土葬墓の分布は、十一世紀後半から十三世紀前半を通じて、博多浜の中ほどと「息浜」に集中する。その一方で、博多浜西側においてはほとんど見られない。このことから、博多浜の中ほどに日本人の居住域が集中していたことが想定できる。

以上をまとめよう。博多浜西側の一角では、十二世紀前半以前において墨書が優越し、輸入陶磁器一括廃棄遺構が検出されるが、土葬墓はほとんど営まれていない。このことから、十二世紀前半以前においては、宋商人らの居住地域と、日本人の居住範囲とが、区分されていた可能性がある。この宋商人らの居住地域を、「博多津唐房」に比定したい。ところが、十二世紀後半以降になると、従来からの日本人居住範囲からの墨書の出土例が増加し、輸入陶磁器一括廃棄遺構もみられるようになる。その一方で、前代の宋商人らの居住区域では、土葬墓は相変わらずみられない。とすれば、十二世紀中ごろから宋商人の居住範囲が東に拡大し、日本人居住範囲に進出していったと推定することができる。その結果、混住が進み、「博多津唐房」は徐々にその実体を失っていったと考えられる。

それでは、「博多津唐房」の実体とはどのようなものであったろうか。

唐房が博多津に来航した宋商人らによってつくりあげられたものであることは、論を待たないであろう。しかし、彼らの世帯が、中国人のみで構成されたとは考えにくい。長治二年(一一〇五)に来航した李充の場合、明州市舶司が発給した公憑が残っており、李充以下水手にいたるまで全員の姓名が明記されている(『朝野群載』巻二〇、大事府附異国大宋商客事)。それによると、乗船していたのはほとんどが男性である。来航した宋船は、基本的に男性だけで構成されていたとみて大過なかろう。したがって、唐房における宋人世帯に属する女性は、妻女から使用人にいたるまで日本人であったということになる。発掘調査成果からみても、火災にあって廃棄された輸入陶磁器を主体とした一括廃棄遺物において煮炊き具は国産の石鍋であり、生活の内向きの部分では、日本の生活様式が取り入れられていることは明らかである(本書終章参照)。遺構では、建物遺構・井戸等、日本人の生活遺構となんら変わりはない。すなわち、唐房といっても、排他的・閉鎖的な領域ではなく、そもそもかなりの日本人と共存した、一見まったく異国的ではない空間だったのである。とすれば、「博多津唐房」の唐房たる由縁とは、宋人が集住し、世帯主が宋人であり、宋商人らの営業拠点であったという点に尽きるのかもしれない。

(3) 中世前期博多の都市空間

唐房時代の博多について、復元を試みよう。

唐房時代の港は、博多浜の西側にあったと考えられる。このあたりは、入海の浅い浜で、御笠川の河口部にできた港湾といえる。外洋を渡航してきた大型船の着岸は、困難だったのではなかろうか。やや時期はさかのぼるが、承和十四年(八四七)唐から帰国した円仁を乗せた船は、九月十七日に博多湾に入ると、まず能古島の島影に停泊、翌十八日に鴻臚館前に至り、十九日に入館した(『入唐求法巡礼行記』巻第四)。おそらく、大宰府による存問は十八日、鴻臚館前(荒津山の沖?)で行われたと思われる。長治二年(一一〇五)に来航した李充の船は、志賀島の前に停泊した。李充は、志賀島で停泊したまま大宰府の存問を受けており、いずれの場合も、入国の手続きのために博多湾内の沖合に停泊したとみることができる。

時期は下るが、応永二十七年(一四二〇)に来日した朝鮮の宋希璟の場合は、志賀島に停泊して宿泊、博多からの迎えの小船に乗り、博多に上陸した(『老松堂日本行録』)。宋希璟の例に準じて円仁や李充の場合をみれば、それぞれが能古島や志賀島に船を寄せたのも、手続き待ちのためだけではなく、大船の停泊地として博多湾内の島影を選んだものと考えられる。寛仁三年(一〇一九)に入寇した刀伊が能古島を占拠して、ここを拠点に博多湾を襲撃したのも、大船を停泊しておきやすい場であったことを示している。

こういう条件は、唐房の時代も同じはずで、宋商人らも志賀島や能古島に大船を留め、艀で博多津の港と自船とを行き来したものと推測できる。入港する小型船舶は、御笠川と那珂川が合流して博多湾にそそぐ河道を遡上して入海に入り、砂浜に直接乗り上げて着岸したものであろう。海岸縁の白磁一括投棄が出土した第一四次調査においても、港湾関係の施設はまったく検出されておらず、必要に応じて荷揚げのための足場を臨時に設ける程度で事足りたのではなかろうか。

図３　海岸縁に廃棄された白磁（第14次調査）
（福岡市埋蔵文化財センター提供）

博多浜の西側、港湾に面しては唐房が営まれた。唐房は、実体としては雑居空間であるが、鴻臚館から博多に移った経緯を考えれば、その当初は大宰府による宋人の管理が前提としてあったはずで、必ずしも開放的な空間とはいえなかったであろう。しかし、その後の日本人居住地域への拡大や、容易に混住・混血が進行したことをみれば、塀で区画されたような閉鎖的な空間もまた考えにくい。積極的な根拠はないが、区画を伴わない漠然とした範囲を想定したい。

唐房の北東には、日本人の居住区が広がっていた。といっても、十一世紀後半の土葬墓はさほど多くはなく、土葬墓が屋敷墓で集団墓ではないという点を割り引いても、唐房をしのぐほどの人口があったとは思えない。土葬墓のピークは、十二世紀後半であり、日宋貿易の盛行にひきずられるように日本人住民も増加したことをうかがうことができる。

十二世紀後半の唐房の拡大は、混住による日本人居住区の消滅を惹起するとともに、日本人都市人口の増加をもたらした。十二世紀後半に土葬墓が急増することは博多に住む日本人の屋敷が急増したことを物語るし、十三世紀初頭に土葬墓が博多から姿を消す状況は、宋人のもとで博多浜のほぼ全域が都市化し、墓が町場から押し出されたことを暗示しているのである。

日本人居住区の一角、博多浜の最高所には、八世紀には官衙的な遺構の様相があった。史料には、その名称は伝わらず、したがって、消長も不明である。しかし、平安時代を通じて遺構密度は薄いが、井戸・溝・土葬墓などが分布し、初期貿易陶磁器、国産の緑釉陶器・灰釉陶器、皇朝銭、石帯なども出土しており、官人の存在が推定される。『後拾遺集』巻第一九雑五には、大宰大弐藤原高遠の和歌の詞書として、「筑紫よりのぼらむとてはかたにまかりけるに舘の菊の面白く侍りけるを見て」とある。藤原高遠は、寛弘六年（一〇〇九）に大宰大弐の任を解かれており、帰洛に際して博多に至り、舘に滞在したものであろう。

この「博多」を前述した広義の博多とすれば、鴻臚館に入ったと解釈することもできるが、十一世紀前半の鴻臚館が来航した宋商人一行の集住地と化していたとすれば、大宰府現地の最高位にあり、京の貴族であった高遠が鴻臚館に入ったとは考えにくい。本論の冒頭に登場した源俊頼は、大宰権帥であった父経信の死後、帰洛するために博多に立ち寄った。『散木奇歌集』第五羇旅の詞書には、「つくしよりのぼりけるにはかたといふ所に日ころ侍りけるに」とある。経信の死去は永長二年（一〇九七）で、すでに鴻臚館は廃絶しているから、俊頼が滞在したのは鴻臚館ではありえず、狭義の博多であろう。

この記事からさかのぼれば、高遠が立ち寄った博多の舘と俊頼が滞在したのは同一の施設であり、博多には大宰府の長官級の貴族が滞在するに足る施設「博多の舘」があったと推測できる。史料にほとんど認められないことからみて、常時機能したわけではなく、貴族の別業のような、また随時使用可能に維持されていた施設であろう。「博多の舘」の所在地は不明だが、八世紀に営まれた名称不明の官衙の後身とみれば、博多浜の中央部に推定できる。平安時代後期の博多は、「博多の舘」を中心に若干の下級官人の居住がみられた程度であったと思われる。「博多の舘」がいつまで存在したか明らかではないが、十二世紀には中央貴族の現地赴任はみられなくなるから、それとともに「博多の舘」も維持されなくなったのであろう。

博多に暮らした日本人は、大宰府の下級官人や在地都市住民のみではなかった。博多からは、十二世紀ごろのさまざまな国産遺物が出土している。吉備系土師器碗、備前陶器甕、十瓶山系須恵器甕、東播系須恵器鉢、常滑陶器甕、渥美陶器甕など中・四国から東海に及ぶ各地の焼物がもたらされている。これらの多くは、大型貯蔵容器の甕であり、それぞれの開窯初期段階の製品である。博多周辺をふくめて、九州全般でこの時期の出土例はまれであり、流通商品としてもたらされたものではありえない。おそらく、内海航路の船舶の備品、水瓶などとして搬入されたものと推測される。中国からの渡航船にとどまらず、国内を往来し荷を運んだ船や人々も、博多の地をふんだのである。

また、摂関家領河内国楠葉牧で生産されたとされる楠葉型瓦器が、多数出土することも看過できない。楠葉型瓦器の一遺跡からの出土量としては、近畿地方以外では国内最多であろう。これについて、橋本久和氏は、「中国陶磁器の需要拡大を前にして、権門勢力自らが貿易の管理・統制、商品の独占的・優先的入手、さらに販売に関する特権の掌握を意図し」て、京都を離れて「定住する人間の存在を示している」とした[橋本 一九九七]。すなわち、京都の権門から唐物の優先的な買いつけ、流通段階の利益を独占するために博多に送り込まれ、定住した人間がいたと想定したのである。『壬生文書』保延二年（一一三六）の明法博士勘文によれば、近江国大津の日吉神人若江兼次は、借上のため筑前国芦屋津まで下ってきている[戸田 一九七六]。このように、十二世紀には畿内の商人が九州まで下って商業を営むのは、すでに行われていたことで、橋本氏の推論は大いにありうることといわなくてはならない。

さて、話を博多の都市空間に戻そう。

日本人居住区の東、すなわち博多浜の東縁は、宋商人らにとって、いわば霊地であった。博多の聖福寺に伝わる栄西言上状には、「博多百堂地者、宋人令建立堂舎之旧跡、為空地雖送星霜、既亦依為仏地、人類不居住、仍建立伽藍一」とある。建久六年（一一九五）の日付をもつこの言上状は、その体裁などから「検討を要す」（『鎌倉遺文』七九六）とされているが、その内容については参考になる。これを信じるならは、栄西が聖福寺を建立した地は宋人が堂舎を建立した跡地で、堂舎が倒壊し空き地になった後も、「博多百堂」と呼ばれ、人々は住んでいなかったというのであ

図4　第107次調査出土経塚
（福岡市埋蔵文化財センター提供）

る。かつて、聖福寺境内から骨蔵器と考えられる水注が出土したことがあり、空き地となった後も「仏地」として人々が住まなかったということからも、宋人らの墓所とそれに付随した堂舎が営まれていたと推測できる。

聖福寺境内中心部分の発掘調査は、いまだ実施されていないが[4]、聖福寺北西の旧境内の一角で実施された第一〇七次調査では、陶製経筒を埋納した経塚が出土した[福岡市教委 二〇〇二A]。同調査では近接して湖州鏡を埋納した土坑も調査されており、生活領域とは外れた宗教空間的な性格がうかがわれる。聖福寺建立以前、博多浜の東縁には、宋人らにとっての霊地が設けられていたと推定することができよう。

さて、息浜は、十一世紀前半ごろまでは、海面に頭をのぞかせた程度で、博多浜側の一部分が、高く盛り上がっていたにすぎない。十二世紀初めになると、陸橋状に行われた埋め立て地業で息浜と博多浜がつながり、十二世紀後半から町場が進出、十三世紀に入って急速に都市化が進んだとみられる。埋め立て地業の上にまず出現した遺構は、区画溝と木棺墓であった。また、息浜の埋め立て部分付近に出現した遺構も掘立柱建物跡と木棺墓であり、埋め立て地業を推進して息浜に進出した住民が日本人であったことを示している。

以上の検討をまとめると、十一世紀後半から十二世紀前半の博多は、港に面して唐房、その周囲に日本人居住区、さらにその奥に宋人の墓地の重層的な構造をもつ都市であったということができる。十二世紀後半代、しだいに唐房が拡散することで、宋人と日本人の住み分けが曖昧となり、民族的な居住区としての唐房はその実体を失う。前代まで、日本人居住区を挟んで唐房の対極におかれていた宋人の墓地は、博多の都市域から外に出され、霊地として無住の空間になったと思われる。十三世紀初めには、かつての日本人居住区内で習俗的に行われていた屋敷墓も博多から押し出され、かつての霊地には宋商人の外護のもとで禅宗寺院（聖福寺）が建立されたのである。(5)

ところで、正慶二年（一三三三）に訴訟のため鎮西探題に出向き、博多の承天寺に寄宿していた京都東福寺の僧良覚は、博多で遭遇した出来事を詳細に書き留めた（『博多日記』）。三月十三日、肥後の菊池武時の軍勢が鎮西探題を攻めて敗死したくだりには、博多の出入り口として「松原口」・「櫛田浜口」がみえる。しかし、それらの「口」では攻防は行われず、菊池勢は自由に博多から出たり入ったりしている。

応永二十七年（一四二〇）朝鮮使節の宋希璟を迎えた九州探題渋川義俊は、博多には城壁がなく道路は無防備であったため、警護の必要から「里巷の岐路」に門をつくり、夜になると閉ざしたという（『老松堂日本行録』）。おそらく、応永二十七年以前の博多には、門などの防御施設は設けられていなかったのであろう。住蕃貿易時代の博多にも、町を囲む施設や門などの境界装置はなかったに違いない。三方向を水面で囲まれ、東の一部だけが陸続きであったが、その東の境界は、砂丘に茂る松原が画していたといえよう。

3　博多綱首の終焉

十二世紀後半代、唐房がその実体を失った後も、住蕃貿易は続いた。住蕃貿易を取り仕切った宋商人は「博多綱首」とよばれ、日本人の妻との間に生まれた二世も綱首として貿易に活躍した。注目すべきは、二世の女性が、宗像大社の大宮司家に妻として迎えられている事実である。宗像大社所蔵の阿弥陀経石に刻まれた仮名書きの寄進文には、承久二年（一二二〇）二月十二日の紀年で「前宮司氏実・権大宮司氏忠・氏市・氏貞・高階氏・母王氏、極楽往生のためなり。兼ねては、張氏現世安穏後生善処、子々孫々安穏のため」（読み下しは、林文理［一九九四］による）とある。この張氏は、『宗像大社文書』文永六年（一二六九）二月日の預所橘知嗣下文によると、宗像大宮司氏重の母であったことがわかる。すなわち、宗像大宮司家は、二代にわたって王氏・張氏という宋商人の家と婚姻を結び、生まれた男子は大宮司を継いでいるのである。

また、肥前松浦党の松浦直は、「平戸蘇船頭後家」を妻とし、連れ子である「彼宋人子息十郎連」に所領を譲った（『青方文書』安貞二年（一二二八）三月十三日関東下知状案）。こういう、北部九州に醸成された宋人と日本人の距離感のなさが、博多における混住を推進する根底にあったことは想像にかたくない。

一方、住蕃貿易の構造はしだいに変化したと思われる。当初の住蕃貿易は、鴻臚館貿易の場所を変えた変容であった。博多遺跡群の発掘調査でも、重ね焼き状態のまま搬入された青磁・白磁や商品流通に乗らず博多遺跡群内で使用された陶磁器など、鴻臚館と共通する要素が認められる。とすれば、貿易行為の主体は博多綱首にあり、貿易船が博多に着いて初めて積載品への需要が発生したことになる。前節で楠葉型瓦器の出土にみた、京都の権門が唐物の優先的入手、流通の掌握のために博多に使人をおいたという指摘も、来航した商船にいち早く唾を付けるためであったとすれば、首肯できる。

ところが、十三世紀に入ると、博多遺跡群から出土する貿易陶磁器の多様性は影を潜め、他地方で出土しないような陶磁器の存在は認められなくなる。すなわち、需要に適合した商品輸入が、主流になったと推測できるのである。ちょうどこのころから、楠葉型瓦器は極端に減少する。おそらく、貿易船の経営そのものに権門が関与するようになったのであろう。

「御分通事」（『石清水文書』建長五年八幡宮崎宮造営材木目録）、「御分唐船」（鎌倉幕府追加法四二一、文永元年四月十二日）など「御分」の文字が貿易にかかわってみられるようになるのは十三世紀中ごろであり、仁治三年（一二四二）には西園寺公経の商船が銭十万貫ほかを載せて帰朝している(『民経記』仁治三年七月四日条)。博多綱首は、権門の出資のもとで船を仕立て、繰船して貿易の実務を行ったのである。十三世紀中ごろに謝国明(宗像社領小呂島)・張興(筥崎宮領堅糟西崎)・張英(筥崎宮領堅糟西崎)など、博多周辺の領主として史料に登場する博多綱首が出現したのは、宋商人が身分保障的な側面にとどまらず、そのあり方自体が権門体制に組み込まれたことのあらわれともみえるのである。

弘安二年(一二七九)、博多綱首の故国である宋が元の侵攻で滅亡した。「住蕃貿易」においては、宋商人は博多と故郷とを往来して貿易を行ったのであるが、その故国を失ったのである。中国での基盤を失ったかつての宋商人に対して、もはや「住蕃」の表現は使えない。博多綱首らは、「住蕃」宋商人から博多商人にその立場を変えざるをえなくなったといえる。

文献史料にみられる博多綱首の最後の記事は、建長五年(一二五三)の『石清水文書』八幡筥崎宮造営材木目録にみえる「博多綱首張興」と「同綱首張英」であるが、これを境に博多綱首の名がみられなくなることも、「住蕃貿易」すなわち博多綱首の時代の終焉を物語るといえよう。

註

(1)『延喜式』主計上では、大宰府から京まで、「上二十七日、下十四日」とする。調・庸などを京に輸送するのに要する日数を記したもので、上・下で差が大きいのは、荷物の有無にかかわる。したがって、中国船来着の使者が要する日数としては、十四日が参考となる。往復の交通に必要な期間としては、おおよそ一月となる。ちなみに、円仁が帰国した際は、承和十四年(八四七)九月十七日に博多湾に入り、十八日に鴻臚館前に投錨した。おそらくこの日に大宰府の府官による存問が行われ、太政官符が大宰府に届いたのが、十月十九日である。だいたい一ヵ月を要したことがわかる(『入唐求法巡礼行記』巻第四)。また、『本朝世紀』天慶八年(九四五)七月二十六日条には、呉越船が来着したという大宰府の解文が届いたことを記して、六月二十五日付の大宰府解の抜粋を引用する。ここでは、大宰府解が書かれてから京に届くのに一ヵ月を要している。少々時間をかけすぎている感があるが、前述した『延喜式』主計上では「海路三十日」ともあり、解文が海路で京上されれば、けっして長い日数ではない。同様に海路で大宰府に下れば、往復で二ヵ月を費やすことになる。

（2）天一閣には、このほか「日本国太宰府居住弟子張寧」と「本国孝男張公□」の石碑が残る。在所の表記がさまざまだが、日本から祖国の寺に寄進するため文書を送り、受け取った側がその時に刻んだとすれば、こういう不統一は問題ではないだろう。三名とも、博多に住む綱首クラスの宋商人であろう。寄進額の十貫文を小額として、下級船員クラスとする見解があったが、伊原弘氏によって論駁され、中程度の商人と推定されている［伊原 二〇〇〇A］。

（3）最近の「唐房」に関する議論では、各地に残る唐房関連地名を広く集め、それぞれに貿易拠点的な性格を求める傾向が強い［柳原 一九九九など］。特に服部英雄氏は、唐房関連地名すべてを宋人の活動拠点とする。そして、博多一元論は実態から遠いとして批判する［服部 二〇〇四］。

筆者は、中国人商人がいたということと、そこが貿易拠点すなわち中国人商人にとっての営業拠点であったということは別であると考えている。貿易拠点には、ヒンターランドが不可欠である。港に適するというだけでは、貿易拠点とはなりえないのではないだろうか。また、唐房地名が、すべて住蕃貿易時代にさかのぼって確認できるわけではない。鴻臚館貿易から住蕃貿易への流れを連続したものとしてとらえると、各地に中国人商人が拠点を構えて各個に貿易を行うには、若干の時間差が必要であると思われる。

筆者の立場は、考古資料によって「唐房」を位置づけるものである。住蕃貿易時代には、博多遺跡群に匹敵する遺構・遺物内容をもつ遺跡は今のところ確認されていないのであり（本書I第一章）、したがって博多は日宋貿易において独占的な地位を占めていたと考える。なお、本稿発表後ではあるが、文献史学からは渡邊誠氏・山内晋次氏が、考古学からは高倉洋彰氏が、服部説を批判した論を展開しているので、ご参照いただきたい［渡邊 二〇〇六、山内 二〇一三、高倉 二〇一五］。

（4）二〇一〇年、聖福寺境内の中心にあたる仏殿の周囲で、史跡の現状変更に伴う確認調査を実施し、最下層の自然砂層中から、小児頭骨などの人骨を検出した［福岡市教委 二〇一一］。

（5）聖福寺の建立以前に、博多に寺院が存在したか否かについて、確実な史料からうかがい知ることはできない。博多遺跡群から出土する陶磁器の墨書には、「寺」、「僧」、「僧供」、「僧器」など、寺院や僧侶の存在を予想させる文字がしばしばみられる。これらの墨書は、僧侶の日常用途に供するための器として、中国で船積み前に書かれたものと推測するが、博多における出土分布は散漫で、寺院の所在地を限定するにはいたらない。しかし、福岡県須恵町佐谷出土の天治二年(一一二五)銘経筒に「宋人馮栄」の毛彫り銘がみられるように、宋人らは早くから日本の浄土信仰にもとづく経塚造営を行っており、信仰にかかわる行為は活発であったといえる。博多における寺院の問題は、今後の課題といわなくてはならないが、小規模な堂宇が点在した可能性を考えたい。

第四章　博多綱首殺人事件

――中世前期博多をめぐる雑感――

建保六年(一二一八)七月なかば、暑さもきびしい博多の町を行く数名の人影があった。先頭を歩く男は、身なり風体からみて、博多に多く住むという宋人であろう。幾分間をあけてついてくる男達にはまったく気づいていないようで、後ろを気にする風もない。後を追う男達は、一様に押し黙り、黙々と足を運んでいる。中心にいる男は、法体の老人だが、直垂に太刀をはき、眼光は鋭い。老人の傍らを歩く壮年の男は、折烏帽子に直垂、くくり袴をして、これも腰に太刀をはき、いかにも物々しい。さらに、三人の下人風の男が、この二人をとりまいている。

さしもの西海一の商都博多も、日暮れ時となれば行きかう人影は少なく、たまにすれ違う人々は、後をいく男たちの物々しさに訝しげな視線を送るだけで、声をかけるでもなかった。

先頭を進む宋人は、近道をとるつもりか、道をはずれ浜辺に踏み込んだ。これを見た法体の老人は、横を歩く武士に何事かささやくと足を早めた。武士は、一人の下人をつれて列を離れ、小走りに宋人の前に回り込むと足を止めた。驚いて立ち止まり、そして振り返った宋人のおびえた眼に、立ちふさがるように近づいてくる老人たちの姿が映った。その時、彼の背後で、静かに太刀が抜き払われた。

宋人の名は、張光安という。博多に家を構え、船を持って中国本土とを往来し、貿易をなりわいとする「博多綱首」である。

光安を襲った法体の老人は、博多の東にある筥崎八幡宮の神官で行遍、壮年の武士は、行遍の子で左近将監光助と言う。行遍は、筥崎宮の本社である石清水八幡宮権別当宗清の代官として筥崎宮留守職にあった。

鎮西の地で起きたこの殺人事件は、やがて比叡山の強訴を引き起こし、朝廷までを巻き込んだ大事件へと発展していく。本稿は、三文小説張りの書き出しから離れ、この事件の背景・舞台となった中世前期の博多について思いつくままにふれることにする。

1　張光安殺人事件の経緯

まず、この事件に関わる一連の出来事についてその経過を追ってみたい(1)。

殺人が起きた正確な月日はわからない。『華頂要略』によると、建保六年八月に比叡山の末寺である大山寺所司が延暦寺に上って、事件の顚末を訴えており、おそらく七月頃に事件が起きたことがわかる。これを受けた延暦寺では、事件の黒幕として石清水八幡宮権別当宗清の身柄を延暦寺に引き渡すこと、殺害場所となった博多と殺害を実行した筥崎宮を延暦寺の領地とすることを、朝廷に要求することとした。

朝廷では、下手人である行遍・光助を禁獄することを決めただけで、宗清についてはその罪科を決めがたいこと、筥崎宮については八幡宮は天皇の宗廟であることを理由に、その要求を退けた。延暦寺では、たびたび奏聞したが、結局勅許は得られなかった。

そして、九月二十一日、延暦寺の衆徒は、日吉・北野・祇園の御輿を振って、閑院内裏へ強訴に及んだのである。

閑院では、内裏を守る北面の武士及び在京の関東御家人との闘擾沙汰になったが結局強訴はいれられず、十月十三日神輿は本社に帰った。

下って、承久元年(一二一九)十一月、肥前国神崎荘の庄官らは、光安の死に場所となった博多管内と光安の所領を神崎荘領とすることを奏聞した。このことを記した石清水文書石清水壐御筥事裏文書には、

丙納文書目六

第八

（中略）

一通　承久元年十一月、通事船頭光安死所博多管内并所領等、任先例可為御庄領之由、神崎庄官等重奏聞解状、

一通　同二年、同事宮寺陳状、(鎌倉遺文四四三〇)

とあり、たびたび奏聞したことがわかる。この要求に対する返答の記録は、残念ながら残っていない。また、この後は張光安殺人事件に関する記録も見られなくなる。

ところで、どうして突然ここに神崎荘が登場するのであろうか。

その解答を探るために、まず諸史料に見える張光安の肩書きを列挙してみよう。

1. 「大山寄人博多船頭」(仁和寺日次記、建保六年九月廿一日条)
2. 「神人通事船頭」(華頂要略百廿二、天台座主記三、第七十二権僧正承圓　建保六年八月条)
3. 「大山寺神人船頭」(吾妻鏡、建保六年九月廿九日条)
4. 「山門末寺鎮西大山寺神人」(延暦寺護国縁起、日吉御輿入洛代代崇重勘文第七、建保六年条)
5. 「通事船頭」(石清水文書、丙納文書目六第八)

1～4は、比叡山延暦寺が閑院御所に強訴した際の記事に見えるもので、張光安が大山寺神人であることを強調する

かのようである。これに対して、5では、神崎荘との身分的関わりを示す言葉はみられない。石清水文書のこれが、いわば文書の題目だけを列挙した中の一つで、文書の内容そのものではないこと、また、神崎荘から見れば加害者側に当たる石清水八幡宮に伝えられていた点から見て、神崎荘庄官の文言にどこまで忠実なのか疑問の余地はある。しかし、とりあえずこの文言から張光安と神崎荘とのつながりを探るのは困難といわなくてはならないだろう。

さて、建保六年には、神崎荘と筥崎宮との間でもう一つの興味深い事件が起きていた。さきに引用したと同じ石清水文書「丙納文書目六第八」の中の一通で、やはり題目だけなのだが、

一通　建保六年、令蹂躪大府先使并社家雑掌等、依致種々之悪行、神崎庄留守并綱首秀安等召上其身、可被行罪科之由、筥崎社解、

とあるのがそれである。この事件が起きた日付が不明なのだが、佐伯弘次氏はこちらが張光安の殺害より時間的に早く、張光安は秀安らの事件に対する報復として殺されたと推測している［佐伯 一九八八Ｂ］。佐伯氏は、さらに秀安はあるいは光安の誤記かともいうが、この点についてはどうだろうか。私は、光安は秀安の近親であったと考えるにとどめたい。光安の殺害に対して、いち早く行動を起こしたのが大山寺及び延暦寺であり、神崎荘の行動が随分と遅れていたことを思うと、光安は神崎荘よりも大山寺との関係が強かったと想像せざるをえない。もちろん、神崎荘にまったく帰属していなかったということではないだろう。しかし、もしも殺されたのが秀安自身であったら、神崎荘の反応はもっと早かったのではなかろうか。さらに、年紀不明なのだが、石清水文書「丙納文書目六第八」には、

一通　筥崎宮神事大山寺神人等不可抑留之由、天台座主院宣請文、

とあり、筥崎宮と大山寺の間にも不穏なものがあったことがうかがわれる(2)。おそらくは神崎荘の寄人であった秀安の近親であり、大山寺の神人でもあった光安は、その両方の資格から標的に選ばれたに違いない。

さて、推測を重ねるのはこのくらいにして、次に秀安・光安ら博多に関わった宋人について考えたい。

2　博多と宋人

平安時代後期、十一世紀頃から博多には多数の宋人が滞在したといわれている。しかし、文献史料から、明らかに博多にいたと確認できる宋人は意外に少ない。長和三年（一〇一四）大納言藤原実資、大宰権帥藤原隆家らが薬を求めたという恵清、仁平元年（一一五一）その後家が大宰府の官兵に襲われたという王昇、宋の乾道三年（一一六七）中国浙江省寧波天一閣の刻石に名を残した丁□、仁安三年（一一六八）栄西が宋の話を聞いたという李徳昭、建久七年（一一九六）日吉社に一切経を奉納した李宇、建久八年（一一九七）栄西を訪ねて中国杭州の仏海禅師の予言を伝えたという張国安、前述の張光安、仁治二年（一二四一）宋から帰国した円爾の肖像を描かせ円爾自身に賛を書いてもらった張四綱、仁治三年（一二四二）博多に承天寺を建てた謝国明らが知られる程度である。

とはいえ、源俊頼の歌集『散木奇歌集』第六悲歎部には、その父である大宰権帥源経信の死去（永長二年＝一〇九七）に際して「はかたにはべりける唐人どもあまたまうてきてとぶらひける」とあり、十一世紀末には、博多に多数の宋人の存在が知られるのである。

博多遺跡群の発掘調査で出土した輸入陶磁器の外底部に、宋人の名とおぼしき墨書がみられることは、周知の通りである。思いつくままにあげると、「張」「王」「丁」「林」「荘」「李」「銭」「陳」「劉」「光」「周」「呉」「孫」「得」など、さまざまなものがある。これらには、綱首を意味する「綱」字と組み合わさって、たとえば「張綱」のように書かれたものが多いのも明らかにされている。この「綱首」銘墨書については、すでに亀井明徳氏によって論じられたところであり、それによると、この場合の「綱」とは、一単位の陶磁器の荷主を表示したもので、いわば会社名であり、個人名や個人の所有物を示すものではないという［亀井 一九八六］。それにしても、博多に「張」なり「丁」なり

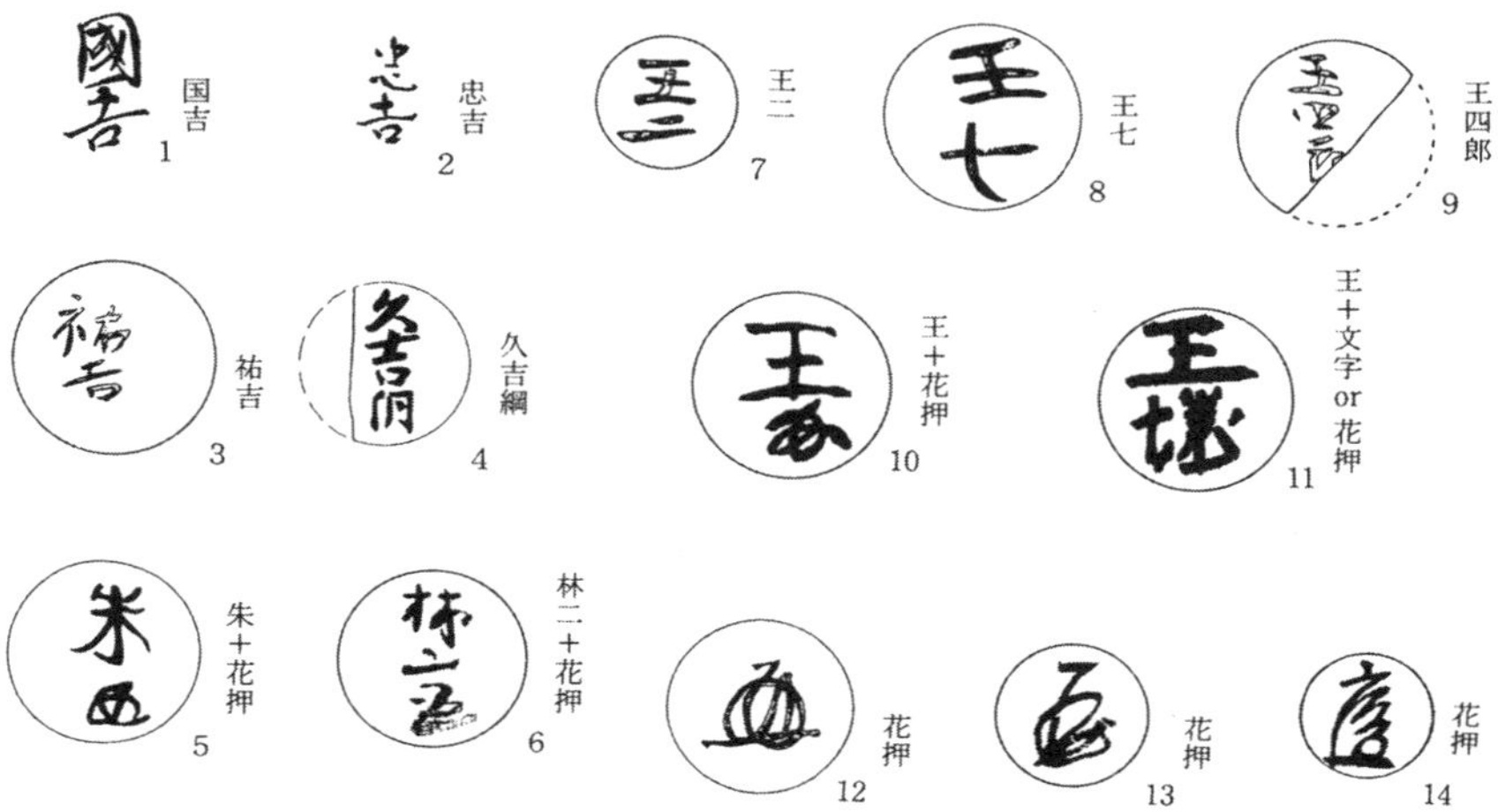

1・2－39次調査（市報229集）、3・7・9－地下鉄C・D区（市報126集）、4－築港線3次（市報204集）、5・8・12－地下鉄E・F区（市報156集）、6・10・11・13・14－築港線4次（市報205集）

図1　博多遺跡出土墨書資料

といった宋商がいたことにはかわりはない。さらに、博多遺跡群以外では、わずかの例外を除いてまったくといって良いほど、このような墨書が出土していないことは、彼らの居住地、もしくは交易の拠点が博多にほぼ限られていたことを示すものにほかならない。

ところで、文献史料から知られる宋人には、「張」姓のものが多い。上述の張国安、張光安、筥崎宮に玉垣を寄進した張興・張栄、宗像郡興聖寺所蔵色定法師一切経奥書の張成らである。これに反して、出土資料にみる墨書銘では、案外と「張」は目立たない。これは、どういうことであろうか。

もとより推測の域をでるものではないが、姓名の名の部分を墨書した資料があることに注意したい。すなわち、同姓の綱首の荷を区別するために、姓を避けて名を記したものと思うのである。張国安、張光安、秀安は、同時期の人物である。しかも、光安と秀安は近親者、さらに名前の類似からみて国安も同族である可能性が高い。彼らの博多における商活動は重なっていただろうし、近親ともなれば、同じ船に積み荷を相乗りさせることも多かったに違いない。とすれば、互いの積み荷を区別するために、紛らわしい姓ではなく、その名を記したとしても、あながちうがちすぎではないと思う。出土資料にも、久吉、国吉、忠吉、祐吉など、一族を思わせる墨書がある。この一連の墨書資料に、姓名を連記したものがない点からも、同姓から起きる混乱を避けることに主眼をおいた標記であったと見ることができるのではないだろうか。

同様の推測は、姓に続けて花押を記した墨書についてもいえる。出土墨書資料では、花押を書いたものが、結構多い。花押だけを書いた資料も少なくない。これについても、個人的所有の印でなければ、綱首銘墨書と同じく、他との識別記号と理解するべきだろう。

したがって、姓だけでは荷主が区別できない場合が多かったと考えられ、言い換えれば、同姓の宋人が多く博多に滞在・居住していたと推測できるのである。中国から、一族、兄弟を語らって、博多にわたってきた宋商の姿を想像するのも容易であろう。

3　大宰府府官と宋商

次に、彼ら宋商が、博多をその拠点と定めるに至った経緯について考えたい。

古代の貿易体制については、森克己氏、亀井明徳氏、山内晋次氏らによって、論じられてきた［森克己 一九七五、亀井 一九八六、山内 一九八九］。森氏は、古代の管理貿易である鴻臚館貿易から荘園を拠点とした荘園内密貿易へと推移するとした。鴻臚館は、博多湾に面した丘陵上におかれた、中国・朝鮮からの使節・商人を宿泊・饗応するための施設である。彼らは、わが国に渡航するや、博多湾に回航せられ、鴻臚館に止めおかれた。そこで、初期には京都からの交易使、後には大宰府府官による買い上げが行われた後、残りの貨物の交易が許されたのである。この間、彼らは、鴻臚館を出て、他所に上陸することは許されなかった。それが、律令制の弛緩に伴って崩壊し、九州沿海部の諸荘園において、密貿易が行われるようになったという。亀井氏は、鴻臚館における管理貿易を波打ち際貿易、その後の私貿易を、博多に居住した宋商による交易に特色があるとして、住蕃貿易と呼んだ。山内氏は、森氏の論拠となった史料解釈を批判し、公権力による貿易管理は、変質しながらも継続していたとして、九州沿海部における、渡航途中での小規模な交易はあったとしながらも、荘園内密貿易については否定した。

前述したように、輸入陶磁器の外底部に輸入元の標記を墨書した資料が博多遺跡群でしか出土しない点は、住蕃貿易の拠点が博多に限られていたことを示している。

また、博多遺跡群からは、輸入陶器の壺・甕が多量に出土する点も特色である。これらの壺・甕類は、それ自体は商品ではなく、その中に香料などをいれて持ち込まれた容器であった。したがって、輸入陶器の壺・甕が多く出土するということは、そこにさまざまな物資が持ち込まれたことを意味している。この点からも、博多が中世初期においては、ほとんどわが国唯一の交易拠点であったことが明らかであるといえる。

もちろん、だからといって、他の沿海部での交易を一切否定するわけではない。天候によっては、まっすぐに博多に到着できない場合もあろうし、渡航途中で飲料水や食料を補給する必要も生じたであろう。そのために、途中の浦々に寄港したとして、何の代償もなく停泊・補給が許されたわけではなかろう。あるいは、それにかこつけての交易が行われた可能性も考えられる。土橋理子氏は、わが国出土の越州窯系青磁の出土例をまとめているが[土橋　一九八六]、九州での出土が粗製品に偏っている点、分布が九州の西部から北部の沿海部に点在している点などは、鴻臚館貿易(=波打ち際貿易)の時代においても、沿海部での私交易が起きていたことを示している。

さて、それではなぜ博多が宋商たちの居留地として選ばれたのであろうか。

まず、鴻臚館における安置・供給が、わが国、直接には大宰府の負担でなされなければならなかった点があげられよう。常に鴻臚館の施設を維持し、食料を補給しなくてはならないのであるから、律令国家全盛期ならいざ知らず、平安時代も終わりに近づいては、その負担は大きかったに違いない。そうはいっても、京の朝廷から先買権を委嘱され、しかも大宰府府官らの懐を大いに潤わせた唐物貿易を放棄するつもりはさらさらなかったであろう。大宰府としては、宋商らに滞在場所を与えて、用が済むまでは自弁で生活させておくのが望ましかったのである。

亀井明徳氏によれば、十二世紀頃の宋人の住蓄は、わが国に限ったことではなく、アジアの主要地に共通する形態であったという[亀井 一九八六]。住蓄は、宋商にとっても、望むところだったのである。

次に、博多の立地もその理由の一つとしてあげられよう。博多は、鴻臚館とは入海一つを隔てた東の砂丘上にあり、大宰府からの管理という点では、鴻臚館と大差なかったであろう。博多湾の奥に位置するという地理的条件も変わらない。

さらに、博多遺跡群の発掘調査では、奈良時代以降博多に官衙がおかれていた可能性が指摘されている[池崎 一九八八]。この官衙は記録に残らず、その性格等不明であるが、平安時代にはいっても、出土遺物などからみて、存続していたようである。池崎氏は、これが鴻臚中島館にあたるのではないかとしている。いずれにせよ、博多遺跡群の考古資料からみて、何らかの公的な施設及び官人の居住があったことはまちがいない。

ところで、『後拾遺集』巻一九雑五には、大宰大弐藤原高遠の歌の詞書として「筑紫よりのぼらむとてはかたにまかりけるに舘の菊の面白く侍りけるを見て」とある。藤原高遠は、寛弘六年(一〇〇九)に大宰大弐の任を終えており、この時の歌であろう。

また、源俊頼の『散木奇歌集』第五羇旅の詞書には、

つくしよりのぼりけるにはかたといふ所に日ころ侍けるに筥崎の神主のりしけと香椎の神主よりもちとまてきてともにうれふる事有て互に論しゐたるをきゝて此事いかにもいはんにしたかふへくはさためんと申せはともかくいはんにしたかはんと申しけるをきゝてよめる

とある。永長二年頃（一〇九七）、大宰府から上京しようとした俊頼は、一時博多に滞在しており、そこを訪ねてきた筥崎宮の神主（則重）と香椎宮神主（頼茂？）の訴えを聞いて、裁断を下しているのである。

これらの史料からは、十一世紀頃の博多に館と呼べるような施設がおかれていたことがわかる。これを出土資料からみると、白磁皿の外底部に「侍」と墨書したものが出土している。この「侍」は、身分ではなく、侍屋・侍廊などの建物を指すものと理解できる。侍屋・侍廊は、屋敷に伺候した武士が詰めた場所で、貴族の邸宅、幕府、上級武士の邸宅などにみられた。地方武士の屋敷にもなかったわけではなかろうが、処分状・譲状などの史料を見る限り希である。(3) 地方武士の場合、その屋敷に詰めるのは家の子・郎党ということになり、『法然上人絵伝』の漆間時国の屋敷にみるごとく、中門廊・厩などに詰めたものであろう。したがって、この墨書がなされた白磁皿は、上級の屋敷の備品であったと考えられ、換言すれば、貴族の屋敷に相当するような建物・施設が存在したことが知られる［福岡市教委一九八八九B］。大宰府の官制で中央貴族に相当するものといえば、帥・権帥・大弐クラスであろう。大弐以上は、京都の上級貴族から任命されていたし、少弐もわずかな例外をのぞいて、京都の中級貴族が任命されている。(4) これを考え合わせれば、博多には、大宰権帥・大弐らの利用を前提とした館がおかれていたことになる。もっとも、十二世紀初頭以後、大宰府高官の中央からの赴任は、平頼盛を唯一の例外としてみられなかったが、大宰府機構そのものが機能しなくなったわけではないから、博多の館が存続していたと推測することもできる。

このように、奈良時代以降、平安時代十二世紀まで、その内実は変化していたにせよ、官衙及び公的な施設が存在したのはほぼまちがいないところである。博多における施設・府官の存在は、宋商との交易を管理する前提として、大宰府にとって都合の良いものであったに違いない。

これらさまざまな条件を満たすことで、博多は宋商の滞在地（居留地）、大宰府の貿易港としての位置を得たのである。

こうした経緯は、博多における住蕃貿易が、大宰府の府官との結合によって実現したものであることを物語っている。前節で引用した、大宰権帥源経信の死去に際して博多在住の宋人が多数弔問に訪れたというのも、大宰府官人と宋商との深いつながりを示すものにほかならない。

制度的にみても、唐物使派遣の停止以来、交易は大宰府に委嘱されており、宋船の渡航を知った大宰府はこれを博多湾に回航させ、積み荷を臨検しそれを朝廷に報告、朝廷からの必要物資買い上げの指示を得たのち先買権を行使しての交易を行った［森公章 一九九八］。その他の積み荷は、博多の宋商の家に一時納められたらしく、博多遺跡群の調査では、被災して商品にならなくなった大量の輸入陶磁器を一括廃棄した遺構が発掘されている。こうした大宰府府官の貿易管理は、府官に利益をもたらすとともに、府官と宋商との癒着を引き起こしたであろうことは、想像に難くない。古代末から中世初めの住蕃貿易は、大宰府府官と宋商である博多綱首に担われたものといえよう。

4　神崎荘と博多

次に、張光安と秀安がともに関わりを持っていた、神崎荘と博多との関係を見たい。

神崎荘関係の史料を集成した瀬野精一郎氏によれば、神崎荘の成立は、承和三年（八三六）空閑地六九〇町が勅旨田となったことを契機とする。「神崎荘」という名称の初見は、『御堂関白記』長和四年（一〇一五）七月十五日条であり、これ以前に皇室領荘園になっていたという。さらに『平範国記』長元九年（一〇三六）十二月二十二日条では、後一条院から後朱雀院に贈られた領地の中にみられ、このころすでに後院領として相伝されるようになっていた［瀬野編 一九七五］。

長承二年（一一三三）、鳥羽院から神崎荘を預かっていた平忠盛と大宰府との間で、宋船の来航をめぐって事件が起こった。神崎荘に来航した宋商周新の船に対して、大宰府が決まり通りに臨検して交易を行ったところ、忠盛が大宰府の介入に対して、院宣を偽造して拒否したというのである。平家と日宋貿易との関わりを示すものとして名高い事件であるが、宋船の来着した場所をめぐって、博多との関係が問題になる事件でもある。すなわち、神崎荘は、遠浅の有明海に面していて、船は着岸できない。また、博多の総鎮守といわれる櫛田神社は、神崎荘の櫛田神社から勧請したもので、ここに神崎荘の倉敷があったのではないかと推定されてきた。よって、この宋船が来着したのは、博多の神崎荘領であったというのである。

五味文彦氏は、これに加え、博多で起きた張光安の事件に神崎荘が関わっていたことから、博多は神崎荘の荘領だったのであり、神崎荘の倉敷地として設定されたものであろうという［五味　一九九二］。有川宜博氏は、神崎荘の年貢積み出し港が博多であったことは否定しないが、そこにある倉庫群が、後の倉屋敷のように、特定の荘園に属していたと考えるべきではなく、博多を年貢の積み出し港としていたのは、神崎荘だけではないだろうとした［有川　一九九〇］。有川氏は、さらに「神崎庄は、（略）筑後川をさかのぼらない限り、宋船はたどりつけないし、そのような無理をするわけもない。考えられることは、博多湾周辺に神崎庄の飛び地があったということであるが、それも可能性は薄いように思われる。（略）周新も院もしくはその近臣の誰かに接触をしていた、と考えたい。忠盛は、それを逆手にとって、大宰府の干渉をのぞくため、偽の命令を作り上げた、のではなかろうか。」という。

まず、神崎荘に宋船が着岸できなかったとする点について、最近日下雅義氏は、潮の干満の差と旧地形の復元との検討から、神崎荘の港の位置を推定している［日下　一九九三］。日下氏は、現在の潮の遡上限界からみて、中世の遡上限界を現在の櫛田神社付近とし、「有明海を北上してきた船は、外港諸富津で潮の状況を確かめたのち、満ち潮を見計らって、櫛田神社付近にまで一気に遡った」とする（本書終章参照）。

次に、博多に神崎荘の倉敷があったという点についてはどうだろうか。この説を最初に唱えたのは、管見による限り、長沼賢海氏であるが［長沼 一九五三］、文献史料からこれを直接に証明することはできない。博多の櫛田神社が、神崎荘の櫛田神社から勧請されたものであるとしても、博多の櫛田神社が史料的に確認できるのは、鎌倉時代末期以後であり、それ以前については社伝の域をでない。ただし、弘安四年（一二八一）聖一国師円爾の高弟鉄牛円心が編んだ『東福関山聖一国師年譜』によれば、有智山寺（＝大山寺）僧義学に命を狙われた円爾は、博多綱首謝国明の櫛田の私宅に守られたという［川添 一九八七］。

櫛田が櫛田神社に由来する呼称であることは明らかで、一二三〇年頃には櫛田神社は勧請されていたことになる。何にせよ、博多の神崎荘倉敷地に櫛田神社が勧請されたとしても、それが平安時代にまでさかのぼるという根拠はないのである。

そこで、あらためて『長秋記』の記事を見ることにしたい。

長承二年八月十三日乙未、晴陰不定也、早朝帥中納言送書云、大切可示合事出来、可来向、輦車可下也者、仍午時許行向、云、鎮西唐人船来着、府官等任例存問、随出和市物畢、其後備前守忠盛朝臣自成下文、號院宣、宋人周新船、為神崎御庄領不可経問官之由、所下知也、此事極無面目、欲訟申院也、其上書案可書給（中略）抑宋人来着時、府官存問早経上奏、安堵廻却所従宣旨也、而可為庄領之由被仰下条、言語道断也、日本弊亡不足論、外朝恥辱更無顧、是非他、近臣如猨犬所爲也、

この記事は、大宰権帥兼権中納言藤原長実が『長秋記』の筆者である源師時に相談を持ちかけている記事で、後段は、この事件に対する師時の感想が述べられている。したがって、事件の詳細は不明といわざるをえない。ただし、簡略ではあるが要点はうかがうことができる。

すなわち、九州に宋人周新の船が来航したこと、大宰府は、規定通り存問し、貨物の買い上げを行ったこと、それに対し平忠盛は院宣と称して下文をつくり、大宰府の存問を排除しようとしたのである。注意しておかなくてはなら

ないのは、忠盛や長実の動きが京でのことであり、現場である博多もしくは神崎荘での動きがまったくわからない点である。忠盛の下文も、おそらくは大宰府に宛てて、その存問・買い上げを無効にするように命じたもので、まず在京の権帥である長実にわたされたものであろう。当時、平忠盛は、院御厩別当の地位にあり、河内国会賀牧・福地牧および神崎荘の預所であったと考えられる［高橋　一九八四］。忠盛も当然在京しており、武力を背景としての威嚇というよりも、院の権威を傘にきての暴挙であり、師時はそれを「近臣如猨犬所爲」と非難しているのである(5)。

さて、ここで着目したいのは、忠盛が宋人周新船を「為神崎御庄領」と主張している点であろうか。師時も「可為庄領之由」について言語道断と断じている。この場合の庄領とは、どういう意味を持つのであろうか。少なくともこれが肥前国内における神崎荘領域内という意味ではないだろうことは、以下の理由から推測できる。すなわち、大宰府の府官が原則通りに存問・交易を終えたということは、大宰府における管理貿易の港は博多に限定されているから、周新の船は博多に回航された、もしくは初めから博多に着岸したことを意味している。したがって、博多に神崎荘の飛び地がない限り、神崎荘の領域内云々という言い分は成り立たない。一方、忠盛の主張、師時の非難ともに、庄領という言葉は、船に対してなされているように読める。師時の表現では「可為」という言葉が使われており、これからみても、本来は神崎荘のものではない周新の船を、神崎荘に帰属させようとしている忠盛の意図が感じられるのである。

それでは、忠盛が周新の船を神崎荘のものだと主張した根拠はどこにあるのだろうか。これについては、まったく想像によるしかないのだが、私は次のように考えたい。おそらく、周新は肥前の神崎荘の港にまず入ったのであろう。そこでいくらかの交易を行った後、決まり通り博多に向かうのが、周新ほかの宋商らが普段から選んでいた航路のひとつだったに違いない。つまり、航海中の食料・飲料水補給に名を借りた私貿易である。ところが、それに対する大宰府の黙認になれた神崎荘庄官らは、このときは、神崎荘で大規模な交易を意図していたのではないか。しかし、大宰府の反応は早く、博多に回航させせられたに違いない。大宰府は、博多において規定通りの手続きで通常の貿易を行った。しかし、それでは神崎荘側は、納まらなかったのである。あるいは、周新自身から、神崎荘の管理者である忠盛に何らかの働きかけがあったのかもしれない。忠盛は、周新船が神崎荘に漂着したと偽ったのではなかろうか。当時、慣習法的に漂着船は、その積み荷もろともその漂着地の所有となった。また、森克己氏によれば、鴻臚館貿易段階において、わが国の年紀制に対して、漂着船を装って来航する宋船が多かったという［森克己 一九七五］。とすれば、宋船側が偽った漂着船の口実が、逆に九州沿海部の領主の口実になったとしても、不思議ではない。その理屈に照らせば、紛れもなく周新船は神崎荘のもの(＝庄領)であり、大宰府に口を突っ込まれる筋はなくなるのである。しかし、残念ながらこの顚末はわからない。

さて、上のように想像すると、忠盛が積極的に日宋貿易に乗り出そうとしていたとはいえないし、まして博多と神崎荘との関係を示す史料とはいえなくなる。もっとも、平家が九州の在地武士と関わりを持つようになるのは、忠盛の父正盛の時代にさかのぼり、その意味では、九州沿海部で行われたであろう小規模な密貿易や、在地武士としての側面も持つ府官らによって維持されていた大宰府の公貿易に対する認識がなかったとはいえない。がしかし、忠盛と宋貿易との関わりを示す史料は、これひとつであり、忠盛の子清盛が日宋貿易に積極的であったことから、逆にそれを忠盛にまでさかのぼらせた、深読みの感がなくもないように思う。

話を本題に戻すと、この史料から神崎荘の領地が博多に存在したと見るのは、困難とせざるを得ない。倉敷地存在の可能性まで否定するものではないが、それも有川氏がいったように、神崎荘だけが持っていたものではなかろう。すると、周新(おそらく博多綱首)という宋人を介して博多とのつながりがあるにすぎなくなる。

くだって、承久元年(一二一九)神崎荘の庄官らは張光安の死所およびその所領を神崎荘領とすることを奏聞した(上述)。これに関する決着がどうついたのかはわからないが、比叡山の強訴とは異なり、大きな騒動には発展していない。そこで、比叡山と神崎荘との要求の違いを見てみたい。

A．比叡山(大山寺)

1．石清水八幡宮権別当宗清を事件の黒幕として比叡山に引き渡すこと

2．殺害地となった「博多津」を比叡山領とすること

3．実行犯となった筥崎宮を比叡山領とすること

B．神崎荘

1．殺害地となった「博多管内」を神崎庄領とすること

2．張光安の所領を神崎庄領とすること

比叡山の強訴で、朝議の問題となったのは、Aの1と3である。そのいずれもが、神崎荘の要求には、含まれていない。しかも、Aの2では「博多津」を要求しているものが、Bの1では「博多管内」となっている。神崎荘の解文は、石清水八幡宮に伝わったものだから、その内容が石清水八幡宮とまったく無関係であったとは考えられない。しかし、この要求に対する関連の記録が、石清水八幡宮に全然残っていないのは、比叡山の要求に対する場合と比べて対照的であり、神崎荘の要求に対する石清水八幡宮の無関心さを物語っている。おそらく、張光安殺害の首謀者が、宗清と目されたつながりで、たびたび奏聞された神崎荘の解文の一通が石清水八幡宮の手にわたったのだろうが、石清水八幡宮とは直接の関連のない要求内容なのでノータッチを決め込んだのだろう。

神崎荘の解文は、さきに引用した石清水文書石清水甕御筥事裏文書によると「重奏聞解状」とあり、数回提出されたことがわかり、容易には認められなかったようである。しかし、神崎荘は後院領で、何事にも積極的であった後鳥羽院を領主に戴いており、しかも鎌倉幕府と対立するような要求でもないから、案外と容れられたのではないだろうか。「博多管内」の示す範囲が問題であるが、「管内」の意味について用例を示して検討する用意は、筆者にはない。

ただ筆者の思いとしては、博多の一部が神崎庄領として認められたとみたい。それは、櫛田神社や大乗寺が建てられた博多の西南の一角ではなかったか。何にしても、神崎荘と博多との関わりが明らかに見えるのは、この史料がはじめてと言える。

5　張光安殺人事件の背景

さて、以上だらだらとつづってきたが、最後に張光安殺害の背景となったものについて考えたい。

張光安の事件と、それに先立つと推測される秀安の事件を一連のものと見ると、神崎荘と筥崎宮の対立を思わざるをえない。そこで、それぞれの登場人物を図式にして対比すると、次のようになる。

筥崎宮	大宰府府官「大府使」	— 筥崎宮「社家雑掌」 「留守行遍」	—	A
神崎荘	B	— 神崎荘「庄官」	—	「通事船頭張光安」 「綱首秀安」

これからは、大宰府府官—在地勢力（筥崎宮・神崎荘）—宋商という縦の系列が認められる。この事件の当事者としては、AとBが空欄になっているが、少なくともAについては該当者がいたはずである。すなわち、十一世紀初め頃については、『今昔物語集』巻二六第一六の説話から、筥崎の秦貞重（前出則重の祖父）と博多の宋人（船頭）との間に取引があったことが知られる。また、仁平元年（一一五一）大宰府の官兵が博多・筥崎に大追捕を行った際には、筥崎宮と並んで博多の宋人王昇の後家が襲撃されており、当時筥崎宮と王昇がつながっていたことがうかがえる。

石清水八幡宮所蔵『類聚国史』裏文書には、承久元年（一二一九）六月日付で筥崎宮調所の建保六年宋人御皆免物并

軽物代米結解注進状が残っている。まさに張光安殺害があった当時、筥崎宮に帰属した宋人がいたのである。くだって、建長五年(一二五三)筥崎宮四面玉垣の修理を所役として負担した中に、博多綱首張興・張英の名が見える。さらに興味深いことには、筥崎宮関係の文書には綱首らの肩書きとして「綱首」の文字が使われているが、たとえば神崎荘や大山寺などでは、「船頭」の呼称を用いていることに注意したい。

亀井明徳氏によれば、綱首と船頭は同義で、前者が中国での呼称であるのに対し、後者はわが国での呼称であるという[亀井 一九八六]。前出の張英は、鳥飼次郎船頭とも名乗っているが、これは、現在の福岡市城南区の地名を冠した日本風の名乗りであり、それに対して船頭という言葉を付け加えているのである。宗像郡興聖寺所蔵「色定法師一切経奥書」には、「経主綱首張成」・「墨助成綱首李栄」の名が記されている。これが自署なのかどうか筆者には判断できないが、いずれにしても彼らが自ら公に名乗るときには、中国風に「綱首」の呼称を用いたといえるのではないか。とすれば、筥崎宮が一貫して「綱首」の言葉を用いていた背景には、筥崎宮と宋商とのつきあいの長さ、親密さが感じられるのである。

さて、話をもとに戻して、これに対し、B欄については、該当者がいたかどうかわからない。筆者としては、該当する府官は、少なくともこの当時はいなかったものと考えたい。瀬野精一郎氏によれば、平氏政権下における神崎荘については、史料が残っていないが、事実上平氏の支配下におかれていたものと考えられるという[瀬野 一九七五]。

神崎荘住人海六郎大夫重実が平家方人として鎌倉幕府から追求されていることは、神崎荘の勢力(府官級の武士)が、平家に従っていたことを思わせる。石井進氏によると、鎌倉幕府が派遣した鎮西奉行天野遠景のもとで、大宰府の府官は大きくその顔ぶれを替えたという[石井進 一九五九]。したがって、平家滅亡後のこの段階では、神崎荘庄官と府官とのつながりは表向き絶たれていたと考えられる。

とすれば、神崎荘の庄官には、その交易を黙認し、後押しする大宰府府官が欠けていたことになる。これに対し、筥崎宮側は公に住蕃貿易に関わることができる大宰府府官を擁していたのである。筥崎宮による大宰府府官と組んでの、神崎荘庄官・秀安の貿易に対する介入もしくは妨害が行われたのではないか。それにたいする報復が、神崎荘庄官・秀安による大府使・筥崎宮社家雑掌に対しての「蹂躙」となったに違いない。

すなわち、張光安殺人事件の背景には、住蕃貿易の構造に関わる対立があったのである。

先に、神崎荘と平忠盛との関わりを論じた際に、寄船に関する慣習を想定した。それでは、張光安殺害当時の住蕃貿易は、どのような状況にあったのであろうか。

天野遠景が鎮西奉行であった文治・建久の頃（一一八六〜一一九四）、薩摩国島津荘において、宋船の着岸をめぐって、大宰府と庄官との間で対立が起こった。島津家文書から「源頼朝加判平盛時奉書案」（鎌倉遺文一—一三六）を引用しよう。

　　　在御判
　自近衛殿被仰下嶋津庄官訴申、為宰府背先例、今年始以押取唐船着岸物事、解状遣之、早停止新儀、如元可令付庄家也、適為被仰下事之上、如状者、道理有限事也、仰旨如此、仍以執達如件、
　　五月十四日　　　　　盛時奉

近衛家領薩摩国島津荘に着岸した宋船の積載品を大宰府が押し取ったところ、先例に違反しているとして、島津荘の庄官が近衛家に訴え、近衛家は源頼朝に申し入れ、頼朝は平盛時を介して天野遠景に新儀を止めるように命じたものである。

ここで注意したいのは、大宰府は島津荘に着岸した宋船の積載物を押し取ったのであり、宋船を博多に回航させて交易を行ったのではないという点である。そのために、頼朝も近衛家の要求をいれざるをえなかったのであろう。筆者は、島津荘のいう「唐船着岸物」に寄船の慣習法を認めるのである。(6) それが先例として主張されるまでになってい

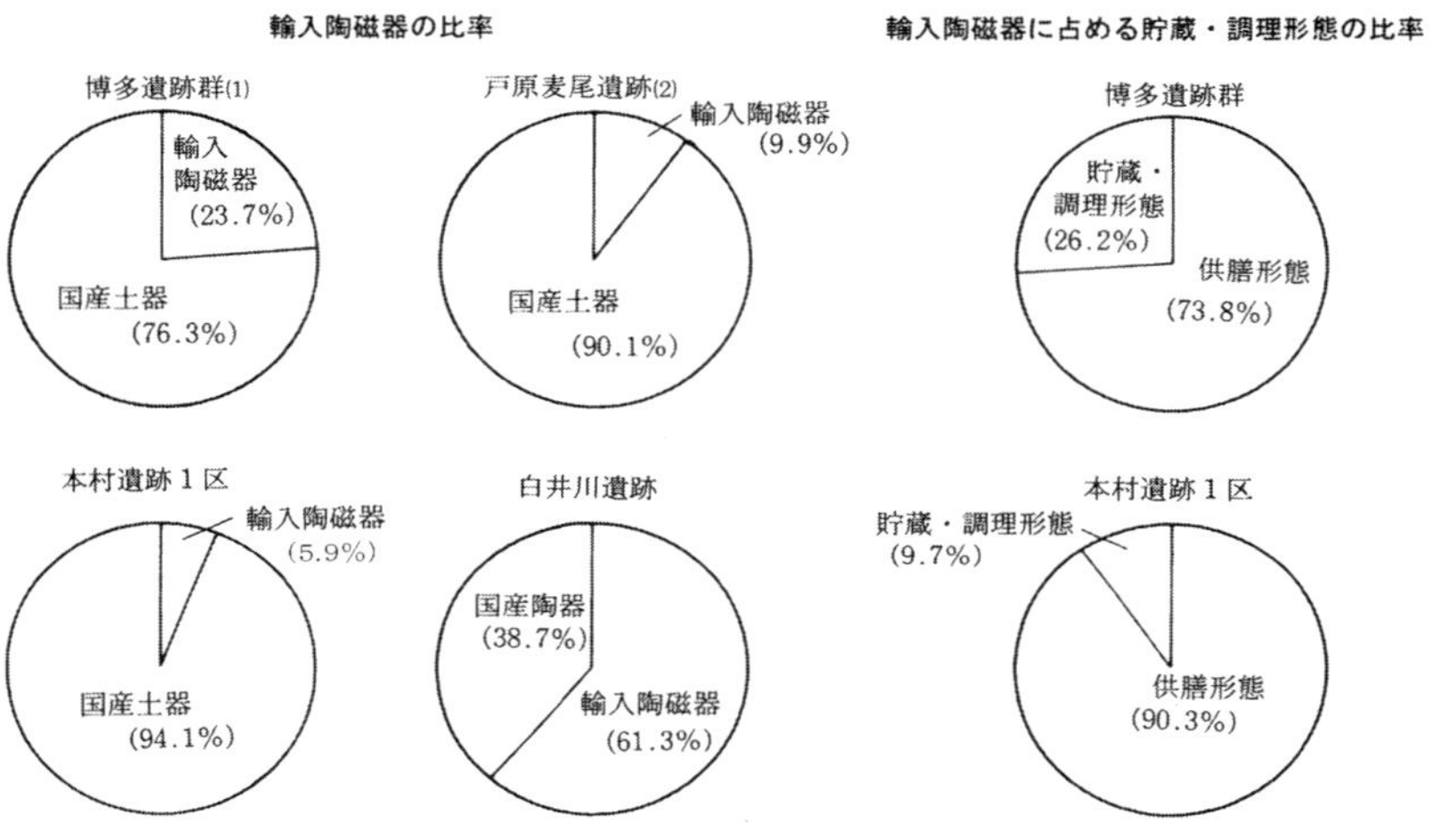

(1) 博多遺跡群の数値は、地下鉄店屋町工区A・B区から、11世紀後半～13世紀代の遺構を抽出して集計（福岡市教委1984、付表による）
(2) 戸原麦尾遺跡は、福岡平野東隣、粕屋平野の多々良川左岸に営まれた集落、居館遺跡である。（福岡市教委1990B）
(3) 他はそれぞれの報告書による（出典は本文参照）

図2　出土遺物の比率比較グラフ

る点に、平忠盛の事件から五〇年以上を経過した私貿易の進展を見たい。

年代的にやや下る史料であるが、『吾妻鏡』寛喜三年(一二三一)六月六日条に

海路往反船。或漂渕。或遭難風。自然被吹寄之處。所々地頭等号寄船。無左右押取之由。依有其聞。雖爲先例。諸人之歎也。自今以後。可停止之由。可被仰遣諸国之旨。今日及評儀云々。

とあり、寄船と詐称して、差し押えする事件が横行していたことがうかがえる。これは、公の管理を逃れて、私に交易を行うには、格好の口実になったはずである。何といっても、寄船であれば積み荷をすべて手にすることができるのである。

それでは、宋船に対する寄船は、実態として横行していたのだろうか。ここで、博多遺跡群出土の輸入陶磁器の状況と九州沿海部の他の遺跡の状況を比較してみよう。

出土遺物の数量比較が報告書から可能なのは、博多遺跡群地下鉄関係調査と福岡県戸原麦尾遺跡、佐賀県本村遺跡1区、長崎県白井川遺跡などである(図2)。

これらの遺跡を比較すると、博多遺跡群における輸入陶磁器の比率がきわめて高いことがわかる。例外的に、白井川遺跡での同比率が高いことにも注意しなくてはならない。

白井川遺跡は、大村湾に面した河口部の遺跡であり、中世では、九条家領彼杵荘に含まれていたと考えられる。遺跡の後背地に平野はなく、大規模な集落は想定しがたい。ただし、同様な地形的特徴は、長崎県の海岸部では一般的で、だからそこに拠点的な集落はなかったとは必ずしもいえない。

注目すべきは、「綱」銘の墨書を持つ白磁碗が一点含まれていた点、楠葉型瓦器が出土している点である。「綱」銘墨書は、博多ではしばしば出土するもので、貿易の荷主を表示したものである(前述)。また、楠葉型瓦器は、摂関家領河内国楠葉牧で生産されていた瓦器で、その出土地点は、国衙などの地方拠点や交通の要衝に限られるという［橋本一九九二］。

この指摘と、彼杵荘が九条家領であったことを考え合わせれば、白井川遺跡付近で、九条家が絡んだ交易が行われていたことが想定できる。この場合見過ごせないことは、近辺の岡遺跡でも輸入陶磁器の比率が、白井川遺跡には遠く及ばないまでも他に比べれば高率を示している点である(7)。

この岡遺跡と白井川遺跡については、岡遺跡が集落遺跡であるのに対し、白井川遺跡は、人為的な配石遺構を伴う低湿地の包含層であるという違いがある。さらに、白井川遺跡では、遺跡前面にラグーンがひらける地形から、「主要な港からさらに小河川を利用した小舟による運搬が想定」されている［東彼杵町教委一九八九］。

しかし、その一方で、輸入陶磁器の出土点数では、白井川遺跡で五八七点、岡遺跡で七六〇点と、決して大量といえるほどではないという点にも目を向けなくてはならない。すなわち、在地土器を含めた遺物の総量が多くないということは、白井川遺跡、岡遺跡が立地するこの一帯が、港津都市と言えるほどの場ではなかったことを示している。また、図示された輸入陶磁器を見ると、碗・皿などの供膳形態に対し、壺・甕などの容器は極めて少ない。上の点をまとめてみれば、白井川遺跡付近においては、しばしば宋船が立ち寄り交易が行われ、九条家からも使いが派遣されていたこと、しかしそれは積み荷の一部をおろす程度に留まっていたということになろうか。

佐賀県の本村遺跡は、神崎荘に隣接した安富荘の集落遺跡である。報告書では、「上層農民層あるいは彼らや領主層までを含めた主要な村落構成員の下層に所属する下人・所従や小百姓(作人)の居住区」と位置づけている［佐賀県教委 一九九二］。ここでは、1区から溝で方形に区画された屋敷地をほぼ全体調査しているが、その区画溝及び1区内での輸入陶磁器の占める比率は、それぞれ一一%、四・九%にすぎない。しかし、それでも九州外の遺跡と比べれば高率と言える。大々的に溝を巡らした屋敷構えからは、下層農民層の居住地とは思えないが、上層農民層の居住地でもこれだけの比率を示すと考えれば、かなりの量の輸入陶磁器が供給されていたと見なくてはならない。

このほか、長崎県楼楷田遺跡(伊万里湾岸)、同宮田A遺跡(大村湾沿岸)、佐賀県尾崎利田遺跡(神崎荘内)などでも十二・十三世紀代の輸入陶磁器が、まとまった量発掘されている［長崎県教委・松浦市教委 一九八六、長崎県教委 一九八九、佐賀県教委 一九八〇］。報告書に図示された限りでは、これらの遺跡においても壺・甕などの貯蔵形態の陶磁器は少なく、上記の遺跡と同様の傾向を示している。

残念ながら、内陸部の遺跡の出土状況を把握していないため、沿海部の特徴という形ではまとめえないが、総じて、輸入陶磁器の出土比率が高いこと、博多を除けば壺・甕など容器の出土が少ないことがあげられる。これら容器類が、それ自体商品としてではなく、香料・薬草などの外容器として持ち込まれたものとすれば、その出土が少ないということは、宋船の積み荷のすべてが陸揚げされたわけではないということを示している。したがって、寄船のように船まるごとを押収したものとは考えがたい。結局のところ、宋船に対する寄船は、国内を航行する船と異なり、さほど横行していなかったのではなかろうか。

すなわち、大々的な貿易は博多で、宋船の往路をねらった小規模な交易は沿岸各地で、というのが、住蕃貿易を通じて行われていた実態に違いない。十二世紀末は、平家の滅亡と鎌倉幕府鎮西奉行の下向によって、それまで大宰府府官として貿易に関わってきた九州の諸豪族がその地位を追われた時期である［石井進 一九五九］。大宰府を離れ、それぞれの所領に帰った彼らは、それまでにつちかってきた宋商とのコネクションを利して、従来以上に領内沿海部での私貿易に力をいれたに違いない。住蕃貿易も次第に変容していったのである。

張光安殺害は、ちょうどこの時期に起きた事件であった。府官―庄官・寺社―博多綱首という枠組同士の対立・抗争が、その利益・唐物嗜好とあいまって、京都の院・比叡山・石清水八幡宮を巻き込んでの大事件に発展したのである。

おわりに

張光安の殺害を導入とした本稿も、ようやく終わりに近づいた。副題にあげたように、これは張光安殺人事件をきっかけとして、筆者の頭に思いついたままをだらだらとつづった雑文である。発掘調査の成果によった部分もあるが、総じて想像に走りすぎたきらいがあろうか。

日宋貿易については、森克己氏の大著『日宋貿易の研究』がその後の多くの研究を導き、そしてそびえ立っている［森克己 一九七五］。本稿に関わる荘園内密貿易については、山内晋次氏から否定的な見解が提示されており［山内 一九八九］、筆者の考える考古学の成果から導かれる結果も山内氏の論を支持している。

博多に関していえば、中山平次郎氏によって示された平清盛袖の湊築港説が長く支持され、半ば定説化してきた。中山氏の論点は、袖の湊を歌った和歌が平氏政権時代以後に限られること、博多息浜が埋め立て土からなっていることから、平清盛が息浜の埋め立て・築港を行い、それが袖の湊と呼ばれたというものであった(8)。これは、長沼賢海氏の、博多に神崎荘の倉敷が置かれ平家の手で櫛田神社が勧請されたという説につながった［長沼 一九五三］。これを発展させた筑紫豊氏や五味文彦氏は、神崎荘から博多まで坂本峠を越えてほぼ一直線にいたるルートを年貢運上の道として考え、峠の博多側の麓を領し、平宗盛によって大宰少弐に推挙された原田種直を袖の湊築港の奉行と推定した［筑紫 一九六六、五味 一九八七・一九八八B］。

しかし、一九七七年から始まった博多遺跡群の発掘調査では、中山氏が袖の港の故地とした福岡市博多区呉服町交差点付近が十二世紀前半にはすでに埋め立てられて遺構が営まれていたこと、息浜は十二世紀後半代から居住域となり、中山氏が埋め立て土としたのは、十二世紀後半以降現代まで続く生活の中で徐々に積み上げられた生活層であることが判明した。また、文献史学の立場から佐伯弘次氏は、「袖の湊」の言葉は歌枕にすぎず固有名詞ではなかったこと、元寇関係史料に名が見える「袖浜」も「袙浜」の誤記であることを明らかにした［佐伯 一九八八C・一九九三］。結局、文献史料と考古学の双方から、平清盛袖の湊築港説が否定されたのである。

このような状況の中で、日宋貿易の現実面でのあり方や、忠盛以前の平家の日宋貿易との関わり、博多における都市形成の特質、以上と絡んでの神崎荘と博多との関わりなど、考え直さなくてはならない点は多い。

註

（1）　次の史料による。
「仁和寺日次記」建保六年九月廿一日条、同廿二日条
「華頂要略」百廿二　天台座主記三　第七十二権僧正承圓
「石清水八幡宮記録」二十三　筥崎宮造営事
「南部文書」五　建保六年九月廿二日　藤原定家書状
「吾妻鏡」建保六年九月廿九日条　（以上『太宰府・太宰府天満宮史料』による）

（2）川添昭二氏は、寛元元年（一二四三）有智山寺（＝大山寺）が朝廷に訴えて、博多の承天寺を破壊しようとした事件の背景に、宗教的理由と並んで、有智山寺（及び本寺比叡山延暦寺）が博多における交易の利を損なわれることを恐れた点をあげ、「有智山寺寄人の博多綱首と謝国明の対外貿易をめぐる利害の対立まで想到すべきかもしれない」という〔川添 一九八七〕。謝国明は、筥崎宮の社役を負担しており、筥崎宮に帰属した博多綱首である。ここにも、筥崎宮と大山寺との対立を見ることができる。

（3）十二・十三世紀頃の地方の屋敷地の場合を、大雑把ではあるが、鎌倉遺文から拾うと、屋敷の建物構成は次のようになる。

「大中臣某處文状案」―三間四面寝殿一宇、三間一面侍車宿一宇、五間三面大炊屋一宇、倉一宇、平門一宇（建久三年〔一一九二〕鎌倉遺文六三九）

「中原爲経譲状」―五間一面寝殿一宇、雑舎三宇、侍屋一宇（建久六年〔一一九五〕鎌倉遺文八〇三）

「地頭某宅屋敷譲状案」―五間居屋、三間冬殿、二間鷹屋、五間御馬屋（建保七年〔一二一九〕鎌倉遺文二四三〇）

「度合某處文状」―七間二面又庇屋一宇、三間二面倉屋一宇、三間二面神宮宿館一宇（天福二年〔一二三四〕鎌倉遺文四六〇三）

「藤原康高譲状案」―六間一面寝殿一宇、七間廊一宇、惣門一、中門七間一宇、三間土屋一宇、三間一面廐屋一宇、五間倉一宇、三間倉一宇、六間雑舎一宇（建長四年〔一二五二〕鎌倉遺文七四四五）

「神主順阿譲状」―寝殿一宇五間三面萱葺在中門、板庇、雑舎一宇、副屋一宇、倉一宇（正安三年〔一三〇一〕鎌倉遺文二〇七一七）

大中臣某は、伊勢外宮の神主である、度合某も同じく外宮の権禰宜で、従四位上の官位を持つ。地方武士といって良いのかどうか筆者にはわからないが、在地領主に含めることは許されよう。

以上、わずかな例であるが、侍屋を備える例が少ないのはみてとれよう。ただし、侍屋の記載を持つ例が比較的早い時期のものである点には、注意を要するかもしれない。

（4）平安時代、大宰府府官から少弐に任命された例としては、寛弘九年（一〇一二）平致行、長和四年（一〇一五）藤原蔵規、康平六年（一〇六三）秦時重、仁安元年（一一六六）宇佐公通、治承五年（一一八一）大蔵（原田）種直を数えるにすぎない

（『吉記』治承五年十月条）［志方 一九六七］。

（5）　藤原長実は、白河院政時代から、院司をつとめてきた。この時点でもおそらく鳥羽院の公卿別当の任にあったであろう。平忠盛とは、永久五年（一一一七）白河法皇の猶子であった藤原璋子の家司としてともに名を連ね、白河院政の末期以降長実が死ぬまで、鳥羽院政下においても共に院司をつとめていた。無能無才といわれた長実に、忠盛がつけこんだものといえようか。一方、源師時は故実に明るく、忠盛の重用には批判的であった。忠盛の横紙破りに困惑した長実が、師時に相談したというところであろう。院司の経験を持たない師時は、外からの冷やかな目で、院近臣のふるまいを日記の上でこきおろしたのである。長実は、六日後の八月十九日にこの世を去った。師時は、保延二年（一一三六）二月の鳥羽院庁牒案に公卿別当の一人として見えており、院司になったことがわかる。もっとも、同四月六日には、出家して院司を辞している。かつて、さめた目で批判した院近臣に互することに耐えられなかったのであろうか。なお、院司の構成などこの項は、高橋［一九八四］に全面的に依拠している。

（6）　この史料は、これまで荘園内密貿易の例として取りあげられてきたものである［森克己 一九七五、川添 一九七五など］。

（7）　岡遺跡では、調査区によるばらつきはあるものの、輸入陶磁器の占める割合は、平均二五・九％にのぼる。ただし、十一世紀後半から、十六世紀前半までの陶磁器が出土しており、報告書からでは、時期別の構成比を出すことができなかった［東彼杵町教委 一九八八］。

（8）　中山［一九八四A］による。これは、中山氏が一九五〇年西日本新聞社の西日本文化賞を授賞した際の論文「古代の博多の歴史地理学的研究」の本文編を構成したもので、一九八四年に九州大学出版会から改めて刊行されたものである。

Ⅱ　都市の景観

89 次調査地点の遠景

第一章　中世都市博多の都市領域と境界

はじめに

博多遺跡群の発掘調査成果によれば、その起源は弥生時代前期にさかのぼり（出土遺物では縄文時代晩期）、以後現在に至るまで、連綿として継続している。そのような人々の営みのなかで、中世都市博多は誕生した。本稿では、博多について、都市としての領域が、どう認識され、あるいは区画されていたのか、さぐってみたい[1]。

1　博多の自然地形

現在の博多はアスファルトとコンクリート建物に覆われており、感覚的には低く平坦な街であるが、実は案外起伏に富んでいる。現在の地図上で等高線を引くと、いくつかの大きな高まりが姿を現す。そして、博多の最も内陸側の高まりが、石堂川をこえて北東につながっていく様子が明らかに見て取れる（図1）。

明治三十三年の地形図から旧地形を復元すると、平野部にいく筋かの河川が蛇行して流れ込み、海岸部に数列の連鎖状砂洲が連なっている状況がうかがわれる（図2）。博多は、河口部を西に持った数列の砂丘にまたがって成立した

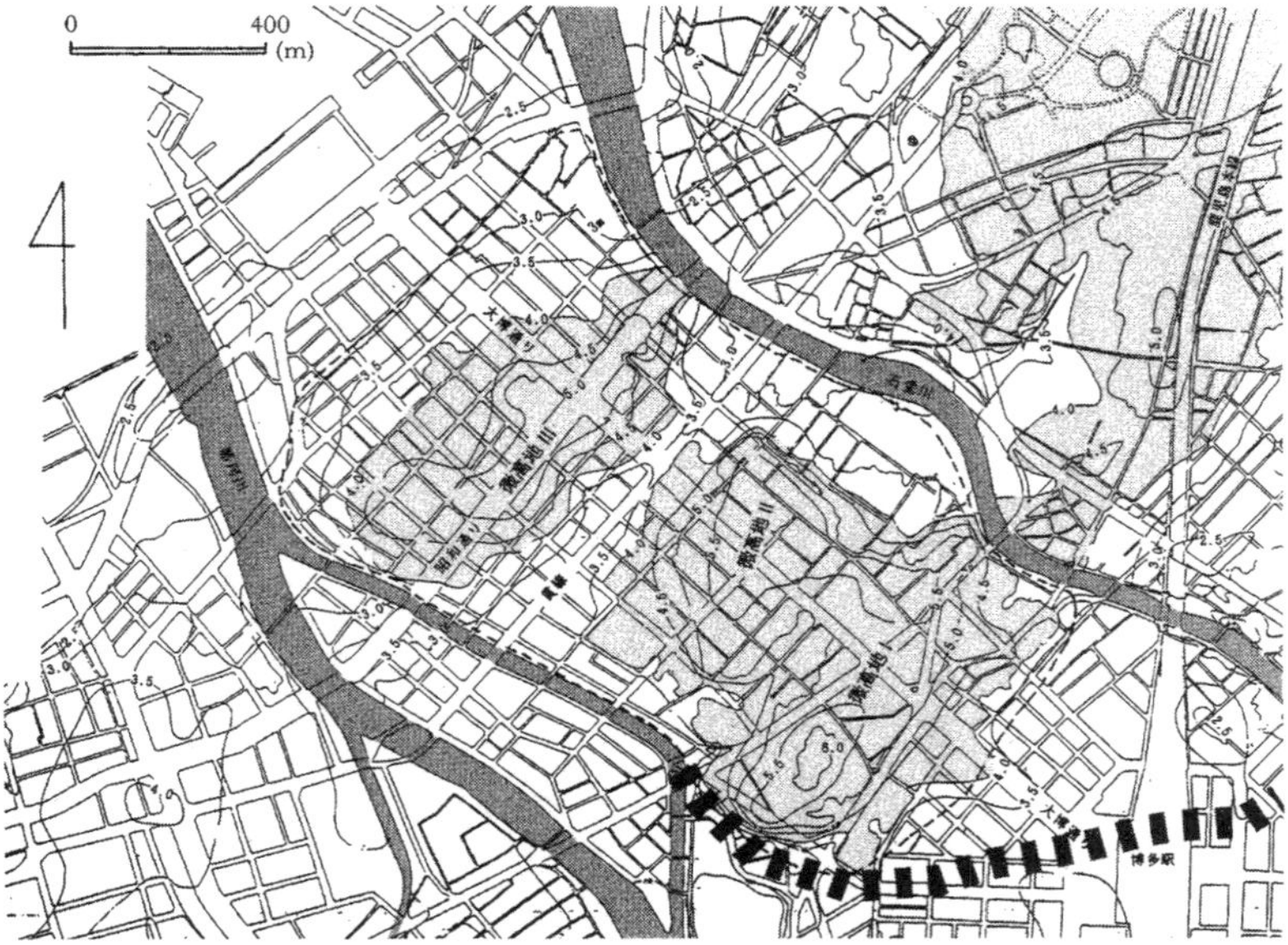

図１　現在の地表に現れた博多の起伏

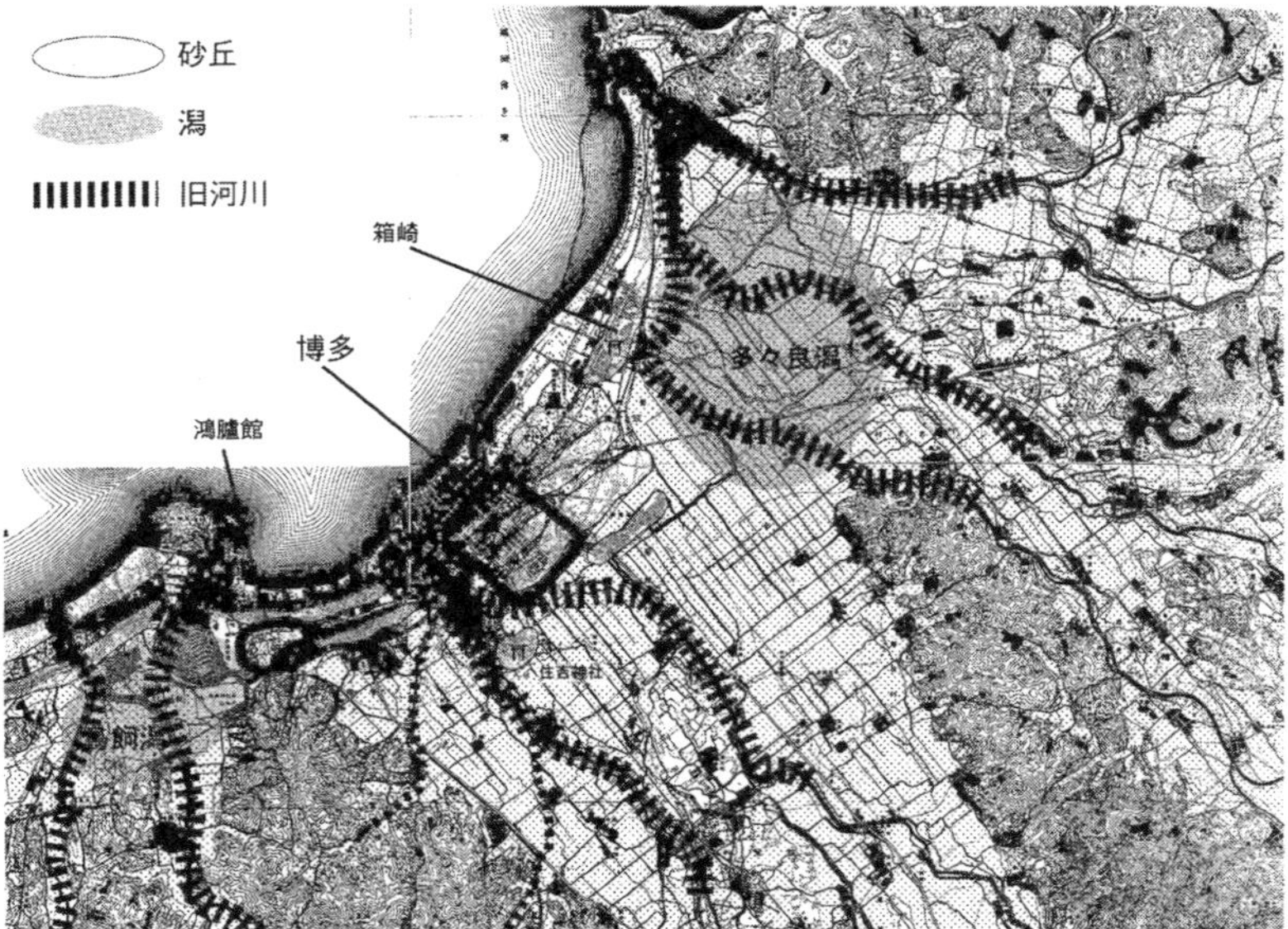

図２　明治 33 年地形図による自然地形の復元

都市であり、北東には砂丘がつながるが、南には川と湿地が広がっていた。

2 「博多」地名の成立

地名としての博多の初見は、『続日本紀』天平宝字三年(七五九)三月庚寅条に見える「博多大津」である。同条には「據警固式、於博多大津及壹岐對馬等要害之處、可置船一百隻以上、以備不虞」とあり、広く博多湾を指している。なお、ここにいう「警固式」とは、西海道節度使として九州に赴任した藤原宇合が天平四年(七三二)に策定した、いわば防衛マニュアルである。『続日本紀』のこの条文が「警固式」からの引用とすれば、「博多大津」の呼称は、七三〇年頃までさかのぼる可能性が高い。

古代においては、博多はおおむね博多湾を指した呼称として史料に現れる。やや時代が下る史料を引用しよう。寛仁三年(一〇一九)の春、北部九州を、中国北部に拠点を持つ女真族が襲った。刀伊の入寇である。『小右記』の同年四月二十五日条には戦況を詳述するなかで、「九日乱登博多田」「博多田津」などの文字が見える。六月二十九日条には大宰府が注進した勲功者リストを引くなかで、同日の防戦を「警固所合戦」と呼んでいる。この警固所は、寛平七年(八九五)三月十三日太政官符にみえる博多警固所のことであろう。博多警固所については、鴻臚館に併設されていたと推定される。したがって、『小右記』にいう博多(「博多田」)もまた広く博多湾をさした用例であるといえる。

仁平元年(一一五一)大宰府目代・大監が五百余騎の軍兵を率いて博多・箱崎で追捕を行うという事件が起きた。「宮寺縁事抄」文治二年(一一八六)中原師尚勘状案(『石清水文書』)には、「仁平元年九月廿三日庚申、於官庭對問大宰府目代宗頼・大監種平・季實・筥崎宮權大宮司経友・兼仲等、是彼宗頼以検非違所別當安清・同執行大監種平・季實等為使張本、引率五百餘騎軍兵、押混筥崎・博多、行大追補、始自宋人王昇後家、運取千六百家資材雜物、」とある。

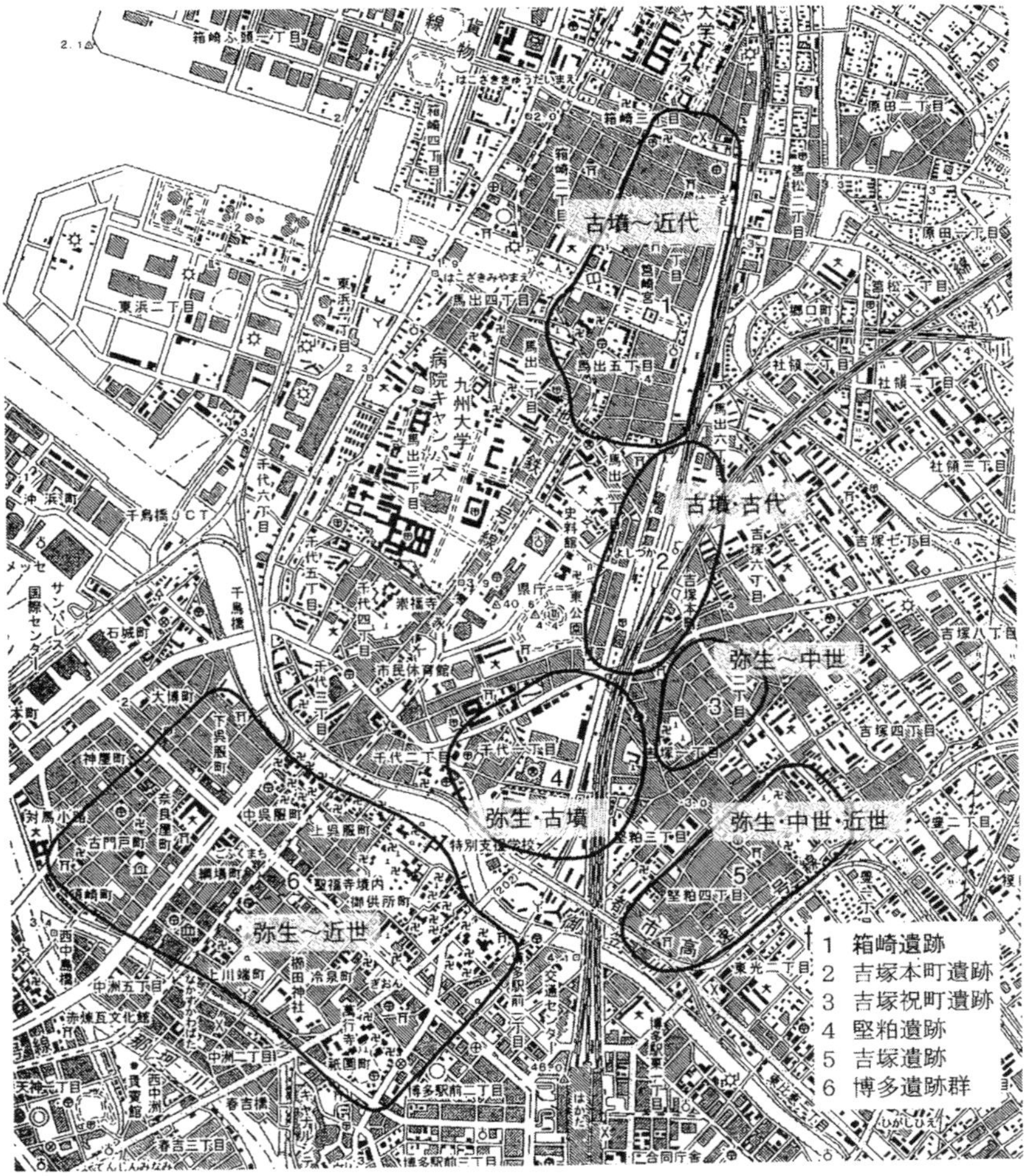

図３　博多・箱崎と周辺の遺跡群

ここには、博多とならんで筥崎（＝箱崎）の地名が出てくる。博多と箱崎は、ともに博多湾に面した近接した地域であり、それが併記されていることから明らかに狭い地域の呼称として博多の地名が使われているといえる。

ところで、博多と箱崎について、しばしば博多から箱崎にかけて町家が連続していたかのような記述を目にすることがある。しかし、博多と箱崎とは基盤となる砂丘は連続せず、地形的に明らかに断絶している。さらに埋蔵文化財の包蔵地とその調査成果をみると、博多遺跡群と箱崎遺跡群との間には、堅粕遺跡、吉塚本町遺跡が挟まれており、前者は弥生時代・古墳時代、後者は古墳時代・古代の遺構が調査されているが、中世の遺構は検出されていない。すなわち遺跡としても、まったく連続してはいないのである（図3）。

博多と筥崎がまったく異なる都市空間であったことを確認したうえで、仁平元年の大追捕記事を見れば、中世都市博多を指す地名としての狭義の博多が十二世紀中頃には登場していたとして大過ないだろう。

3　中世博多の領域と境界

博多遺跡群の考古学的成果によれば、中世都市博多の成立は、考古資料が爆発的に増加する十一世紀後半にあると見られている。(2) それはおそらく、七世紀後半以来、対外交渉の拠点としての役割を果たしてきた大宰府鴻臚館が十一世紀中頃に廃絶し、宋商人の滞在拠点・貿易拠点が博多に移ったことによるもので、前節で見た狭義の博多地名の登場もこれと無関係ではないだろう。永長二年（一〇九七）大宰権帥源経信が任地大宰府で没したときには、「博多にはべりける唐人ども」が多数弔問に訪れたという（『散木奇歌集』第六、悲歎部）。また、永久四年（一一一六）の西教寺蔵『両巻疏知礼記』上巻奥書や要法寺本『観音玄義疏記』奥書にみえる「薄多津唐房」は、宋人の博多居住を直接に示す史料といえる。

では、唐房時代の博多の構造はどのようなものであったのだろうか。博多の禅刹、聖福寺には、その創建に際して栄西が源頼朝に出したとされる建久六年(一一九五)六月十日の年紀を持つ言上状が伝わる。『鎌倉遺文』では「本文書検討を要す」と註された文書だが、聖福寺の寺地に関する伝承を記したものとして、しばしば利用される史料である[3]。

博多百堂地者、宋人令建立堂舎之旧跡也、而件精舎破壊之後、再不修営之間、偏為空地、雖送星霜、既亦依為仏地、人類不居住、

かつて聖福寺境内からは骨蔵器が出土しており、聖福寺仏殿改築に伴って実施した博多遺跡群第一九〇次調査においても、最下層の砂丘砂層中から人骨が出土、葬地であったことが推測された[福岡市教委 二〇一二]。すなわち、宋人の葬地であり墓堂が建てられていたことがうかがわれる。

一方、宋人の居住地である博多津唐房は、貿易陶磁器の一括廃棄遺構の分布、十二世紀前半以前の墨書陶磁器の偏在性などから博多の西縁付近にあったと思われる(本書I第二章)。唐房の東には、土葬墓が点々と営まれた領域が広

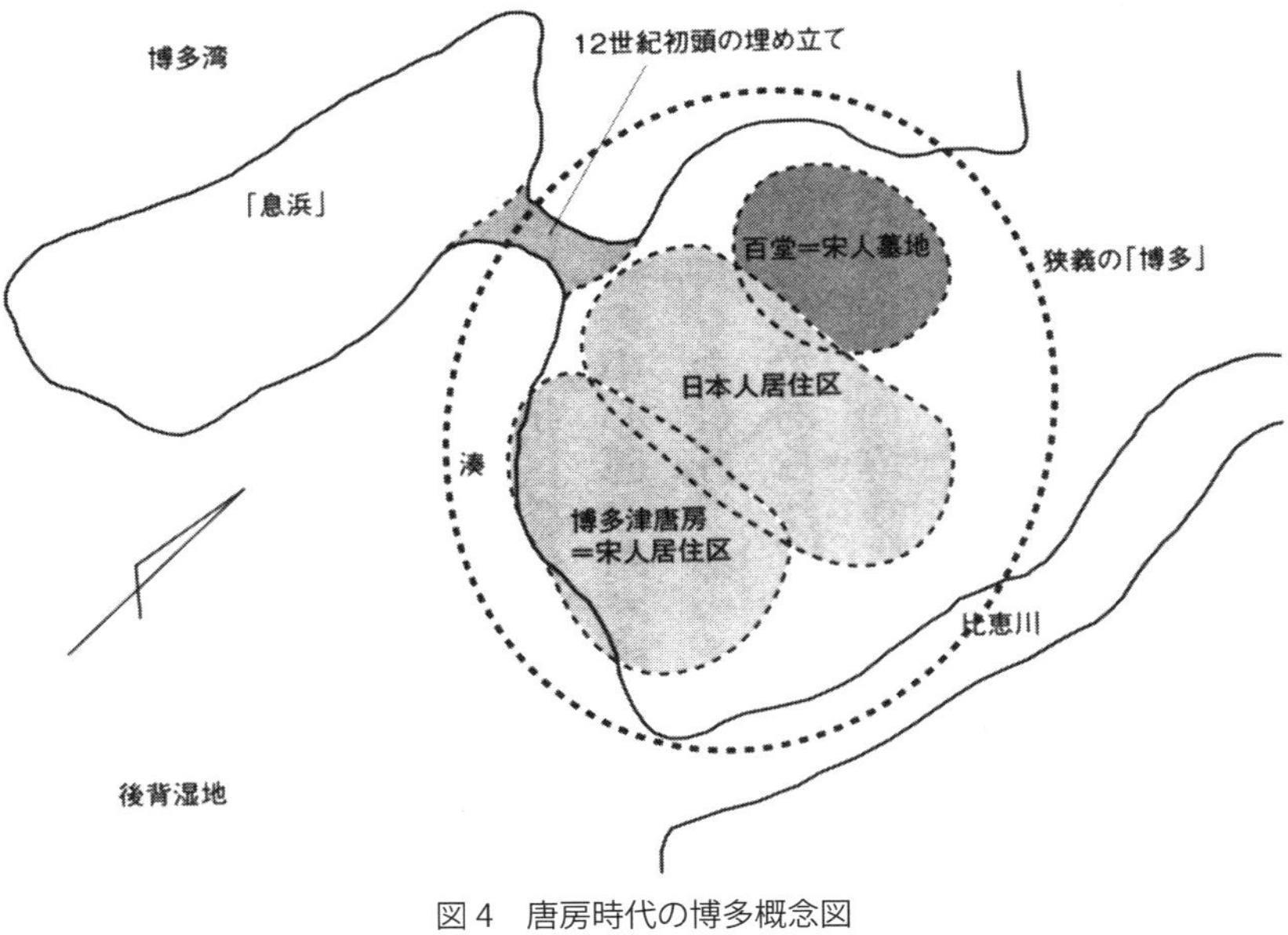

図４　唐房時代の博多概念図

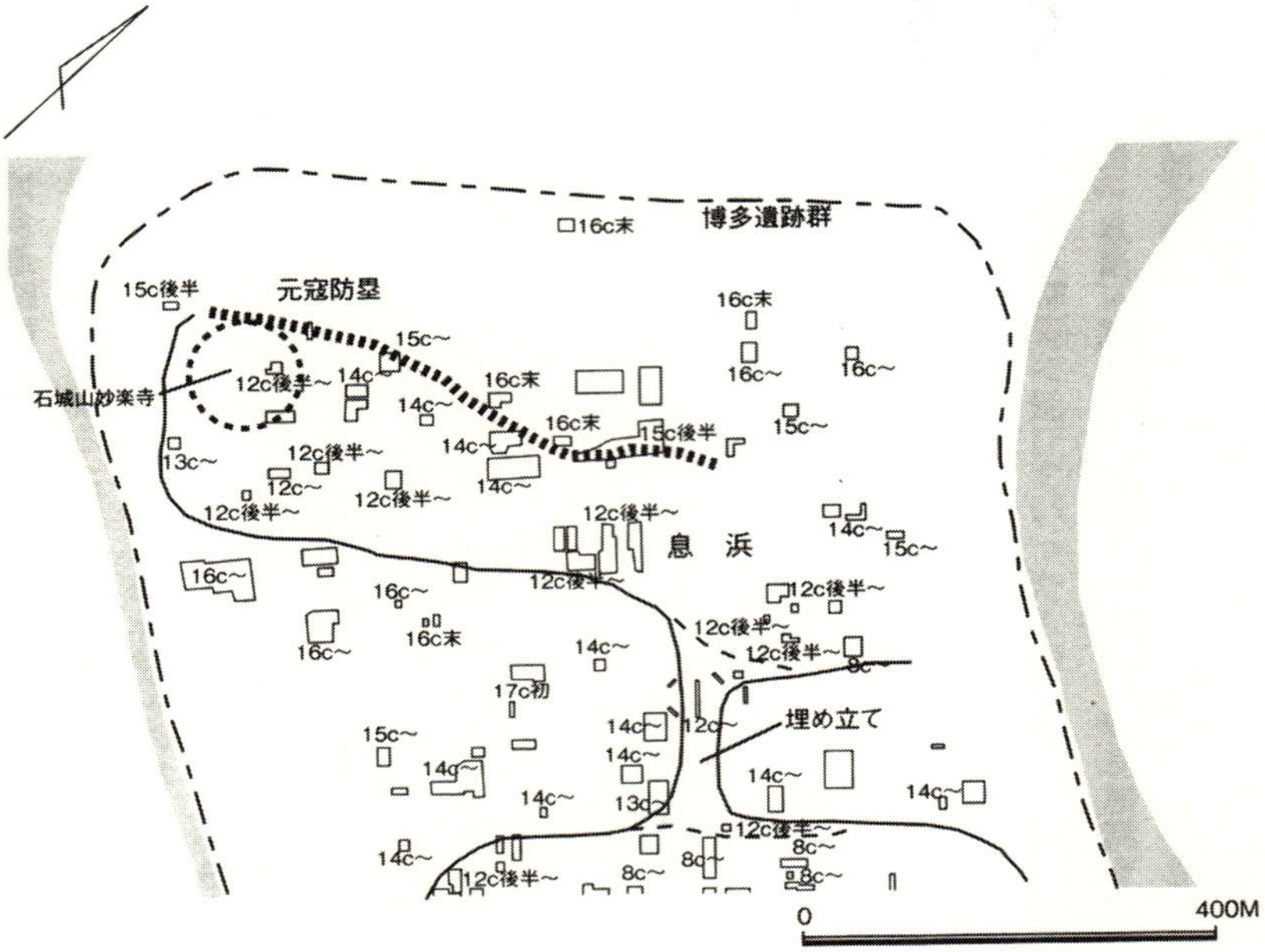

図５　唐房時代の博多概念図

がっており、日本人主体の居住域と思われる。聖福寺すなわち宋人墓所である百堂は、さらにその東側にあたる。すなわち、律令期以来の歴史を持つ日本人居住地、その西側、河口部の港に面して成立した宋人居住区である博多津唐房、両者の生活領域を避けて東側に設けられた宋人墓地という構造が見て取れる(図４)。前節で見た砂丘続きの東側を、墓地が画する構造といえる。

狭義の博多は、おそらく唐房から百堂までを含む範囲を指した呼称であり、都市博多の領域が明瞭に意識されるにいたったことを物語っている。

建治二年(一二七六)、文永の役(一二七四年)を経験した鎌倉幕府は、元軍の再来に備え、その上陸を阻止すべく、博多湾岸に石築地を築いた。いわゆる元寇防塁である。博多遺跡群の発掘調査では、元寇防塁と考えられる石塁遺構とその推定線を境に、その内側と外側では遺構の初現が大きく異なる(図５)［大庭 一九九六］。このことから、都市が元寇防塁の外側に拡大するのは、十五世紀後半以降であったことがわかる。すなわち元寇防塁はその築造から二〇〇年近く、元が滅びた後までも、都市博多の海側の境界となっていたのである。

博多遺跡群に街路と長方形街区が見られるようになるのは、鎌倉時代末期の十四世紀初頭を前後する時期である。(4)この頃、二度にわたる元の襲来を凌いだ博多には鎌倉幕府の出先機関である鎮西探題がおかれ、九州の武士を統括していた。博多の街区整備は、おそらく鎮西探題の手になるものであろう。この街路整備は、これまでの発掘調査では、博多浜の中心部のみで検出され、息浜では確認されていない。(5)それは、息浜が海に面して、南西から北東方向に細長く伸びた砂丘であったこと、前述したように海側を元寇防塁が画し、市街地はその内側のみで展開していたことによるのであろう。

鎌倉時代最末期の博多については、『博多日記』という同時代史料が残っている。(6)『博多日記』は、元弘三年(一三三三)三月、訴訟のために博多承天寺に滞在していた京都東福寺の僧良覚がその見聞を記したもので、肥後の菊池武時が鎮西探題を攻めて敗死した事件を綴ったくだりに博多の都市景観がうかがわれる。

正慶二年三月十一日、肥後国菊池二郎入道寂阿、博多ニ付畢、(略)同十三日、寅時博多中所々ニ付火焼払、(略)サテ菊池捧錦旗、松原口辻堂ノ在家ニ火付クル間、不及押寄シテ、早良小路ヲ下リニ、ヲメイテ懸、(略)櫛田浜口ヲ打出、(略)武藤四郎殿・武田八郎以下、焼失ハ菊池所行トテ相向息濱菊池宿之處、早ク菊池打出タル間、息濱ノスサキヨリ廻テ、櫛田濱口ニ菊池引ヘタル處ニ追懸クリ(略)

ここには、博多の地名として、松原口・辻堂・櫛田浜口・息濱・スサキ(須崎)がみえる。発掘調査成果から作成した十四世紀前半頃の博多の推定復元図に、地名と菊池・探題方(武藤四郎・武田八郎)の進軍経路を当てはめたのが図6である。

博多中に火を放った菊池勢は、探題館に押し寄せようとしたが、松原口・辻堂付近の火勢にさえぎられて迂回を強

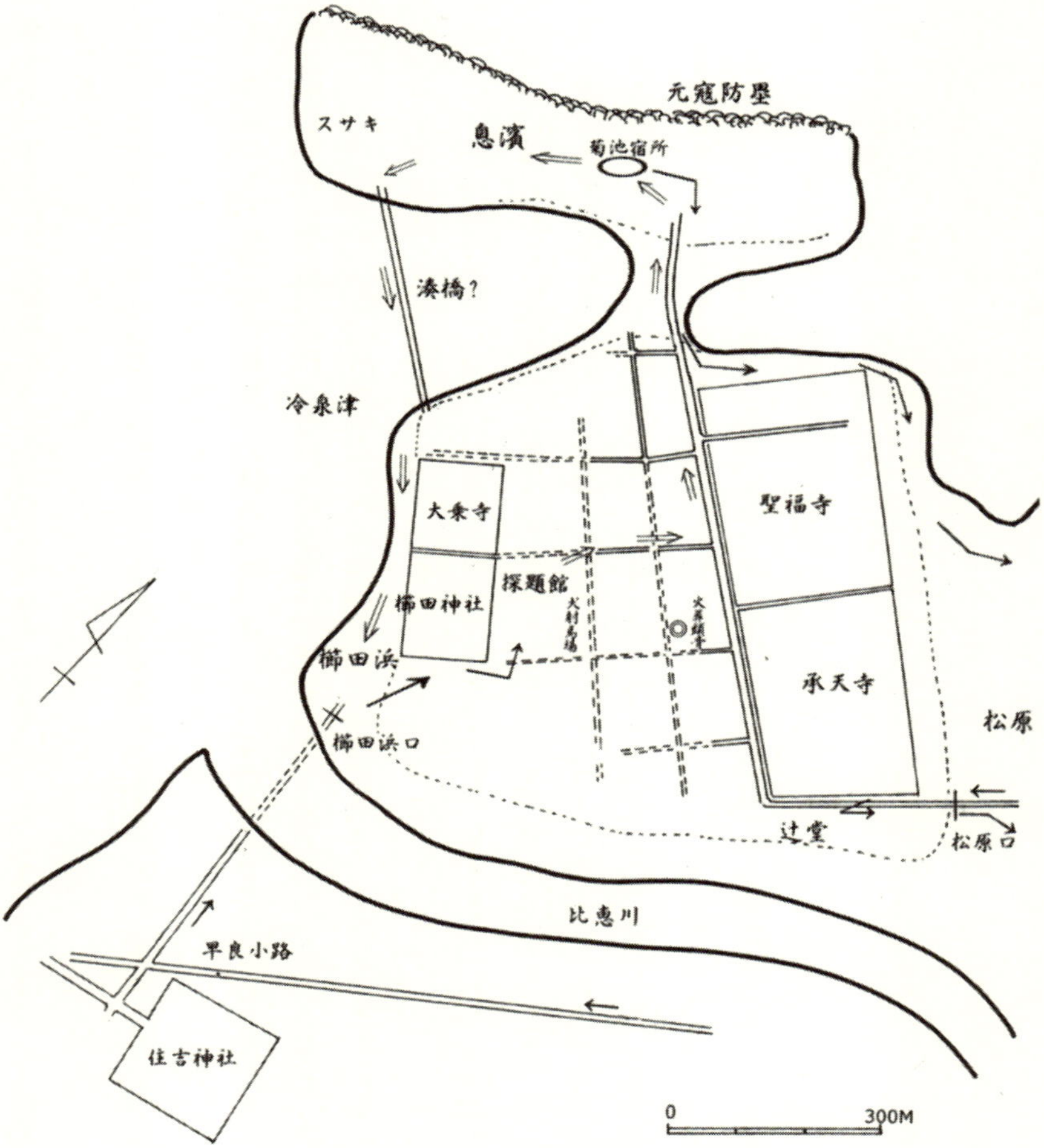

図6　博多における街区復元と博多日記

いられた。松原口は、博多の東に広がる松原から博多に入る地点であろう。辻堂の地名は近世に引き継がれるが、承天寺の南辺付近にあたる。発掘調査で検出している博多のメインストリートは、聖福寺・承天寺の門前を南に下り、承天寺の南角で築地塀に沿って東に折れ、松原口を経て松原の先に延びていったものと思われる。辻堂は、メインストリートが東に転じたあたりであろう。菊池勢が松原口・辻堂から探題を攻めようとしたというくだりから、菊池勢がいったん博多の東外に出ていたことが推定できる。

松原口からの進入を断念した菊池軍は、早良小路を経て、櫛田浜口に出た。早良小路の地名は近世まで残らなかったが、対馬宗家の「馬廻御判物帳」応永十三年四月四日志波山次郎宛判物に、住吉の地名として見える〔長崎県 一九六三〕。住吉神社は、博多の南側を画する比恵川の対岸に位置する。早良小路もおそらくはその付近で、菊池勢は大きく比恵川を迂回して博多の南西に出たものであろう。

櫛田浜口は、住吉から比恵川の河口部を渡り博多浜に入る口であったと思われる。菊池勢はここに軍を留め体制を整えた。

さて、この記事には、松原口、櫛田浜口という博多の入り口は見えるが、木戸を暗示する記事はなく、防戦も行われていない。それどころか、菊池勢は、ほとんど自由に博多に出入りしているように見える。おそらく何の境界施設もなかったのであろう。また、松原口に攻め寄せる前に、菊池軍はいったん博多の外に出たと思われるが、その箇所にはなんら口に関する記述はない。前述したように博多浜の内陸寄り砂丘は、そのまま北東に続いていたもので、おそらく菊池勢は聖福寺北側から聖福寺裏手に出て松原に入り、松原口に転進してきたものと思われる。そこには、境界としての施設・装置は持たないものの、口として認識された場所とされないところがあったことを示している。おそらく、道が通じているところが口として認識されたのではないだろうか。

応永二十七年（一四二〇）朝鮮王朝の廷臣、宋希璟が来日した。前年に起きた朝鮮軍の対馬侵攻、いわゆる応永の外寇の戦後交渉のために来日した宋希璟は、朝鮮から京都までの往復を克明に記した(『老松堂日本行録』)。博多に関するくだりを見よう。

四日(三月)置楼船、乗小舟入朴加大　是日早朝自志賀島至朴加大、下船、(略)　作門朴加大「本」無城、岐路皆虚夜夜賊起殺人、無追捕之者、今予之来、探題為我懼此寇、使代官伊東殿、「於」里巷岐路皆作門、夜則閉之、(略)

博多(＝朴加大)に入る(上陸する)には、博多沖の志賀島に外洋船を停泊し、艀で博多湾を横断して港に入っている。これは、博多湾が都市博多の北の境界であったことを物語っている(当時の住民に境界として認識されていたか否かは別である)。さらに、博多の町には城壁がなかったことを述べている。つづいて、博多の里巷は無防備で賊が人を殺害しても取り締まるものすらいないことを述べ、九州探題渋川義俊が、宋希璟らの警護のため、辻々に門を設け夜にはこれを閉ざしたことを記している。この場合の門は都市博多の内部に作られた門で、境界をなす門とは異なる。十五世紀に入っても、博多の境界を閉ざす装置は設けられていなかったことがわかる。

十六世紀半ばになると、門に関する記述が現れる。『朝鮮王朝実録』明宗八年(一五五三)六月壬寅条には倭寇の嫌疑で捕縛された倭人の供述として、

吾等居于博多州東門外、退計数年間、唐人百余名、率妻子、来于博多州、或借家、或造家、或娶倭女、居生、今二月十二日、唐人十名及吾等三十八人、一時乗船、(略)

ここには「東門」が出てくる。東門外に居すという表現から、門が博多の内と外を隔てる明瞭な表象として機能していたことが看取される。

永禄二年(一五五九)、博多は筑紫惟門によって攻め落とされた。この事件を記した『イエズス会士日本通信』の「一五五九年十一月一日付、パードレ・バルテザル・ガゴが府内よりインドの耶蘇会のイルマン等に贈りし書簡」に

は、「市の門は閉ざされ警衛され」とあり、ルイス・フロイス『日本史』第十八章には「市の門は閉鎖され、門番が配置されていた」と出てくる。明らかに防御性を持つ、閉塞可能な門が作られていたことがわかる。

時期的な近さから、『朝鮮王朝実録』明宗八年の博多州東門も、同様に閉鎖可能な防御的な門であったとみて大過ないだろう。とすると東門外に居住するということは、単に居住区が門の外だったというに留まらず、守られた門内と防御の対象に含まれない門外、という対比が可能となる。

十六世紀中頃には、博多の南辺に房州堀が、東辺に石堂川が開鑿されたとされる［堀本 一九九七、佐伯・小林 一九九八、田上 二〇〇八］。これは、博多の南東で西に大きく蛇行していた比恵川をまっすぐに付け替え、比恵川の旧河道部分を堀として整えたもので、一連の工事といえる。施工の時期は明らかではないが、上述した永禄二年の筑紫惟門の博多攻略が、直接の契機となった可能性が指摘されている［堀本 一九九七］。

房州堀と石堂川によって、博多の人工的な境界施設が完成したといえる。特に石堂川の開鑿が、博多浜から北東に伸びる砂丘を切断したことに注目する必要があるだろう。十一世紀後半の百堂以来博多の東の境界と認識されながら遮蔽的な境界施設をもたなかったところに、防御的な境界がひかれたのである。房州堀と石堂川は、近世福岡城下町としての博多に引き継がれることになる。

まとめ

博多の都市空間の出現は、十一世紀後半、宋商人の住蕃による博多津唐房の成立と関連したものであった。博多の境界を形作っていたのは、北は博多湾、南は比恵川、西は河口部の後背湿地、東は砂丘続きではあったが宋人墓地が営まれ（百堂）、都市の東縁辺を画していた。十二世紀末から十三世紀中頃には、宋人墓地付近には聖福寺・承天寺などの禅刹が並び、寺院背後の築地塀がそのまま都市の縁辺となっていた。

十三世紀後半、元の襲来を契機として、息浜に石塁が築かれた。外寇の恐怖は、その後二〇〇年近く、市街の石塁以北への拡大を阻むことになる。こうして、外に対する備えとして築かれた元寇防塁は、都市博多の北を限る境界装置としても存在したのである。しかし、石塁を築いた意識としては、あくまで外寇に対する備えであり、都市の境界を画する意図はまったくなかったに違いない。

元寇に対処するため、博多には鎮西探題が設置された。十四世紀初頭頃に博多浜で実施された街路整備とそれによる街区の創出は、鎮西探題による都市政策の一環と考えられる。おそらく、その一部として、博多に「口」と呼ばれる出入り口が設定されたのではなかろうか。しかし、松原口や櫛田浜口が閉塞された形跡はなく、防御的に機能したとは考えにくい。

博多に都市を囲む城壁や門がない状態は、十五世紀前半までは続いたことが確認できる。しかし、十六世紀中頃にはすでに門が作られ、兵事が出来すれば閉塞し警備されたことが史料にみえる。門は、おそらく塀や柵につながったものではなく、釘抜きのような門が単体で立てられたにすぎないであろうが、兵事に際して閉鎖・警備されており、防御的な役割を期待されたものといえる。

十六世紀中頃、房州堀と石堂川の開鑿が行われた。博多の領域をきっちりと目に見える形で区画したのは、この門と石堂川・房州堀の開鑿であった。これにより、豊後大友氏の支配のもと、博多は目に見えて実体を伴った境界、境界を明示する装置を持つに至ったのである。

註

（1）都市内部の区画については、堀本［二〇一〇］に詳しい。

（2）博多遺跡群の考古学的成果に関しては、福岡市教育委員会から年次ごとに発掘調査報告書が刊行されているほか、田上［二〇〇六］、大庭・佐伯・菅波・田上編［二〇〇八］、大庭［二〇〇九］が最新の成果を取り入れたものとしてあげられる。

（3）『鎌倉遺文』七九六には、引用文一行目の「也」から二行目の「偏」までの一六文字がもれている。よって引用にあたっては林［一九九四］によった。

（4）博多の街区復元については、堀本［二〇一〇］で整理されている。参照されたい。なお、最新の詳細な検討としては、本田［二〇〇六・二〇〇八］があげられる。

（5）Ⅱ第二章註（2）参照。

（6）『博多日記』は、角川文庫『太平記（一）』（岡見正雄校注、角川書店、一九七五年）や『太宰府・太宰府天満宮史料』巻十（竹内理三編纂、太宰府天満宮、一九七六年）、『続々群書類従』第三（国書刊行会編纂、続群書類従刊行会、一九七〇年。ただし楠木合戦注文として収録）などがあるが、誤記・誤植があるという。ここでは川添昭二編『鎮西探題史料集』（下、一九六五年）によった。なお、『博多日記』と発掘調査成果との対照を試みたものとして、大庭［二〇〇八］がある。

第二章　聖福寺前一丁目2番地——中世後期博多における街区の研究——

はじめに

中世都市博多の空間構造や都市景観の復元は、いまだ端緒に着いたばかりで、具体的な成果を上げるに至っていない。その原因としては、中世にさかのぼることができる古地図や町並みを示すような文字資料がほとんど残されていないこと、考古学の発掘成果では、調査地点に偏りがあって都市領域内の全体的な様子を推定できるに至っていないことなどがあげられる。しかし、発掘調査地点の偏りは、同時に調査密度の濃い地域をも作り出した。

本章で取り上げるのは、そうした地域の一つであり、発掘調査で検出した道路によってひとつの街区がほぼ確定できた部分についてである。概要報告書の形で調査成果が公表されており、不十分とは言え、検討が可能な街区である。小範囲での作業から、その成果を全体に敷衍することは無茶と言わなくてはならないが、限られた資料の中から失われた中世都市博多を甦らせる基礎作業の一つとして、あるいはテストケースとしてあえて試みる次第である。

なお、後述するが、この街区は、鎌倉時代前半に建立された聖福寺の寺域とは道路を隔ててすぐ前面に位置し、聖福寺総門からは、北西に二番目の街区にあたる。本章の表題の所以である。

1　研究史の整理

中世の博多の姿を描こうという試みは、近世にさかのぼるようで、江戸時代には数種の「博多古図」が作られた。中世の所産とされてきたこれらが、実は江戸時代中期をさかのぼらないことを看破したのは中山平次郎氏であった［中山 一九八四Ｂ］。中山氏によれば、最も古いと考えうる「博多古図」でも貝原益軒の『筑前国続風土記』（宝永七年＝一七一〇）の影響を受けたものという。こうして、「博多古図」なるものの信憑性が否定されたのだが、それは同時に中世博多の景観を示す手がかりを失うことでもあった。

その後、埋蔵文化財の発掘調査が始まるまで、博多の景観復元の試みは、鏡山猛氏の聖福寺寺中町に関する研究を除けば、行われなかった。鏡山氏の研究は、聖福寺の寺中町の徴税台帳である「安山借家牒」（天文十二年＝一五四三）と、ほぼ同時期のものとされる「聖福寺古図」とから、聖福寺北西に展開した寺中町の復元を試みたものである［鏡山 一九七一・七二］（寺中町という呼称については本書Ⅱ第四章二〇七頁を参照）。

一九七七年には、福岡市営地下鉄の建設に伴う発掘調査が始まり、博多の遺跡に初めて考古学のメスが入った。その後の調査によって、数本の道路遺構や、街区の方向を反映したと見られる溝遺構・建物遺構など町割りを示す数々の遺構が発見された。

池崎譲二氏は、一九八八年にそれまでの発掘調査から町割りの変遷をまとめている［池崎 一九八八］。すなわち、奈良時代に博多浜南部に東西・南北を示す溝による区画が出現、何らかの官衙が置かれた可能性が考えられる。これらの溝は、遅くとも十四世紀前半には、完全に埋没する。博多浜の北部には、十二世紀前半までは明確な区画はみられない一方で、遺物に関していえば、博多浜南側に比べて質・量ともに勝るとも劣らないものがあり、この部分が官人等の居宅や種々の作業スペースであったとする。十二世紀初頭には、博多浜と息浜の間が陸橋状に埋め立てられ、十二世紀後半には、この陸橋付近から現在の町筋に近い基軸が生まれる。この基軸は十三世紀末にかなり具体化し、十四世紀前半に確立したという。現在の町筋とは一三〜二〇度程振れたこの町割りは、天正十四年（一五八六）筑前に侵攻した薩摩の島津軍による博多焼き打ちによって廃絶する（本書終章参照）。焦土と化した博多を復興したのは、翌年島津氏を追って九州を平定した豊臣秀吉であり、この復興がいわゆる太閤町割りである。この町割りが近世以後の博多を形作っており、現在に引き継がれている。池崎氏によって示されたこの変遷案は、大枠として現在も支持しうるものである。

また、発掘調査の進展によって、博多遺跡群の基盤が、博多湾にそって形成された大きくは三列の砂丘からなることがわかった。最も海側の砂丘が息浜、内陸側の二列が博多浜にあたる。この旧地形の復元、さらに歴史時代を通しての息浜の海岸線の前進（＝都市の海側への拡大）の復元に関しては、地質学・自然地理学・歴史地理学・文献史学・考古学などからの学際的研究を試みた、遺跡立地研究会の成果によるところが大きい［磯・下山・大庭・池崎・小林・佐伯 一九九一・一九九八］。

一九八九年、宮本雅明氏は、中世後期から近世への移行期の博多について論文を発表した［宮本・山路 一九八九A・B、宮本 一九八九A〜D］。宮本氏の論は、近世町割りを造り上げた太閤町割りの検討から、発掘調査で検出された道路や溝の遺構を取り込んでの中世の都市空間の解明へと進み、また、「安山借家牒」と「聖福寺古図」から聖福寺寺中町の復元にまで切り込んだダイナミックなものであった。その論点は多岐にわたるが、ここでは、次の点を確認しておきたい。すなわち、宮本氏によれば、中世後期の博多の町は、聖福寺・承天寺・櫛田神社などの諸神社仏閣を核とする町屋の複合体であった。太閤町割りは、町屋をこれらの神社仏閣から切り離し、再編成したもので、都市空間の歴史的展開が、神仏から天下人へと遷移して行く様が読み取れるとした。宮本氏の論は、それまで停滞していた博多の都市景観の復元を、構造的な観点から大きく前進させた点でまさに画期的であり、発掘調査の担当者が見過ごしていた、検出遺構が地点ごとに若干方位を異にしている事実を指摘し、それを神社仏閣の門前町の指標とした点で、衝撃的でもあった。

しかし、その後の発掘調査は、必ずしも宮本氏の論を補強するものとはなっていない。検出された道路遺構からは、中世博多の町割りが雑然としたものであったことが明らかとなり、おそらく旧地形の複雑さを反映したものであろうと考えるに至った［大庭 一九九二A］。神社仏閣といえども、地点ごとにみれば、その地形の上に乗ったものにほかならず、町屋の遺構が寺社の縁起よりもさかのぼる例も考えられ、必ずしも神社仏閣が町屋形成の核になったとは言えないのが現状である。しかし、だからといって、中世末の段階に限れば、神社仏閣が門前の町屋の核として機能し、博多の町を構成していたという可能性は否定できない。宮本氏の論を肯定的にせよ否定的にせよ、いかに継承し発展させるかが、当面の論点のひとつであると言える、そして、それに際しては、発掘調査から得られる断片的な情報をどこまで取り込むことができるかが、鍵となろう(1)。

2　中世後期博多の街区の復元

本題にはいる前哨として、中世後期おおむね十四世紀から十六世紀までの博多における街区について概観しておく（図1）［池崎 一九八八、大庭 一九九二A］。

博多に街区と呼べるものが出現したのは、八世紀頃、砂丘Ⅰにおいてであった。これは東西・南北を指す溝によるもので、官衙にかかわるものと推測されている。砂丘Ⅰの地域では、この区画に規制された溝・建物が、十三世紀代までは作られたようである。溝は十四世紀前半に埋没する。砂丘Ⅱにおいては、八世紀代すでに生活の遺構は知られ

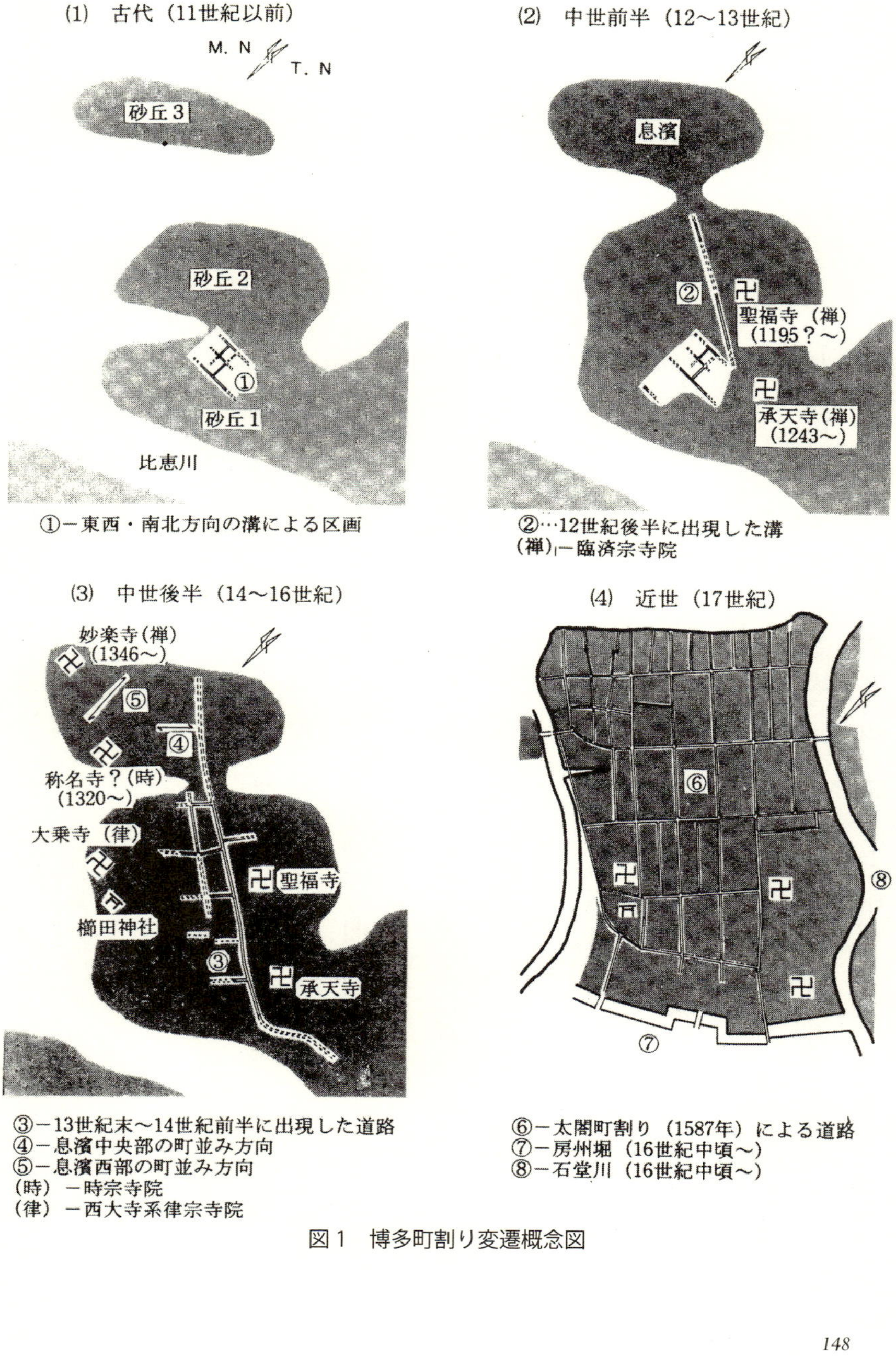

(1)　古代（11世紀以前）
M. N
T. N
砂丘3
砂丘2
①
砂丘1
比恵川
①－東西・南北方向の溝による区画
(2)　中世前半（12～13世紀）
息濱
②
聖福寺（禅）
（1195？～）
承天寺（禅）
（1243～）
②…12世紀後半に出現した溝
（禅）－臨済宗寺院
(3)　中世後半（14～16世紀）
妙楽寺（禅）
（1346～）
⑤
④
称名寺？（時）
（1320～）
大乗寺（律）
聖福寺
櫛田神社
③
承天寺
③－13世紀末～14世紀前半に出現した道路
④－息濱中央部の町並み方向
⑤－息濱西部の町並み方向
（時）－時宗寺院
（律）－西大寺系律宗寺院
(4)　近世（17世紀）
⑥
⑧
⑦
⑥－太閤町割り（1587年）による道路
⑦－房州堀（16世紀中頃～）
⑧－石堂川（16世紀中頃～）

図1　博多町割り変遷概念図

るが、何ら区画を伴ってはいない。十二世紀初頭、砂丘Ⅱと砂丘Ⅲを隔てた低地の一部が、陸橋状に埋め立てられる。これに先だって、砂丘Ⅲにおいても生活が始まるが、未だ小規模な営みに留まっていた。十二世紀前半には、この陸橋部に南北方向を指す溝が作られている。

十二世紀後半、砂丘Ⅱの中央を縦断して、北西―南東方向の溝が出現した。この溝が町割りの一部をなす溝にあたるのか否か、現時点では明らかではない。しかし、延長四五〇メートル以上に及ぶことを考えれば、いかなる形にせよ、町を区画していることにはまちがいない。そして、十三世紀末頃この溝に重複して、メインストリートとも呼ぶべき基幹道路が作られる。

さらに、十四世紀初め頃には、この基幹道路に平行する道路や、交わる道路(支線道路)が一斉に整備された。砂丘Ⅰにおいても基幹道路の延長や支線道路が検出されており、この時点で博多の全体的な道路整備がなされたものと考えられる。ただし、この道路整備は、博多全体を統一的に区画したものではなかった。支線道路は、基幹道路に交わっても、必ずしもまっすぐに反対側に抜けず、十字路の体をなしていなかった。また、直交もしていない。基幹道路自体、直線ではなく、わずかずつ左右に振りながら伸びていた。

砂丘Ⅲでは、まだ道路は検出されていないが(2)、砂丘Ⅲ西部の第四六次・五五次・七八次調査では、十四〜十六世紀において南北・東西方向の溝・建物が営まれているのに対し、中部の第四二次・六〇次調査では、南西―北東・北西―南東方向が取られている(3)。こういう雑然とした状況は、基盤となっている砂丘の微地形に対応したもののようで、以前から自然発生的にできていた町場の道や建物の方向性などを取り込んで行われた道路整備であったことを示している。この中世後期の町割りは、十六世紀末まで、嵩上げを繰り返しながらも続き、前述した太閤町割りによる近世町割りの創出によって廃絶する。

こうして推定復元しえた十四世紀以降の街区からは、聖福寺前面の基幹道路にそって、不揃いながらも長方形の街区が並んでいた様子がうかがえる。その一部を図6に示す。このうち、第二六次・第三五次・第六二次調査地点を結ぶのが基幹道路で、中世後期には、聖福寺・承天寺の前面を画していた道路である。第六二次調査の支線道路は、現在の聖福寺の総門から南西にのびる道路であり、まっすぐに延長すれば、櫛田神社に至る。おそらく、聖福寺と櫛田神社とを結んで賑わった道路であろう。第七四次調査の支線道路は、少なくとも十六世紀には、聖福寺の寺中町を通っていた道路である。本稿では、これらの街区に対して現代風の表示を付け、第六二次調査支線道路の北にならぶ区画を順に「聖福寺前一丁目1番地」・「同2番地」と呼ぶことにしたい(4)。

3　「聖福寺前一丁目2番地」前史（図2〜5）

この地点で最もさかのぼる遺構は、第三五次調査で検出された七世紀後半の竪穴住居跡である。八世紀になると遺構の検出例は増加し、密度が濃いとは言えないまでもまんべんなく見られるほどになっている。この状態は、おおむね十一世紀代まで続く。この時期について看過できないのは、官衙関係遺物の多さである。八世紀後半から九世紀前半にかかる須恵器・土師器には墨書が見られ、築港線関係第二次調査八九号井戸からは「長官」と書かれた須恵器蓋片が出土した。須恵器の円面硯も数点出土している。大宰府の津厨と推定されている海の中道遺跡で出土するのと同じ、内面に絹目圧痕を持つ焼塩壺も多く出土した。また、官人の腰を飾った銙帯・石帯の類もみられる。皇朝銭の出土も知られており、築港線関係第二次調査地点では和同開珎二点、第三九次調査地点では延喜通寳二点が出土した。九〜十一世紀の越州窯系青磁の出土点数も多く、築港線関係第二次調査では五六四㎡で二二四点、第三九次調査では六一二㎡で一五六点が出土した。博多浜南側の地下鉄関係A・B区調査では六四四㎡で七点、祇園駅出入口2・3調査では四三四・五㎡で一三点にとどまったことを見ると、多量の出土といっても差し支えないだろう。聖福寺前一丁

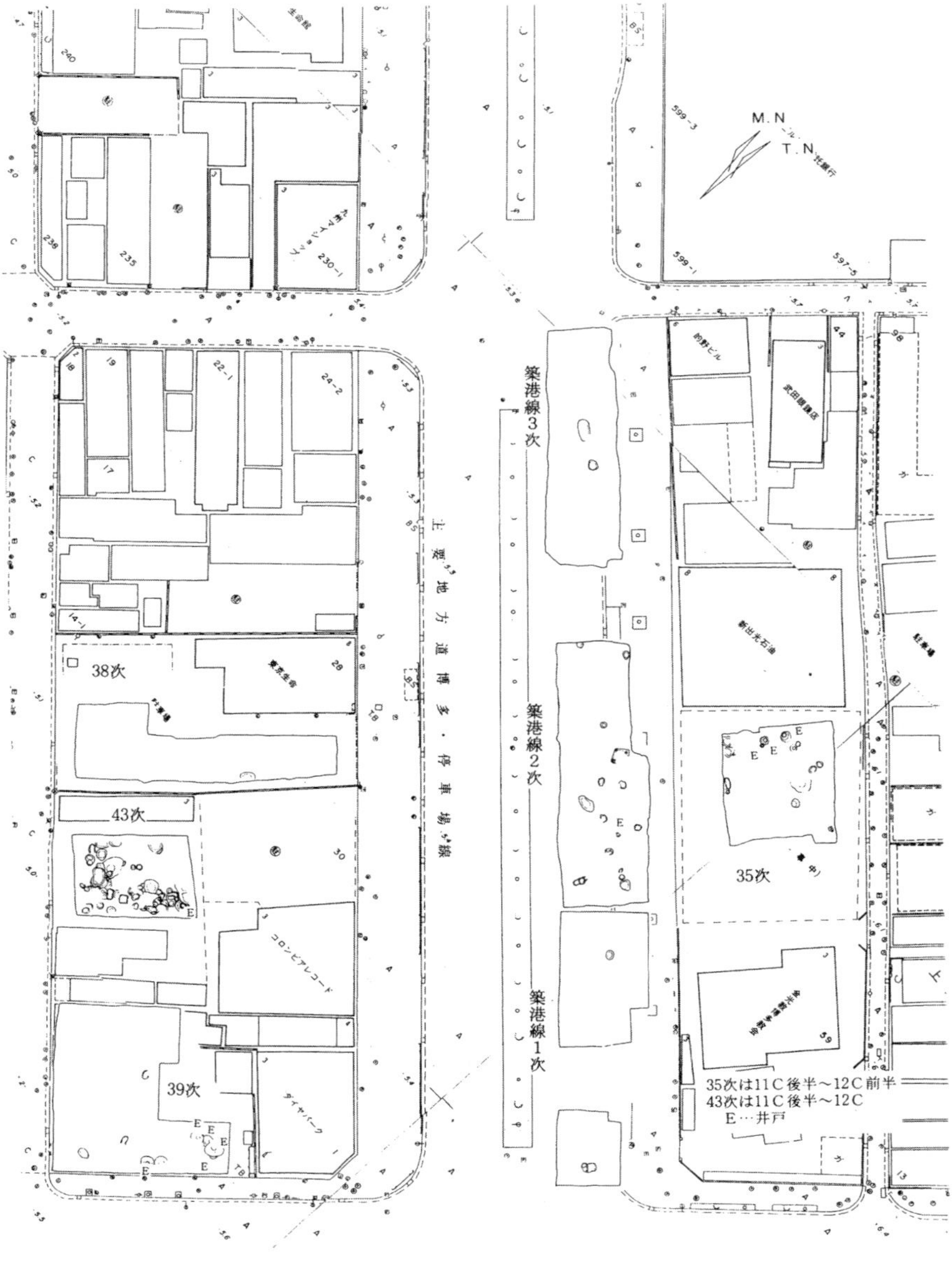

図２　11世紀後半代遺構分布図

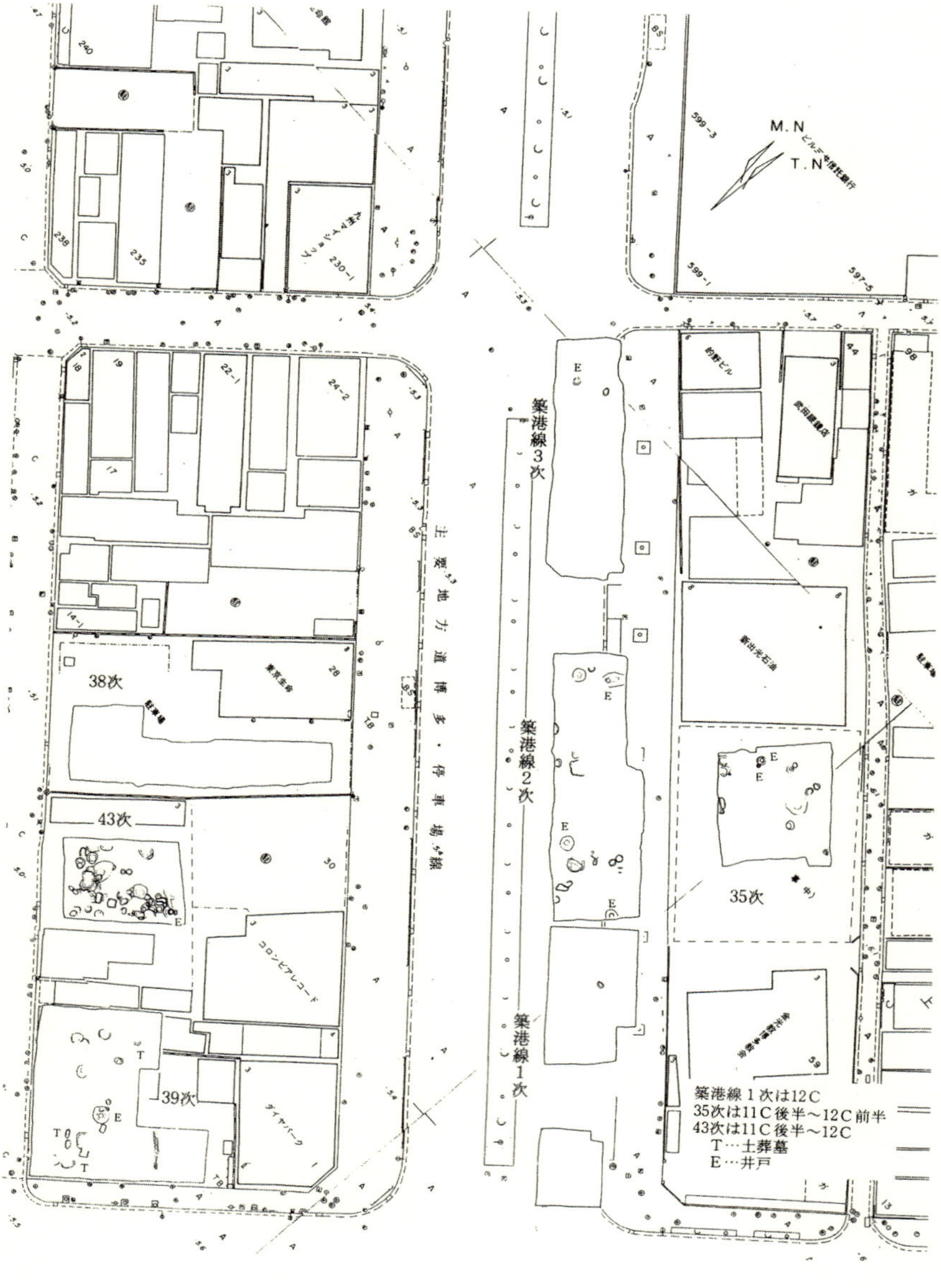

図３　12世紀前半代遺構分布図

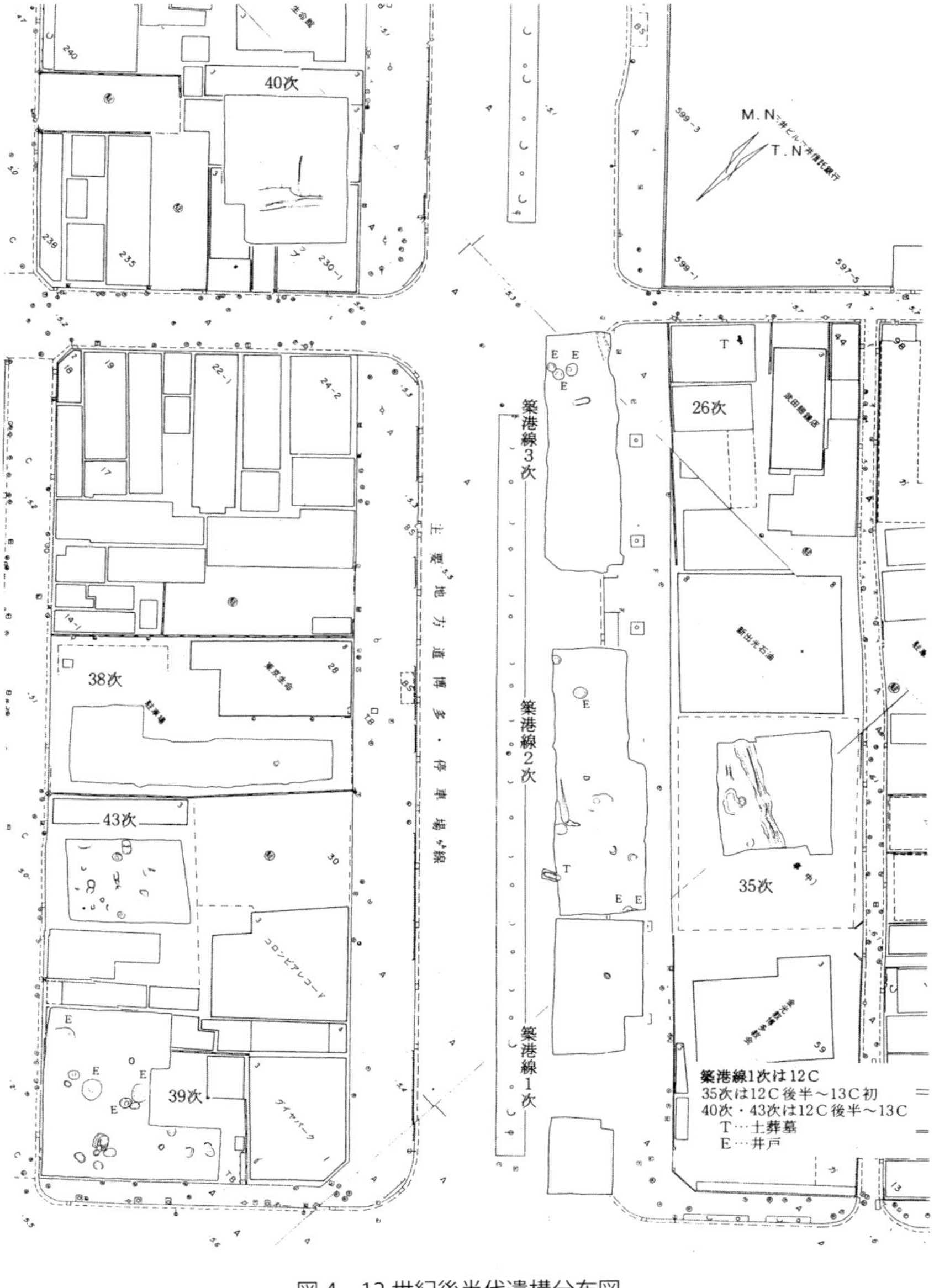

図4　12世紀後半代遺構分布図

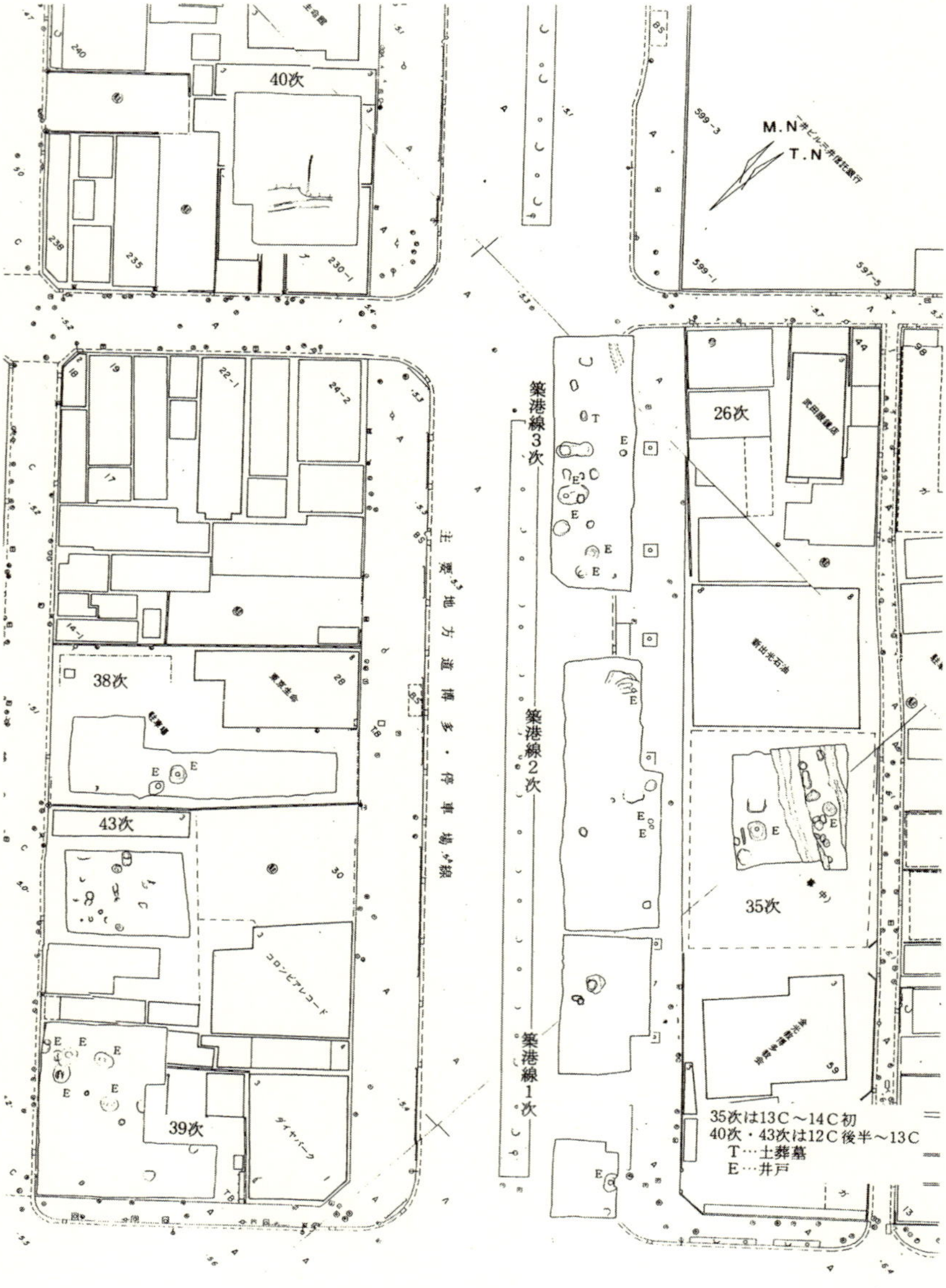

図５　13 世紀代遺構分布図

目2番地付近では、古代までは溝などによる明瞭な区画は認められない。それにもかかわらず、官衙関係の遺物の出土量は比較的多く、同時期にすでに東西・南北の溝による区画を持つ博多浜南部の地域(砂丘Ⅰ)と好対称をなしている。池崎譲二氏は、この状況を説明して、博多浜南部に官衙を想定し、北部は官人の居住地および種々の工房があったものとした[池崎 一九八八]。佐藤一郎氏は、これに対し「工房跡等の生産に関する遺構の検出は今のところない」として、石帯の法量が小さい点から、「下位の官人の居住域としての性格を併せ持った官衙、あるいは下位の官人の居住域」とした[佐藤 一九九二]。いずれにしても、博多に律令官人の存在があったことは否めないであろう。(5)

さて、前述したように、古代の遺構分布は、博多浜の砂丘のうちに収まっていた。聖福寺前一丁目2番地は、古代の遺構分布の北限にもあたっている。すなわち、築港線関係第三次調査地点では、調査区のちょうど中程で砂丘の落ち込みが検出され、この五メートルほど内側から、八世紀末頃の地鎮遺構が検出された。同様の地鎮遺構は、第三五次調査でも検出されており、遺構が砂丘端近くにまで及んでいたことを示している。

砂丘の北限については、第四〇次調査地点では砂丘は検出できなかったが、これと道路一本を隔てた南東側の試掘調査地点では砂丘が見つかっており、この両地点の間に砂丘の落ちがあることが推定された。築港線関係第三次調査地点では、落ち込みが埋め立てられた上に十一世紀後半から十二世紀前半の遺構が、第四〇次調査地点では十二世紀後半の遺構が営まれている状況が判明した。これは、博多浜と息浜の間が十二世紀初め頃、陸橋状に埋め立てられたのと一連の現象であり、それぞれ十一世紀後半頃、十二世紀前半頃に人為的な埋め立てが行われ、生活域を拡大したことを示している。

十一世紀後半から十三世紀前半は、遺構・遺物ともに最も多い時代である。井戸の作り替えも激しく、かなり高密度な生活が営まれていたことをうかがわせる。また、土壙墓・木棺墓などのいわゆる土葬墓が見られるのもこの時期の特徴である。ところで、これら土葬墓は、決して密集せず、すなわち墓地を作らず、言わば屋敷墓的なあり方を示している。副葬品などから福岡平野周辺の村落遺跡の土葬墓と比較すると、両者はほぼ共通しており、博多における土葬墓の経営主体を、村落の有力名主程度の階層にあてることができる。とすれば、土葬墓が営まれた地点というのは、有力名主に相当するような階層、おそらく船主クラスの屋敷が造られた地点ということができるのかもしれない［大庭 一九九二C］。

築港線関係第二次・三次調査地点・第二六次調査地点では、十一世紀後半から十二世紀前半にかけて、河内国で生産された楠葉型瓦器碗が多く出土している。ちなみに、築港線関係三次調査地点では、出土した瓦器碗の三九・一％がこの時期の楠葉型瓦器であった。この比率は、各地で出土している楠葉型I期の中では最も多く、橋本久和氏は、「政治的な畿内中央部との結びつきだけではなく、経済的な結びつきを考えさせる」とした［橋本 一九九二］。楠葉型瓦器は、摂関家の楠葉牧で生産されたもので、このあたりに、摂関家とのつながりを持つ人物（＝商人？）が存在した可能性が想定できる。(6)

十二世紀後半頃、後の街区の先駆けともなる溝が出現し、十三世紀後半まで続く。第三五次調査・第六二次調査・第四五次調査地点をつないで検出されたこの溝は、延長四〇〇メートルにおよぶ。築港線第三次調査第七面において検出した溝は、遺物を持たず、時期が決められなかった。しかし、上層の遺構が、十四世紀後半であること、十三世紀後半〜十四世紀前半の遺構検出面よりも層位的に下位で検出されたことを見ると、十二世紀後半から十三世紀前半にあたるものと考えられる。そこで、この溝を第三五次調査などの溝につながるものとすれば、その総延長は四五〇メートルを優に越えるものとなる。(7)

現在のところ、これに交差する同時期の溝は見つかっておらず、街区を形成したとみなすことはできない。しかし、その長さは砂丘IIをほぼ縦断しており、結果的には町場を区画していたことはまちがいない。十三世紀末から十四世紀初め頃、この溝に重複して博多浜を縦貫する基幹道路が通されたことは、道路による区画の萌芽が、この十二世

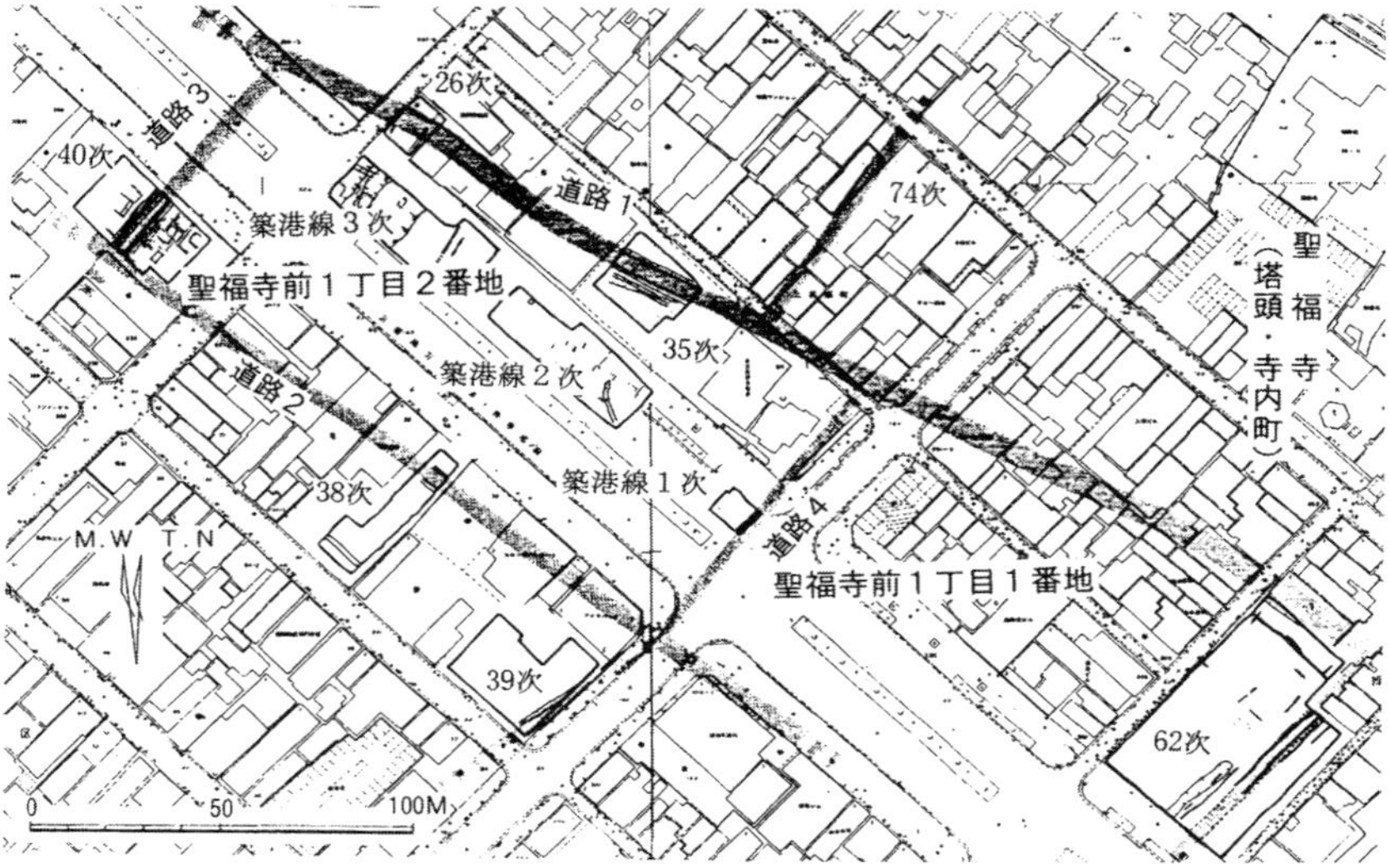

図６　聖福寺前１丁目街区復元図

紀後半の溝に求められることを示すものといえよう。そして、遅くとも十四世紀初めには基幹道路から分岐する支線道路が造られ、博多に街区と呼べるものが出現するのである。

4　聖福寺前一丁目2番地

聖福寺前一丁目2番地は、北東の長辺を第三五次調査の基幹道路、南西の長辺を第三八次調査・第四〇次調査の道路、北西の短辺を第四〇次調査の道路、南東の短辺を築港線第一次調査の瓦敷道路で区画された長方形の街区である。これらの道路を、今仮に道路1・道路2・道路3・道路4とする（図6）。

道路1は、前述したとおり、博多浜を縦貫する基幹道路である。両側に側溝をもち、道幅は、側溝の内側で、約四・八メートルをはかる。十三世紀末から十四世紀初め頃に造られ、十六世紀末まで存続する。道路側溝は、N—六〇度—WからN—六七度—Wまでかなりのバラツキをもって造り直されている。また、それに伴って道路幅の変動もあったと思われるが、その具体的様相は報告されていない。

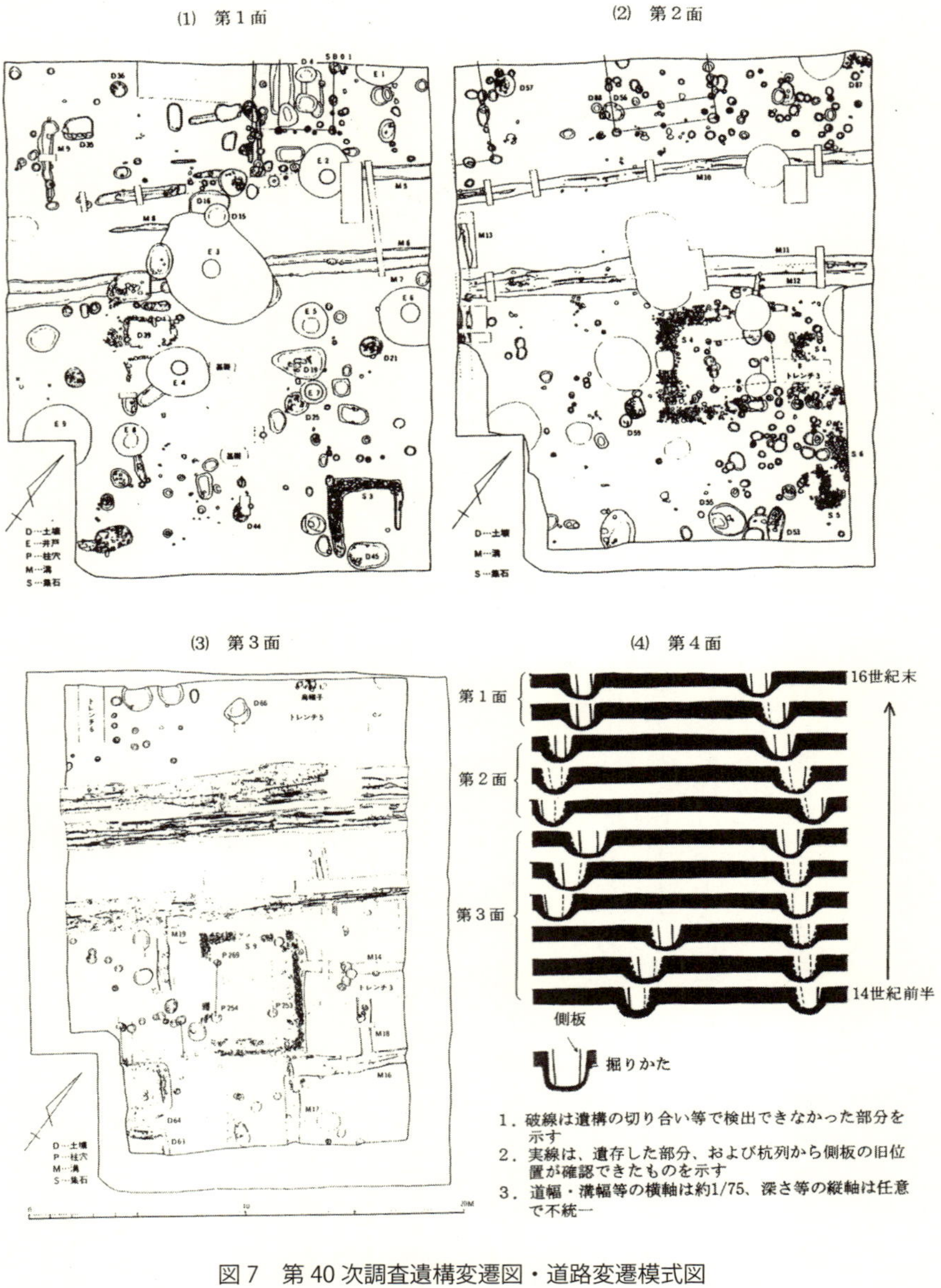

図7　第40次調査遺構変遷図・道路変遷模式図

道路2は、道路1にほぼ平行する道路である。第四〇次調査で東側側溝の一部が、第三八次調査で平行する二本の側溝が検出された。第四〇次調査の側溝は、板を立て杭で押さえていたが、第三八次調査のそれは、素掘りであった。第四〇次調査地点は、前述したように十二世紀の埋め立て地の上にあたり、土に湿気が強く締まっていなかった。それに対し、第三八次調査地点は砂丘上にあたり、第三八次調査地点に比べればはるかに乾燥している立地である。こうした土地条件の違いを反映して、一本の溝であっても異なる構造を取ったものであろう。

道幅は、第三八次調査地点で約四・五メートルをはかる。第四〇次調査の溝は十五世紀、第三八次調査では十四世紀から十六世紀にあてられている。

道路3は、第四〇次調査で検出された、両側に側溝を持つ道幅三・八〜五・四メートルの道幅である。道路3では、時代とともに側溝を掘り直し、道を造り直している様が明らかとなった(図7―⑷)。すなわち、道路が造られた十四世紀前半頃、道幅は三・八メートルにすぎなかった。側溝は、網代に組んだ板を立てて杭で押さえていた。

しかし、前述したように第四〇次調査地点は軟弱地盤のため、側溝が埋まるのも早かったようで、すぐに掘り直しをしなくてはならなかった。溝の掘り直しは、道路に食い込んでなされた。つまり、溝を修築することによって、道幅は次第に食われていったのである。この段階で、まず側板の構造が、網代組から横長の板を立てて杭で押さえるものに変化した。やがて、十四世紀のうちに道は北側に拡幅され、道幅五・四メートルとなる。しかし、せっかく造り直された道路も、住民の心無い行為で、すぐに浸食されてしまう。側溝の側板を抜き取ってしまうのである。おそらく、家屋の補修にでも転用したのであろう。この結果、側板を押さえていた杭だけが残り、溝はすぐに埋まってしまう。そして、側溝の掘り直しが必要となる。掘り直しは、またも道路に食い込んで行われ、作り直された溝の側板も、盗難を免れることはなかった。

以後、溝の掘り直し↓側板の抜き取り↓溝の埋没↓溝の掘り直しを繰り返し、やがて道幅が狭くなると、道路そのものを造り直す。そしてまた、これを繰り返すのである。こうして、十六世紀末まで道路は存続していく。なお、各時期を通じて道路面は軟弱で、度々整地し均されているものの、硬化面はまったく見られない。道路面上でも有機質遺物が良好に遺存していたほどで、湿気の強い土質であった。おそらく、雨が降れば、ズブズブにぬかるんだ悪路だったに違いない。

道路4は、築港線第一次調査で検出された瓦敷道路である。調査区の南辺で見つかったため、道幅は確認できていない。十四世紀前半に通された道路で、報告者である池崎譲二氏によれば、十五・十六世紀には一時廃絶し、十六世紀末の太閤町割りによって、再び道路が造られたという［福岡市教委 一九八八B］。しかし、太閤町割りの道路はこの地点には通されておらず、太閤町割り以前の街区にかかわる道路と考えるべきであろう。したがって、十五・十六世紀代の道路が検出されなかった点については、道路が作り直しによって調査区外に振れてしまっていたためと見て、道路4は十四世紀前半から十六世紀末まで継続したものと考えたい。

こうして得られた聖福寺前一丁目2番地は、道路1に面して一六〇メートル前後、道路2に面して一七六メートル前後、道路3に面して六五メートル前後、道路4に面して八〇メートル前後のいびつな長方形を呈する街区であった。この街区は、十四世紀初めには成立、十六世紀末までほぼ形を変えずに継続したのである。

次に、聖福寺前一丁目2番地における遺構の変遷についてみたい。ただし、以下に関しては、報告書ごとに時期の記述の仕方に違いがあり、必ずしも同時に存在した遺構を抽出できるわけではない。したがって、時期の取り方も、大まかにならざるをえないことをあらかじめ断っておく。

①十四世紀（図8）　第四〇次調査第三面検出の遺構は、十四世紀に限られる（図7―⑶）。ここでは、道路3に面して、土蔵の基礎と考えられる集石列と、これに取り付く排水溝が調査された。集石列の内側には柱穴が配されており、この柱を屋内構造の支えと見れば、二階蔵を想定してよいのかもしれない。蔵の南西に接して、一間×一間（一・六

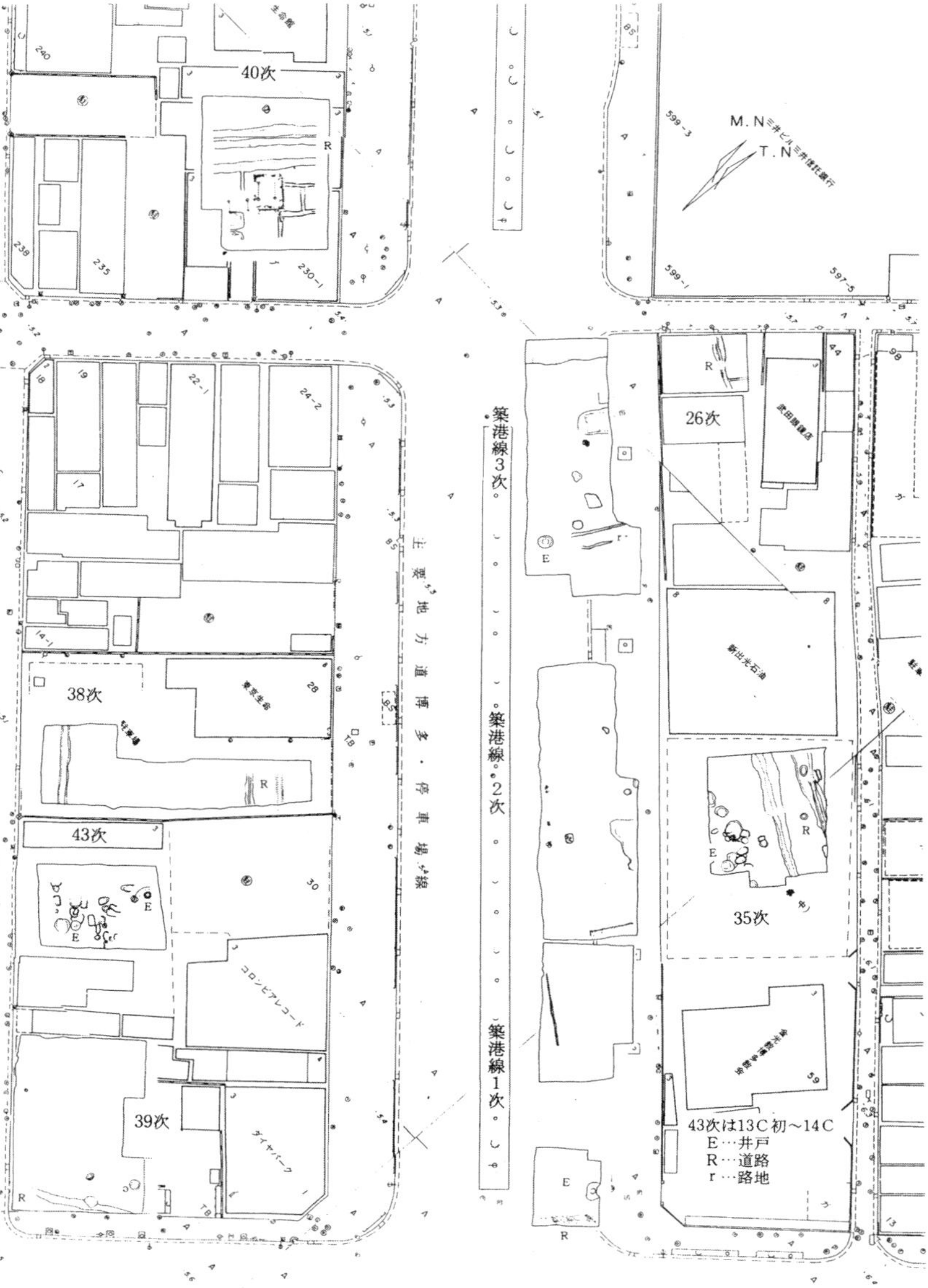

図８　14世紀代遺構分布図

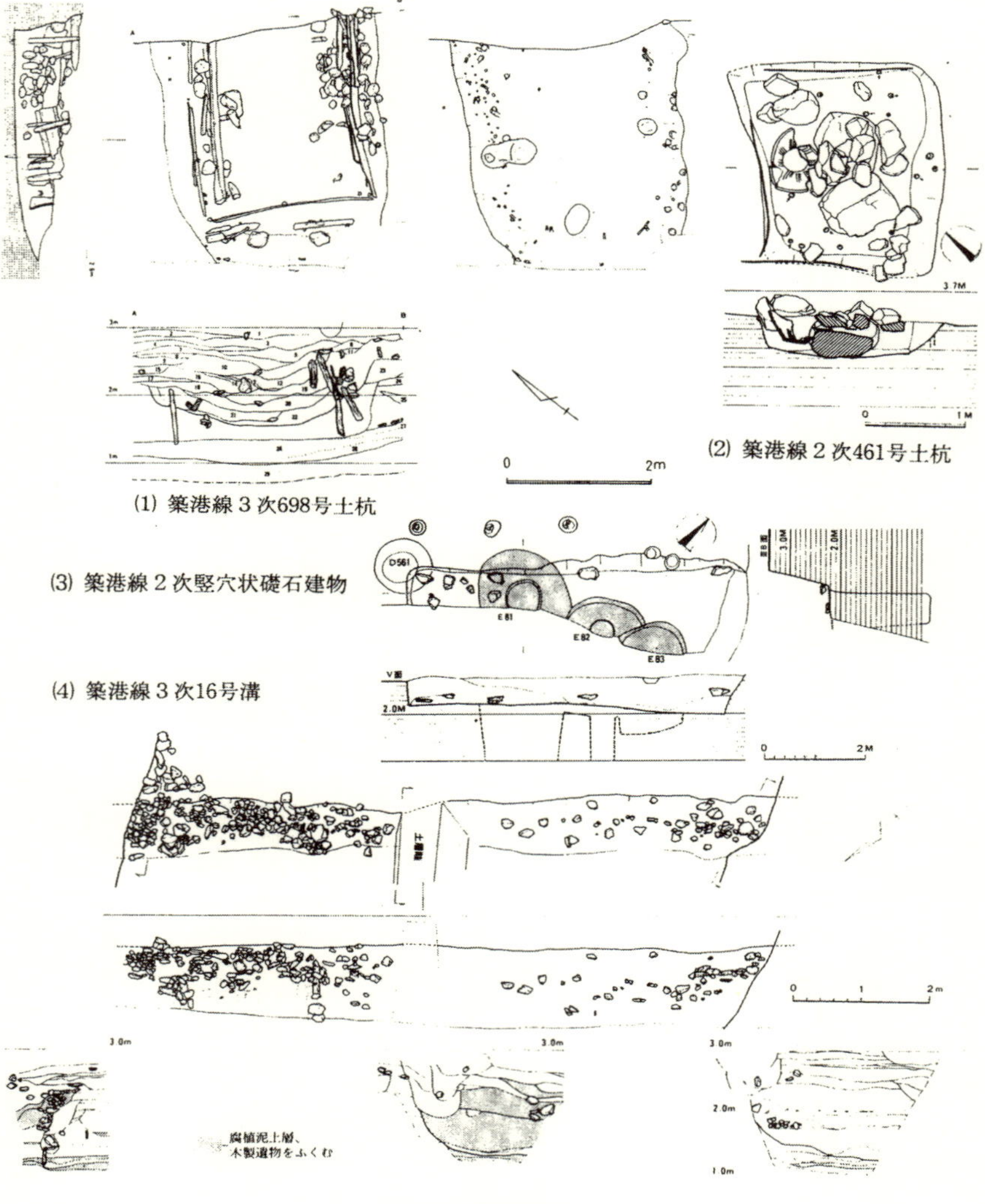
(1) 築港線３次698号土杭
(2) 築港線２次461号土杭
(3) 築港線２次竪穴状礎石建物
(4) 築港線３次16号溝
腐植泥土層、
木製遺物をふくむ

図９　遺構実測図

×二・八メートル）の掘立柱建物がある。集石は、ちょうどこの位置で途切れており、蔵に付設された入口と考えられる。なお、この建物の南側には、溜枡が造られている。

第二六次調査検出二号溝は、道路１の側溝にあたる。残念ながら反対側の側溝は検出し得なかった。二号溝には、北東から小溝が取り付く。小溝の底のレベルから、北東側から道路１の側溝に排水したものと知れる。なお、二号溝は、調査区壁面の土層観察及び出土遺物から少なくとも十五世紀までは、ほぼこの位置で作り替えられていたことが推測される。

築港線関係第三次調査では、十四世紀前半頃、一時的に通された道路（路地）が調査された。両側に側溝を持つが、補修もされておらず、短期間で廃されたものと思われる。なお、この路地の側溝は、調査区の北東半分でしか見つかっていないが、これは調査時点での掘り下げのミスによるもので、本来は調査区を横断していたのであろう。十四世紀後半になると、調査区北西辺に大規模な一六号溝が掘られている（図９—⑷）。杭と礫で護岸したもので、水が淀んでいたらしく有機質遺物を多く含む泥土層が厚く見られた。泥土層は特に東側で厚く、調査地点の東隣に道路１が通ることを考えると、一六号溝は、調査地点のすぐ東側で終わっていたものと知れる。また、十四世紀後半の溜枡も調査している。板囲い構造の溜枡で、腐食しきっていない有機質遺物の間から、びっしりと蛆が見つかり、汚水槽（便槽）と考えられている（図９—⑴）。

築港線関係第二次調査では、調査区の南西辺付近で、五輪塔及びその基礎と思われる集石が見つかった。これらは、十四世紀前半から十五世紀まで造られたもので、供養塔と見られる。(8) 調査区の南東辺では、竪穴状の建物跡が調査された。地面を掘りくぼめ、その底面に礎石を置いて柱を立てたもので、竪穴外側にもこれに対応する柱穴が並び、軒の出を支えたものと思われる（図９—⑶）。残念ながら、隣接する築港線関係第一次調査ではこの遺構の続きは見つかっておらず、規模は不明である。

築港線関係第一次調査では、調査区南東辺から瓦敷道路が検出された。道路4である。また、北西の調査区で見つかった四号溝は、報告書では時期を示していないが、これと重複する上下の遺構の時期から、十四世紀代の溝と判断した。四号溝は、ちょうど道路1と道路2の中央を通っており、道路1側もしくは道路2側からの屋敷地の境界を画したものであろうか。

第三八次調査では、十四世紀から十六世紀に及ぶ三条の溝を調査した。北東の二条は、幅四・三メートルで平行し、道路2に当る。南西の溝は、道路2とは、三二メートル隔たっており、これは道路1と道路2との間隔の約二分の一にあたる点から、報告書では、街区に伴うものとされている。しかし、この溝の延長方向にある第四三次・三九次調査で検出されておらず、また溝の幅などは道路2の側溝を凌ぐほどのもので、街区に伴うものとは考えがたい。おそらく、街区幅の約二分の一を占める屋敷地の周囲にめぐらされた溝の一部であろう。

第三九次調査検出の一号溝は、道路の北側側溝にあたる。報告書では、近世の道路としているが、その根拠となった伊万里の染付磁器が、溝を切り込んだ近世の井戸からの混入遺物とも考えられること、太閤町割りによる道路はこの調査地点付近を通らないこと、もし近世の道路とすると道路が大規模な地下地業によって造られたことになり不自然なことから、おおかたの遺物が示す時期にしたがって、十四世紀前半の道路と考えたい。なお、この調査では、表土下の攪乱除去のため現地表から一・五メートルほどを重機で掘削しており、また、鋼矢板で調査区を囲っていたので土層観察ができなかった。そのため、この道路の下限は明らかではない。

②十五世紀（図10）　第四〇次調査第二面は、十五世紀の遺構検出面である（図7—(2)）。道路3に接して、土蔵が立つ。また、これと方向を揃えて集石がみられ、建物が調査区東に展開していたことを示している。蔵とは道路3を隔てた反対側には、掘立柱建物が検出された。また、調査区南西辺には、道路3と重複して道路2の側溝がみられる。

第二六次調査地点では、小振りの扁平な礫を用いた掘立柱建物が検出された。上述した十四世紀前半以来の二号溝

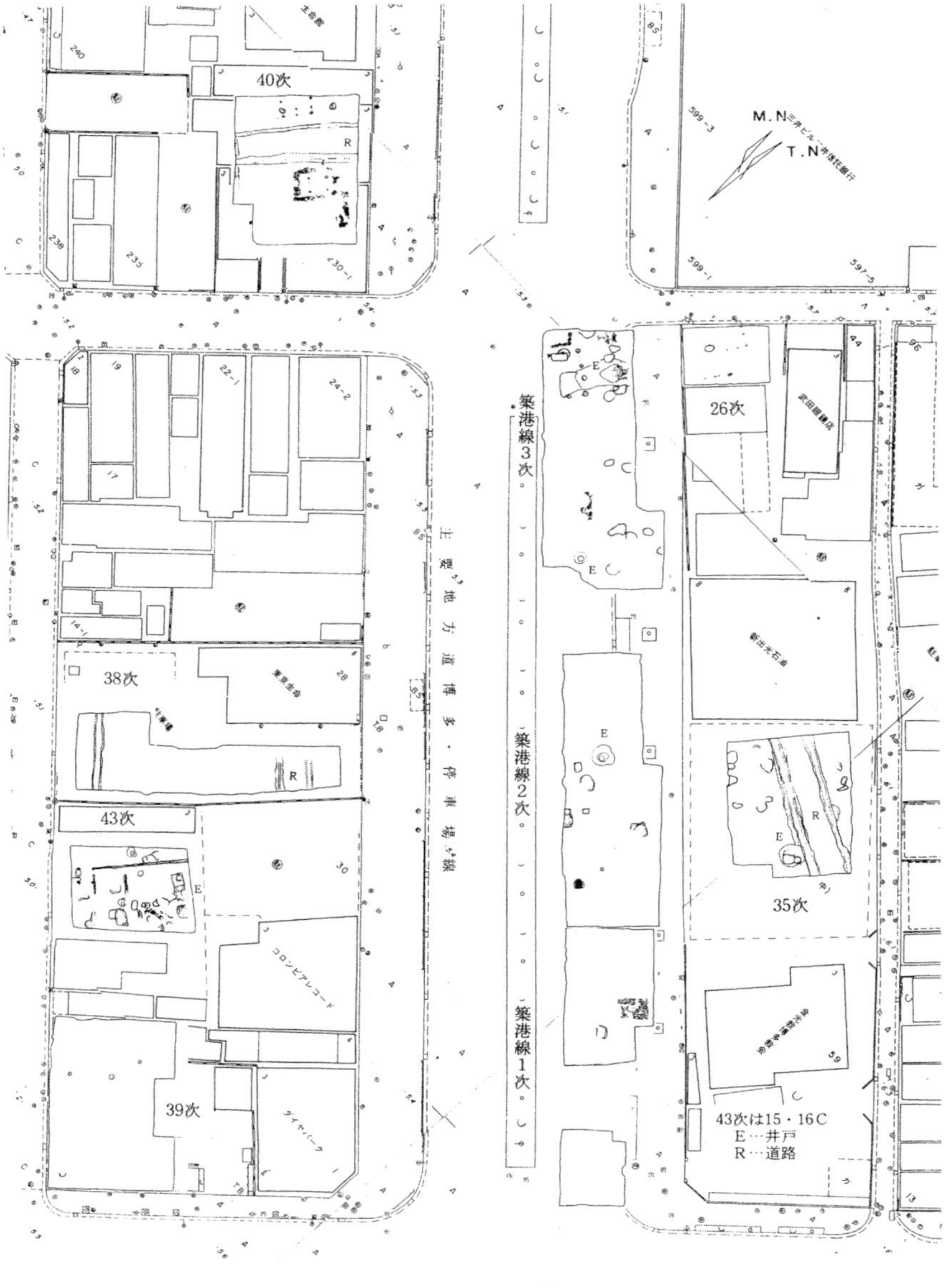

図10　15世紀代遺構分布図

は、この遺構検出面まで姿を留めるが、掘立柱建物が作られた時点（十五世紀後半？）では、大きく西に振れ、築港線関係第三次調査地点との間を抜けていたものと推定できる。築港線関係第三次調査では、井戸・集石列・掘立柱建物などが検出された。掘立柱建物と調査区西隅の集石列とは方向を同じくするが、近接しすぎており、同時存在は考えがたい。

築港線関係第二次調査検出の四六一号土坑・四八七号土坑は、土壙壁に板を立て内側に杭を打って押さえる板囲い土坑である。四六一号土坑では、瓦質土器のすり鉢が据えてある（図9―(2)）。この類の遺構は、嶋谷和彦氏によって便所とされており、両土坑についても同様の機能を考える必要があろう［嶋谷 一九九三］。

築港線関係第一次調査では、ほぼ長方形に礫を敷きつめた、敷石遺構が検出された。報告では、堂舎の基壇であろうとしている。ただし、この周囲からは、他に寺社の存在をうかがわせる遺構・遺物は出土しておらず、寺社の境内に含まれるものとは考えがたい。しかし、構造的に倉の基礎などとした集石列とはまったく異なっており、同一視はしがたい。とりあえず、屋敷地内に営まれた持仏堂などの可能性を考えたい。

第三五次調査では、道路1の側溝に接して、井戸が営まれている。

③十六世紀（図11）　第四〇次調査では、第一面が十六世紀にあたる（図7―(1)）。道路3の南東には、道路近くに石積土坑が、道路から一〇メートルほど奥まってコの字型の集石列がみられる。集石列は、規模こそ小さいが、前代同様に蔵であろう。なお、道路の側溝にそって大き目の石を沈めた柱穴が、一・二メートルほどの間隔で二基並んでいる。構造的には貧弱だし、これにつながる塀の痕跡も見つかっていないが、小さな門（裏口）の可能性を考えたい。また、道路3の北西には、掘立柱建物が見つかっている。

第二六次調査では、一号溝とこれにそっておかれた礎石列がある。一号溝は、十五世紀後半同様に、第二六次調査地点と築港線関係第三次調査地点との間を通っていたであろう道路1に取り付く溝である。建物側から、道路1の側

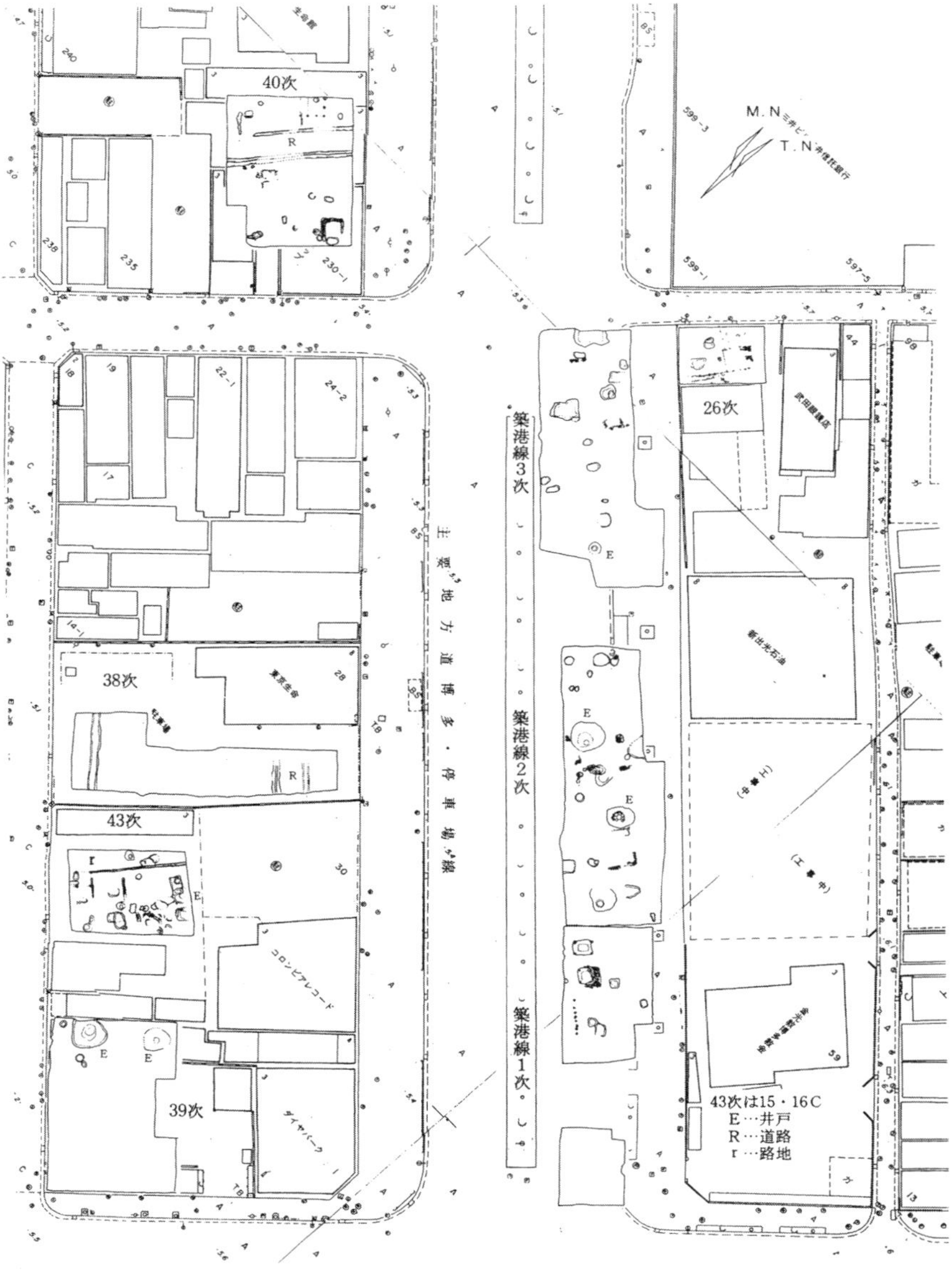

図11　16世紀代遺構分布図

溝に排水したものであろう。一号溝にそう礎石列は、小振りな石を用いたもので、一号溝の肩に重なって検出した部分では、柱穴に沈めていた。礎石列の東北半分には、西に三・五メートルほどはなれて、ほぼ対応する礎石列があり、建物部分にあたるだろう。これから一号溝沿いに延びた南西部分は、おそらく建物から道路までのびた掘立柱による塀であろう。

築港線関係第二次調査検出の五二号井戸は、石積の井戸側を持つものだが、十六世紀末に比定できる。太閤町割り直後の井戸であろう。

築港線関係第一次調査検出の二基の方形竪穴状土坑も、太閤町割り頃の遺構である。また、調査区の南東壁の土層観察から、道路の存在が確認されている。この道路については、上述したように報告書にいうような近世の道路ではなく、十六世紀代太閤町割り以前の道路であろう。

第三五次調査では、残念なことに表土掘削に際して十六世紀代の包含層を失ってしまい、遺構は確認できなかった。しかし、土層の観察から、道路1が、十六世紀末の太閤町割り前まで嵩上げを繰り返して継続したことが確かめられている。

第四三次調査では、小溝による区画が調査された。また、この区画に取り付く掘立柱建物も検出されている。

5　調査成果の検討

以上で見てきた聖福寺前一丁目2番地の変遷を、いくつかの視点から整理したい。

(1)　街区について

聖福寺前一丁目2番地の街区は、台形がかった長方形を呈したもので、十三世紀末から十四世紀初めに出現し、十六世紀末まで継続したものである。街区を囲む道路は、嵩上げと補修を繰り返し、はなはだしい場合は道路の位置そのものをスライドさせながら、おおむね同じ場所に営まれていた。

築港線関係第三次調査では、十四世紀前半すなわち街区ができてから間もない時点で、道路1に取り付く路地が検出された。築港線関係第一次調査の四号溝は、道路1と道路2のちょうど中間を画する十四世紀代の溝である。この他には、街区の中をさらに分割するような区画の溝は調査されていない。築港線関係第三次調査地点においても、路地の廃絶後には区画溝はみられず、十五・十六世紀には建物の礎石や柱穴が方向を揃えて密集しており、特に顕著な区画をなさないままに、あるとしても簡単な塀で仕切った程度で建物が立ち並んでいた様子がうかがえる（図12―⑴・⑵）。この状態からは、街区幅の半分を奥行きとした町屋が密集する、あたかも短冊型地割りのようなものを連想できる。

ところで、西隣の街区では、これと異なった状況が看取できる。第三八次調査の三六七号溝は、長方形街区を二分する奥行きを持つ屋敷地を囲んだ溝であろう。一方、第四三次調査では、十六世紀頃の区画溝が調査されているが、街区の短辺に平行する溝を軸に、これと直交する数列の溝からなるもので、街区の幅を二分するような奥行きのある区画は想定できない。第四三次調査の区画溝は、第三八次調査地点に隣り合っており、第三八次調査の三六七号溝は、第四三次調査地点までは延びてきていない。この両者の間に整合性をはかるなら、第三八次調査の三六七号溝が調査区外の南側で道路2の方向もしくは反対に折れ、これと第四三次調査の一二一号溝との間が路地になっていたものとしなくてはならない。第四三次調査の報告書では、この溝が道路などの側溝になる可能性を否定しているが、空き地に毛がはえた程度の通り抜けとしての路地と家地との区画溝と見れば支障はないだろう。とすれば、第四三次調査地点では、さらにこの路地に面して零細な町屋が並んでいたことになる。このあり方からは、屋敷地がモザイク状に入

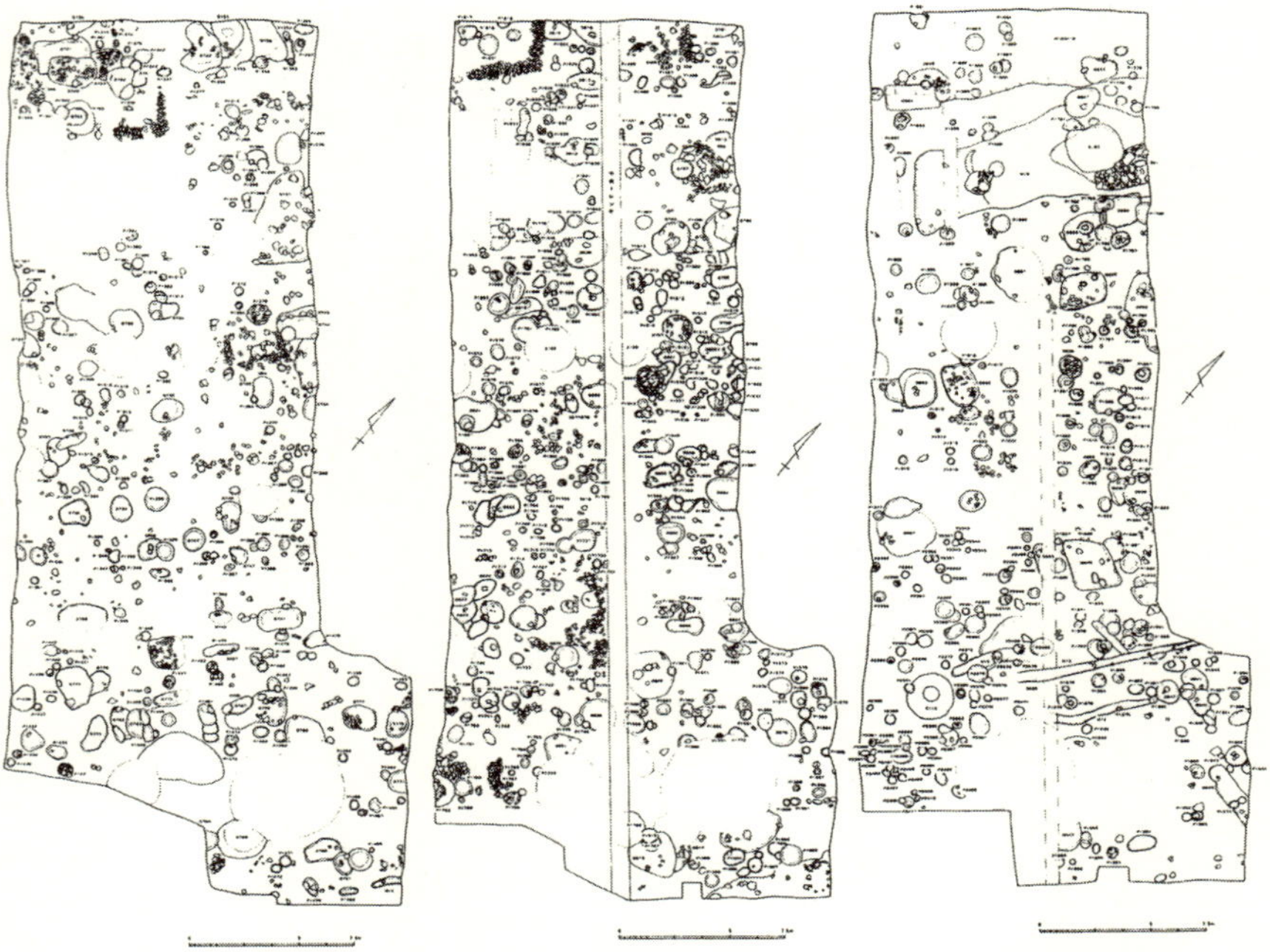

第２面（16世紀主体）　第３面（15世紀主体）　第４面（14世紀主体）

⑴　築港線第３次調査

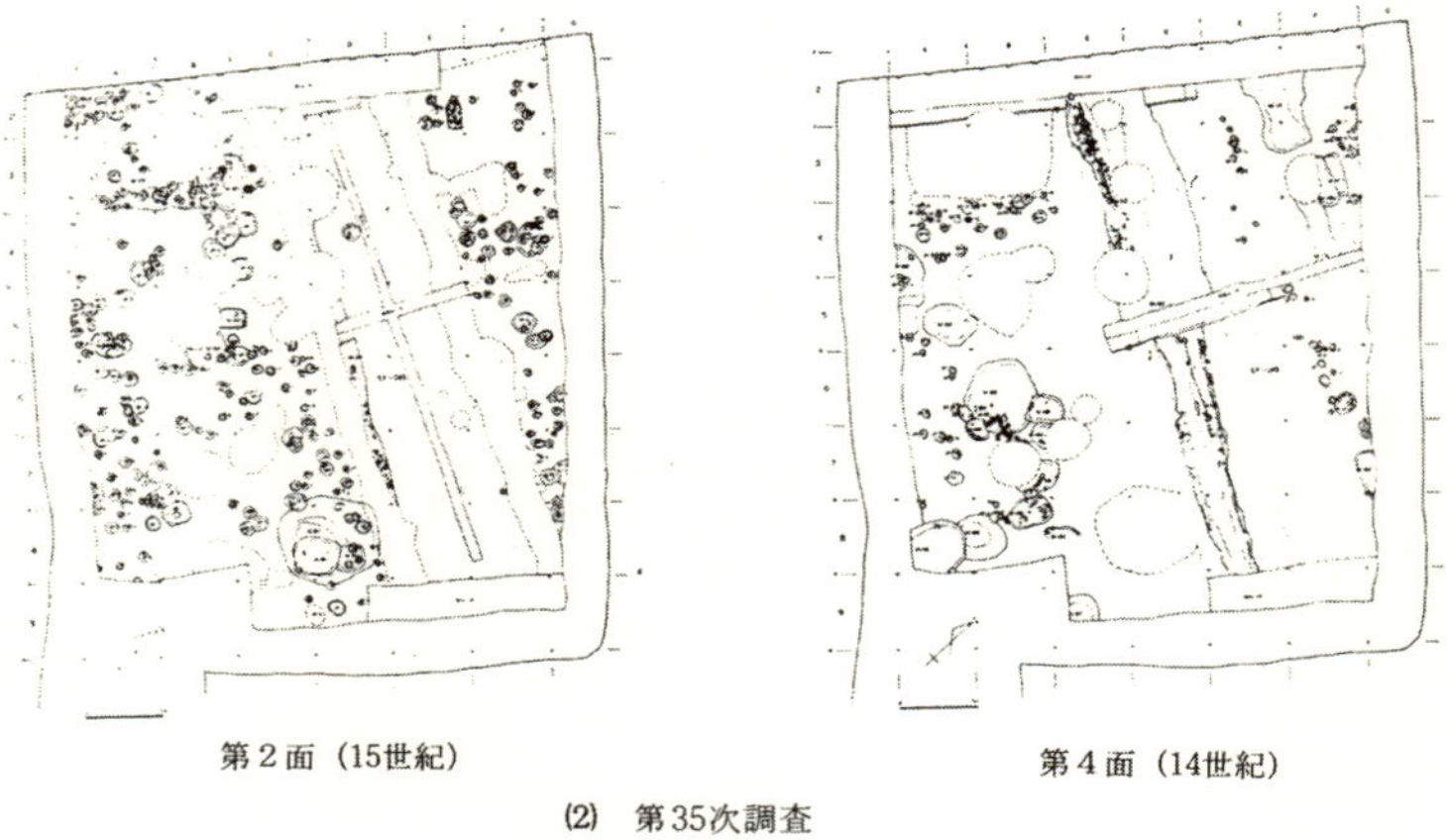

第２面（15世紀）　第４面（14世紀）

⑵　第35次調査

図 12　遺構変遷図 2

り組んだ状況が想定でき、およそ規格性に乏しい街区の内情が浮かび上がってくるのである。

同様の状況は、聖福寺前一丁目2番地においても見られたのではなかろうか。すなわち、短冊型地割りを思わせるような整然と密集した部分がある一方で、空き地同然の路地が入り込み、これに面して小さな家々が取り付いていた部分もあったものと見たいのである。この場合、街区が成立した十三世紀末から十四世紀初めにさかのぼって短冊型地割りに類した区画が存在したとは考えがたい。築港線関係第三次調査地点において十四世紀前半の路地が検出されたことは、街区成立間もない段階では街区内部に対する地割りの規制が存在しなかったことを物語っている。また、築港線関係第二次調査において検出された五輪供養塔が集まって立ち並ぶ光景は、街区内側が街路沿いとは異質な空間であったことを示すものである。ここには、一間×二間以上の礎石建物が建てられており、堂舎と推測される［福岡市教委　一九八八Ｃ、大庭　一九九二Ｃ］。街路からここに至るには、空き地を通るか、もしくはこれに手を加えた程度の路地が設けられていたのであろう。すなわち、街区が形成された当初においては、街路沿いの家並みと街区の内部とは別個の土地であり、街路沿いも含めて、あちこちに空き地が点在したに違いない。築港線関係第三次調査で検出した路地などは、この空き地を利用したものにほかならないのである。

それでは、街区幅の二分の一が屋敷地の奥行きとして意識されるのは、いつのことであろうか。築港線関係第三次調査における密集した町屋の出現は、十五世紀後半代のことと考えられる。おそらく、十五世紀後半以降、街路沿いに町屋が立ち並ぶ中で、意識されるに至ったものであろう。しかし、その一方で、上述したようなモザイク状の区画も存在しており、十五世紀以降一様に屋敷地の奥行きが決まったわけではない。十六世紀代においても依然として雑然とした状況にあったのが、街区の実態であったと思われる。

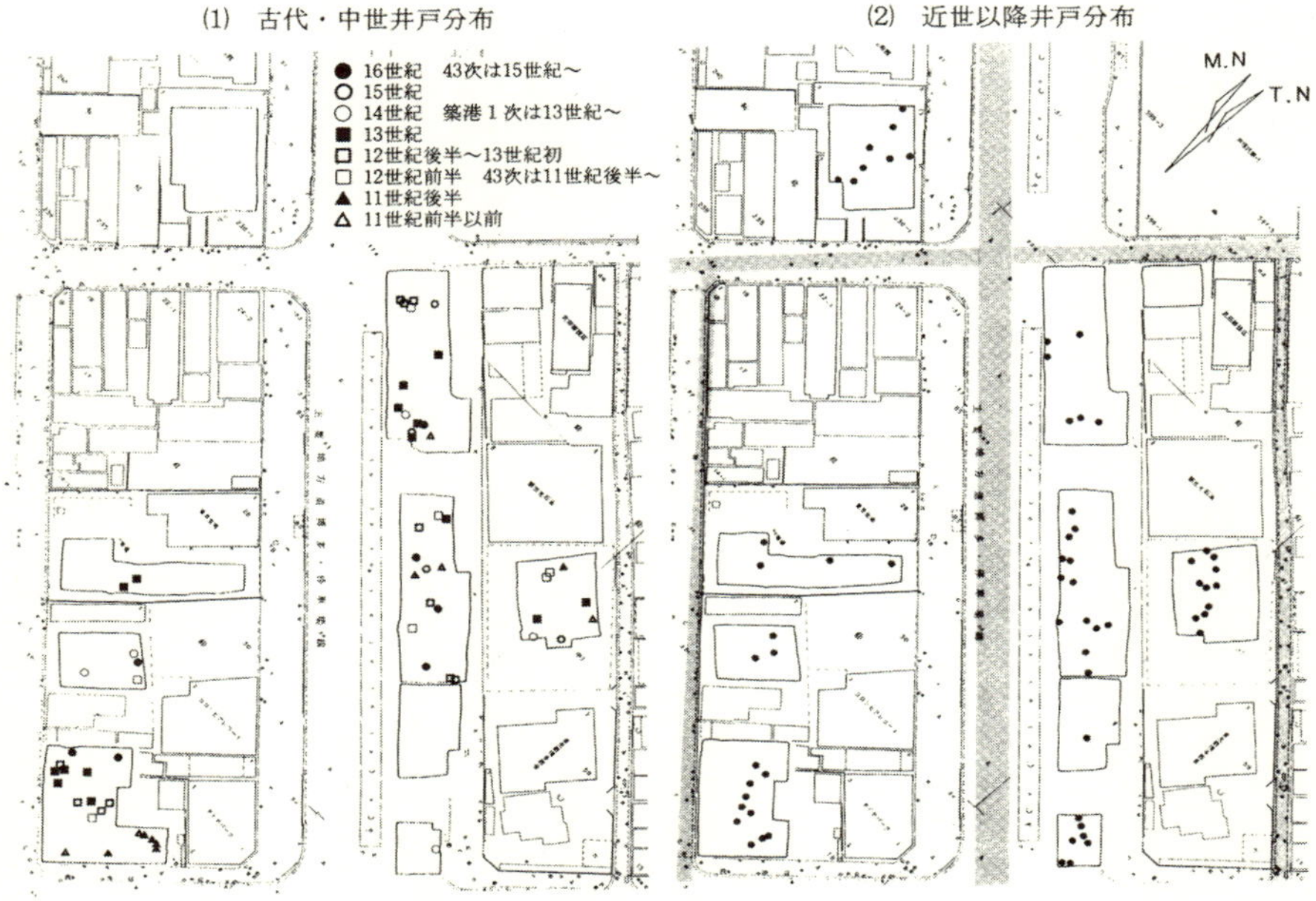

図13　井戸分布図

(2) 井戸について

博多遺跡群を調査して気づくのは、時代を異にする井戸が、狭い範囲に集中して、切り合って検出されることである。図13—(1)に井戸の分布を示すが、これによっても明らかに読み取ることができる。

これについては、博多が海岸近くに位置し、真水に恵まれないという点から説明することができよう。すなわち、やたらと井戸を掘っても、塩辛い水しか出ないのである。その一方で、博多遺跡群の乗る砂丘の背後から西側にかけて、河川が蛇行しており、この伏流水が博多の地下を通っていることが推測される。したがって、真水の出る地点を選んだ結果、いつの時代でもひとつところに井戸を掘る羽目になったのであろう。

戦前の博多に育った人から聞いた話であるが、かつての博多では、家々の井戸水は洗濯や掃除・風呂などに用い、飲食用の水は、良い水の出る井戸をもつ家から分けてもらっていたという(9)。このことからも、良い水が得難いものであり、それを求めて井戸が集中したことが裏づけられる。

ところで、井戸の分布を時代別にみると、結構まばらであることに気づく。井戸が頻繁に掘られているのは、ほとんど十二世紀代に限られ、それ以外は、各時期に一～二基、あるいはまったく検出されなかった調査地点すらある。十二世紀代は、柱穴・土坑などほかの遺構を見ても最も密度が濃い時期である。出土遺物の量をとっても、この時期のものが最も多い。強いていえば、かなり活発な生活が営まれた結果であり、住民の入れ替わりが激しかったということになろうか。さらに、住人が変わるごとに井戸が廃棄され掘り直されたとすれば、井戸は個々の屋敷ごとに掘られていたことになる。もちろん、共同の井戸がまったくなかったとするものではないが、ほぼ同時期の井戸が近接して掘り直されている場合などには、上の推測も可能であろう。

さて、そうすると井戸の分布が散漫になる十三世紀以降については、どうだろうか。単純にいえば、共同井戸が多いということになる。先に町屋が密集しているとした築港線関係第三次調査について見ると、井戸は十五世紀代で四基、十六世紀代太閤町割り以前で三基しか検出されておらず、やはり共同井戸としか考えられない状況を示している。この場合においても、すべての井戸が共同井戸で、個人の屋敷地に付属した井戸がなかったというわけでは決してない。しかし、上述した近代の水事情を中世にまで敷衍することが許されるのなら、個人の屋敷地に付属した井戸といえども、広義の共同井戸ということができよう。

次に、街区における井戸の立地についてみたい。一見して気づくのは、井戸が街路近くにあったり、奥まっていたり、実に無秩序に掘られている点である。ただし、築港線関係第三次調査一〇七号井戸は十四世紀末から十五世紀初めの、第三五次調査の五七号井戸は十五世紀初めから中頃の井戸であるが、町屋が立ち並ぶ十五世紀後半の段階では廃絶している。この状況からは、道路に面して町屋が軒を並べ始めた時点で、道路際から井戸が排除された様子を見ることができる。とはいっても、これはあくまでも町屋の発展に伴って、いわば住民の側から自生的におきた現象で、街区自身には、本来井戸の選地についての規制は認められない。これは、先に述べた、良い水の出る地点は限られるということが前提になっていると見れば、至極当然の状況である。言いかえれば、水事情が、街区に優先したのである。

(3) 街区の住民について

それでは、聖福寺前一丁目2番地には、どのような住民が生活していたのであろうか。残念ながら、住民の生業を示すような遺物は得られていないので、遺構のあり方から粗雑ではあるが簡単な検討を加えたい。

聖福寺前一丁目2番地の西角に接した第四〇次調査地点では、土蔵を持つ屋敷が十四世紀から十六世紀まで認められた。この屋敷地では、調査区内を見た限りでは、蔵のほかには顕著な建物遺構はまったくなく、大きな敷地の一部を調査したに留まるものと推測される。調査面積を勘案すれば、敷地の幅は、街区の二分の一もしくは街区幅いっぱいとなろう。また、道路3ぎりぎりに土蔵が建っていること、十六世紀には道路3に面して裏口が設けられていることから見て、表口は道路2または道路1に面したと知れる。遺構の内容に大きな変化がないことから、十四世紀から十六世紀末まで一貫して、富裕な商人の屋敷であったと見ることができよう。

築港線関係第三次調査地点では、十五世紀後半以降、小さい礎石を用いた礎石建物(あるいは礎石を沈めた掘立柱建物)が並んでいた様子が推測できた。築港線関係第三次調査地点のすぐ北東側には道路1、南西側は街区幅の二分の一のラインのやや内側にあたる。この点から見て、築港線関係第三次調査地点の町屋は、道路1に面し街区幅の半分の奥行きを持つ、短冊型に近いものであったと考えられる。住居や作業スペースを伴った、小規模な常設店舗を想定し、商人や職人の家並みと見たい。一方、十五世紀前半以前には、このような町屋の密集は認められず、建物が道路1に面した状況も一般的ではない(図12―(1)第四面)。店棚を持つ店舗を想定するには、難があると言えようか。

第三五次調査地点は道路1に面した、いわば「おもて」、築港線関係第二次調査地点は、これに対して「うら」に

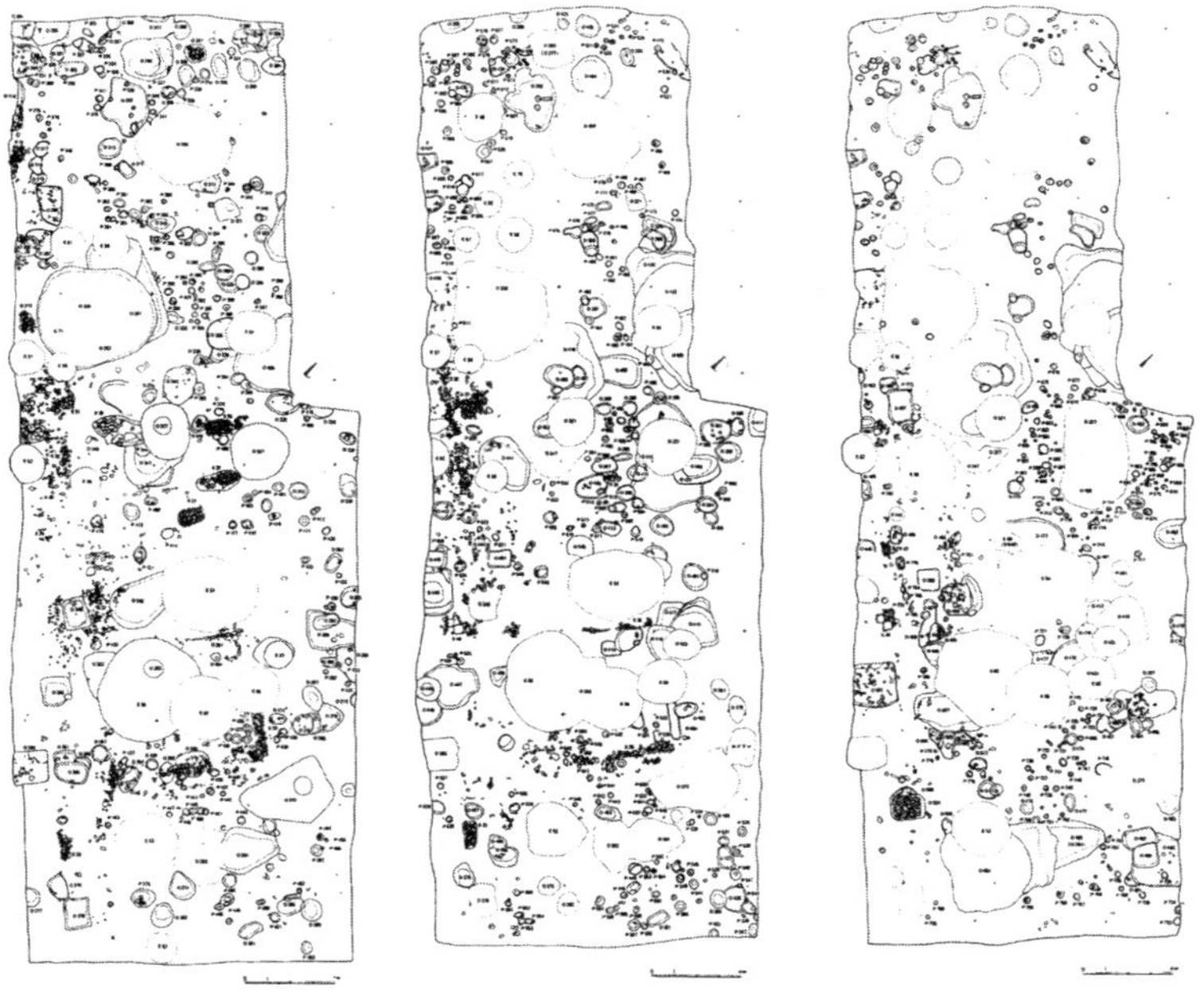

第２面（16世紀主体）　第３Ａ面（15世紀主体）　第３Ｂ面（14世紀主体）

図14　遺構変遷図１　築港線２次

あたる。第三五次調査地点では、十四世紀代までは建物の柱穴は散漫で、道路に接していない。ところが、十五世紀代になると、掘立柱建物が道路に面して並んでいた様子がうかがわれる(図12―(2))。

　築港線第二次調査地点でも、十四世紀代までの建物は散在しているが、十五世紀代以降の柱穴はほぼまんべんなく分布し、十六世紀には集石列もみられる(図14)。築港線関係第三次調査地点と同様な状況といえよう。

　築港線関係第一次調査では、持仏堂の基礎と見られる集石が見つかっており、富裕な商人か武士、または商人としての性格を兼帯した武士の屋敷が考えられる。

　また、西隣の街区ではあるが、四三次調査では、路地に面して間口一間程度の家々が並んだ状況が見て取れる。零細な職人や、店舗を構えない小商人の家並みといえようか。

　このほかには住民構成を示す資料を欠くのだ

が、これらの様子からは、大商人の屋敷と商人や職人の屋敷、零細な商人・職人の家並、および武士の屋敷が、ひとつの街区内に混在していた様子を見ることができる。

6　聖福寺前一丁目2番地以後

聖福寺前一丁目2番地を含む中世の町割りは、天正十五年(一五八七)の太閤町割りによって廃絶し、近世都市へと移り変わった。この町割りは、基本的には現在まで生き続けている。

太閤町割りによる近世博多の街区とは、六〇間×一二〇間の長方形街区を基本としたもので、部分的にはこれを辻子によって縦に二分していた。街区の中は、道路や辻子に面して、間口が狭く奥行きの深い家地が並ぶ、短冊型地割りをなしていた。

発掘調査で近世の町を掘ることは、現在までのところ稀である。地表面近くには、現代の攪乱坑が多く、調査にあたってはその除去のため表土を重機ですき取っていることによる。しかし、井戸のような深く掘り込まれた遺構は、中世の遺構に混じって見つかっている。図13―(2)に示したのは、聖福寺前一丁目2番地における近世以後の井戸を、太閤町割りの上に落としたものである。一見して、井戸が街区の半分の奥行きの中ほどに掘られている様子が見て取れる。博多の近世の町屋は、道路に面した建物から、通り土間を通って裏手の庭および別棟に抜ける構造で、井戸は表の建物の裏に設けられていたのである。ここには、中世の町屋にみられたような井戸の雑然とした配置は、すでに認められない。個々の家地の内部にまで、極めて整然とした原則が徹底しているといえる。(10)

太閤町割りによって、中世の道路は廃絶され、町屋も短冊型地割り一色に塗り替えられてしまった。これを可能にしたのは、天正八年(一五八〇)の肥後龍造寺軍による放火、ならびに天正十四年(一五八六)薩摩島津軍による放火で

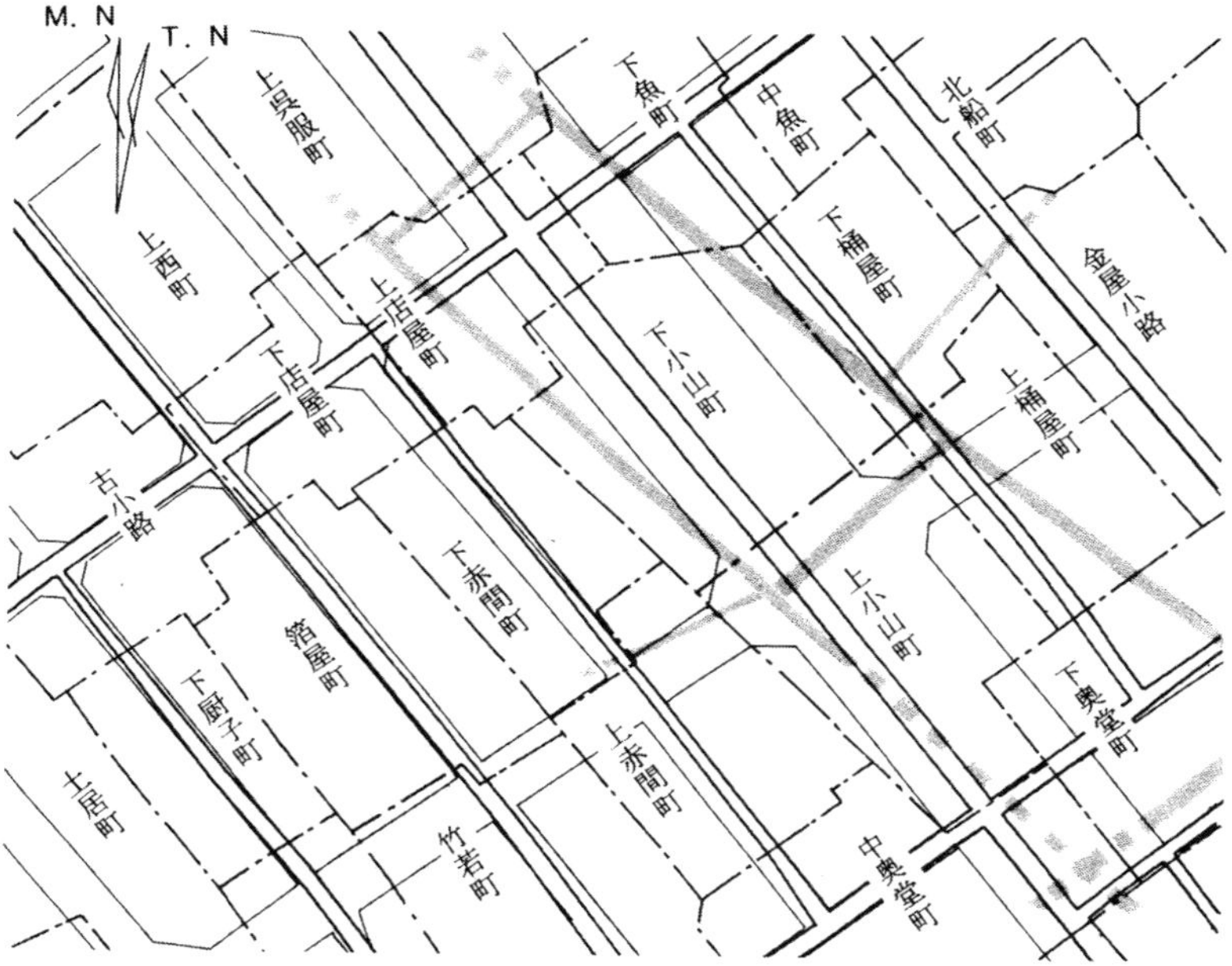

図15　近世街区・町名と中世道路(細線は現行道路)(1/4000)

ある(本書終章参照)。このために、博多は焦土と化し、ほとんど壊滅状態にあったという。太閤町割りは、この焼け野原からの復興でもあった。それでは、太閤町割りには、中世博多の町割りの名残はないのだろうか。

図15は、聖福寺前一丁目2番地における近世街区と町の範囲である。まず、上・下小山町と上・下赤間町との境界線が、街路に対して著しく傾いていることに注目したい。この境界線の傾きは、聖福寺前一丁目2番地での道路2に厳密に平行しているのである。道路2との距離は、一一・五メートルをはかる、上・下小山町の境界も、道路4とおおむね平行する。また、下桶屋町と上桶屋町との境界線の北東側半分を見ると、これも近世の街区とは平行しないで、第七四次調査検出の道路に平行しているのである。次に、桶屋町の町屋の敷地が道路に対して直交していない点を上げたい。ここに立ち並ぶ家々は、街路に対しては、一定の角度をもって面しており、建物と道路との間には三角形の小さな空き地ができている[11](図16)。この町屋の傾きは、聖福寺前一丁目2番地において十五～十六世紀頃に見

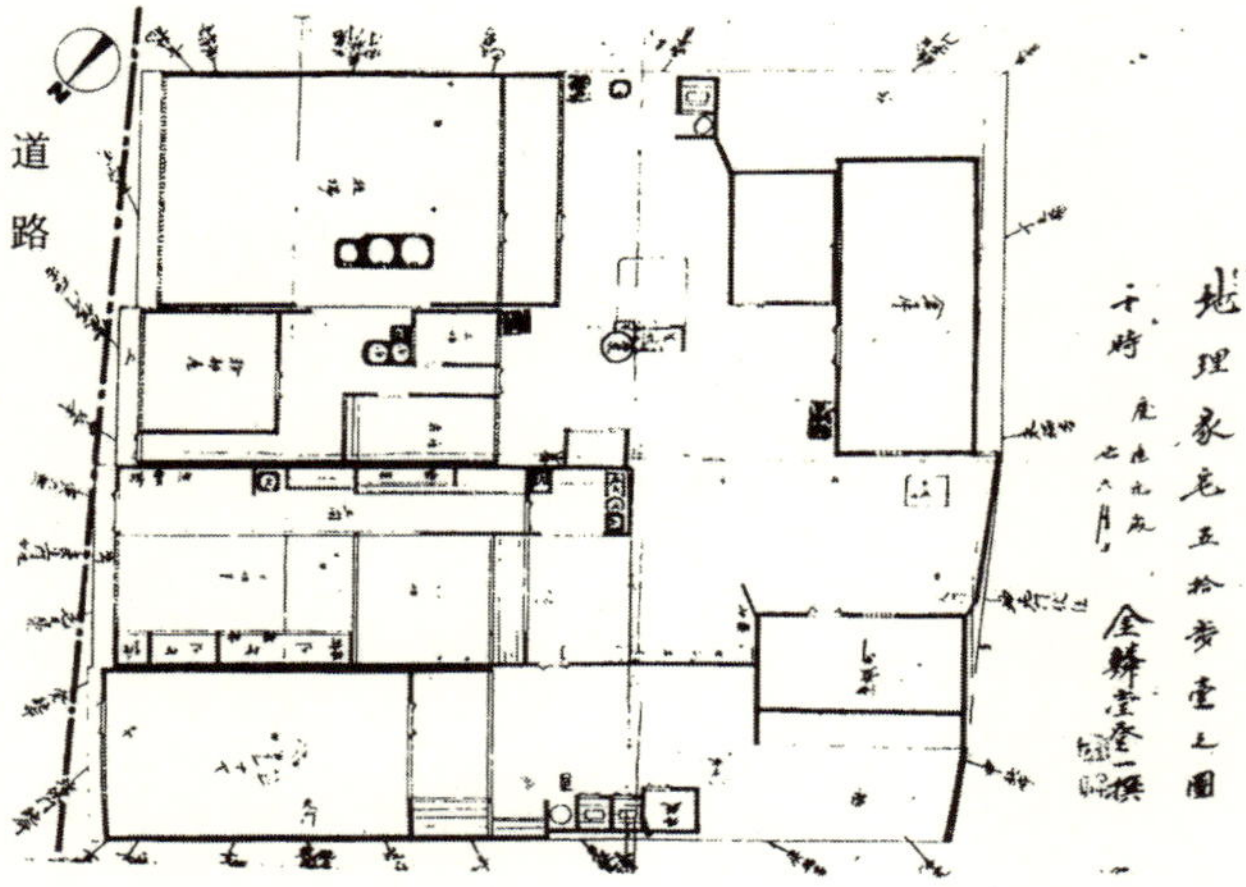

図16　桶屋町の道路と町屋（山本 1988 所収の飯尾邸家相図に加筆）

られた町屋の方向に一致する。

これらの事実から見れば、小山町付近においては、太閤町割りに中世博多町割りが影響を与えているのは明らかである。聖福寺前一丁目2番地の少なくとも一部は、天正年間の火災にも焼け残ったのではなかろうか。あるいは、焼け残らないまでも建物の形骸は留めており、太閤町割り時点ではすでに、細々ながらも人々の生活が戻っていたものと考えたい。聖福寺前一丁目2番地の町割りは太閤町割りに覆われた陰で、ひっそりと息づいていたのである。

7　小結

聖福寺前一丁目2番地の検討を終えるにあたって、その成果を博多遺跡群全体に敷衍し、若干の考察を加え、まとめとしたい。

聖福寺前一丁目2番地の成果からみて、都市博多には十一世紀後半、十三世紀末から十四世紀初め、十五世紀後半、十六世紀末の四つの画期が想定できる。

十一世紀後半の画期は、中世都市博多の出現期にあたる。この時期から、遺構・遺物ともに急激に増加し、十二世紀には頂点を迎える。この傾向は、輸入陶磁器の出土量に顕著である。遺構の上では、個人宅に付属したとも思われる井戸が、しきりと掘り替えられており、住民の入れ替わり、生活活動の活発さをうかがわせている。この状況は、十三世紀初めまで続くが、その後鎮静化する。

この鎮静化の背景には、さまざまな要因が考えられよう。現段階では詳述する余裕も準備もないが、私は大宰府府官の変質を上げたい。そもそも博多に宋商人が居住して、本国である中国と貿易をするという住蕃貿易［亀井 一九八六］は、九〇九年の唐物使派遣停止に端を発した中央政府の貿易管理からの撤退をその原因のひとつとする。これによって、中央政府は、交易品の先買権を大宰府に委嘱し、大宰府官人による交易への直接関与が始まるのである。やがて、律令国家の対外交渉窓口であった大宰府鴻臚館が衰微し、博多での住蕃貿易へと移行する。この過程でも、大宰府の官人は、律令政権から与えられた貿易関与の職権を放棄することなく、むしろ積極的にかかわっていく。これは、中央からの大宰府高官の赴任がみられなくなった十二世紀初頭以後、在地豪族らによるいわゆる府官に継承されていく。平清盛の大宰大弐就任、頼盛の大宰大弐就任および赴任を通じて大宰府を掌握した平家も、府官らと主従関係を結ぶことによって彼等を取り込んでいったもので、平家自身が府官らに伍して貿易にかかわったわけではなかったであろう。これは、平家を追討して九州に入った源範頼、彼と交替した中原親能・近藤国平、鎮西奉行天野遠景らにしても同様であった。彼ら鎌倉幕府の代官は、大宰府を支配しても、大宰府に何らの律令官職を持たなかったのである。

ところが、遠景の後を継いだ武藤資頼は、大宰少弐の官職を帯し、これを世襲し、ついには少弐氏を称するに至る(12)。建久六年(一一九五)三月以降間もなく九州に下向した資頼が、名実ともに大宰府の支配者のみならず府官の首位につく時期は、嘉禄二年(一二二六)大宰少弐に任ぜられた後である。

また、大宰府発給文書の変化を検討した石井進氏は、正治二年(一二〇〇)資頼時代の大宰府政所牒にその過渡的状況を認めている［石井 一九五九］。すなわち、鎌倉から九州に下った武士である武藤氏は、十三世紀前半には、府官の首位として、貿易関与の職権を帯するに至ったのである。

仁治三年(一二四二)宋商人謝国明によって博多に建立された承天寺の寺地は、武藤氏の施入と伝えられる。(13) 武藤氏が、博多在住の宋商人と結び付きがあったことは疑うべくもなかろう。その一方で、石井氏の指摘によれば、平家政権下における府官の構成は遠景の支配時期を通じて再編成され、資頼以降府官の姓別構成が一変し、平安時代に大多数を占めていた諸雄族がほとんど影を潜めていくという。このことから、それまで博多の宋商人と結んで代々貿易に関与していた府官らの多くが、その地位を追われることによって、公的に貿易にかかわる資格を失ったことが推測できる。それが、博多遺跡群における遺構・遺物量の鎮静化とどう結び付くのかは明らかにしえないが、鎌倉御家人である武藤氏の積極的な貿易関与の一方で、かつての府官らは博多を離れざるをえず、それが博多における宋商人の往来に影を落としたのではないだろうか。

十三世紀末から十四世紀初めの画期は、博多に街区が出現した時期である。この街区は、地形に左右された雑然としたものであったが、ほぼ一斉に道路を整備した一大事業であった。

この町割り出現の契機として、池崎譲二氏は、道路の整地層の直下に焼土層がみられた点から、焼土層を元弘の乱(一三三三年)による火災に比定し、鎮西探題滅亡後の復興を考えた〔福岡市教委 一九八八A〕。しかし、私は、この比定には難があると思う。まず、元弘の乱の際には、第三五次調査地点や築港線関係第一次調査地点を含む聖福寺一帯は、被災していないと推定できる。元弘の乱の経緯を記した記録に、おりから承天寺に寄宿していた京都東福寺の僧良覚が記した『博多日記』がある。これによると、鎮西探題を攻撃した菊池一族は、博多の所々に放火したという。この放火の被害がどの範囲に及んだかは不明であるが、『博多日記』には承天寺が被災した記事はなく、『博多日記』自体が承天寺において記されたものであるから、承天寺界隈は被災しなかったものと見るべきだろう。承天寺は、聖福寺の南に隣接した禅刹である。また、鎌倉幕府滅亡後、暦応三年(一三四〇)の鎮西管領一色範氏目安状によると「元弘以来博多津中在家微弱」とあり、範氏は聖福寺塔頭の直指庵に寄宿していた(祇園執行日記紙背文書『南北朝遺文』一四八一)。この表現には、もちろん誇張があろうが、少なくとも範氏自身がいる直指庵周辺は、焼失していなかったことになる。これらの点から、聖福寺前一丁目2番地付近は、元弘の乱の戦火にはあっておらず、焼土層をこれにあてることはできない。時間的にも、一三三三年の被災後、どの程度の実態だったかはわからないが「在家微弱」と表現される状況があり、博多を一円的に仕切るべき政治勢力・軍事勢力も不在であったことを思えば、元弘の乱後の十四世紀第2四半期の間で、大規模な街路整備を伴う復興がなされた可能性は小さいと言わねばならない(14)。

可能性としては、文永十一年(一二七四)の蒙古襲来に際しての兵火か、元応二年(一三二〇)の火災があてられる。後者は失火による火事と考えられ、その規模は不明である。少なくとも、櫛田神社近くにあった鎮西探題の奉行所や文庫が焼失した[佐伯 一九九二B]。私は、聖福寺付近が鎮西探題滅亡の際の戦火からも免れたことを見れば、元応二年の火事による被災を想定するのは、難しいと思う。したがって、文永十一年の戦火に比定したい。そして、街路整備を計画し実行したのは、鎮西探題であったと考えたい。鎮西探題の成立によって、それまで大宰府にあった九州の政治の中心は、博多に移ることになった。また、それによって、博多に居を構えたり、訴訟のために駐留する御家人が現れた[川添 一九八八B]。文永十一年から鎮西探題の成立まで、二〇年以上もの時が経っており、もはや戦火からの復興とは言いがたいが、鎮西探題をめぐるこうした情勢の変化、そして、博多が九州の中心地として登場することになったことこそ、新たなる町割り誕生の契機としてふさわしいといえよう。

十五世紀後半の画期は、街路に面して軒を連ねる町屋が出現した時期である。それまで、街区の中に、言わばてんでんばらばらに建てられていた町屋が、街路沿いに建ち並ぶ状況が出現したわけで、部分的な現象に留まるとはいえ、都市の景観を一新する光景といえよう。

それでは、かかる情景は、どういう状況下で出現したのであろうか。聖福寺前一丁目2番地においては、道路1に面した第三五次・築港線関係第二次・第三次調査地点においてみられる状況であることに注目したい。

道路1は、聖福寺・承天寺の前面を通る道路で、博多浜と息浜を結ぶ陸橋部分を経て、息浜へと続く。一方、承天寺の南側では、博多の南辺に至って東に折れ、比恵川とその氾濫原を迂回して曲がり、大宰府へ向かう「府の大道」となった。また、大宰府方向に曲がらずそのまま東に向かえば、砂丘の尾根伝いに箱崎の町に至り、逆に比恵川を渡って西に向かえば、住吉神社を経て鳥飼方面へと伸びていた。

息浜は、南北朝初期にはすでに港湾としての機能を持っており、室町時代には、対外交渉の拠点として栄えていた。十五世紀後半には、澳浜新左衛門・綱庭太郎衛門・道安・林左衛門・宗家茂・信盈・佐藤信重・布永重家らの息浜商人が知られており、日朝貿易・日琉貿易で活躍していた。また、息浜の人口も、むしろ博多浜をしのぐまでになっている[佐伯 一九八七]。

聖福寺前一丁目2番地における道路1に沿った町並みの形成は、かかる道路1の機能や息浜の発展と無関係ではないだろう。すなわち、息浜が博多の中心的役割を果たすまでに成長するに及んで、道路1の役割にも、博多の中心的街路であることに加え、周辺地域から博多に入った人々の足を息浜に導くという役目が加わったはずである。博多浜ではむしろ縁辺にあたる聖福寺前一丁目2番地の北側部分は、息浜への入口として、息浜の発展に引きずられるように繁華街となっていったに違いない。道路1に面した店々は、息浜と博多浜とを往来する人々で賑わったことであろう。

十六世紀末の画期は、太閤町割りによる近世町割りの創出である。井戸の分布にみたように、それまでの町は自然条件を受け入れたものであった。しかし、太閤町割りは、自然条件の規制にかまわず、博多全体を一律に仕切ってしまった。その最たるものは、近世初頭になって行われた、博多浜と息浜との間の低湿地の埋め立てである。博多浜と息浜との間は、十二世紀初め頃に陸橋状に埋め立てられた後は、町場の拡大とともに埋め立てが進行してはいたが、最後まで低湿地としてその姿を留めていた。近世初頭の埋め立ては、この低湿地を完全に埋めて町場を作るもので、博多浜と息浜は一連の街路で区画された単一の町へと生まれ変わったのである。ここに太閤町割りは完成したといえる。

宮本雅明氏は、太閤町割りによって、中世の寺社の門前町の複合体としての都市から、為政者の計画による単一の都市へと変化しており、都市の空間志向が、神仏から天下人へ転換したものとした。宮本氏の立論に対する疑問点・問題点は前述したとおりであり、現段階では、これをそのままに是認することはできない。ここでは、太閤町割りによって、自然が町割りに優先した中世の都市から、為政者の意思が自然条件に優先した近世都市へと転換したことを指摘するに留めたい。

註

（1）この点では、宮本氏もまちがいを犯している。すなわち、宮本氏が発掘調査の成果を取り入れ、「博多遺跡群遺構分布図」として示した地図には、道路、溝、地形変換線などが全て一様に太線で表記されている。しかも、遺構の時期が区別されていない。おそらくこの下図になったのは、一九八四年に公表された「博多遺跡群の調査地点及び発見された主要な溝・道路」という地図［折尾・池崎・森本　一九八四］に、その後の発掘調査報告書の成果を付け加えたものであろう。一九八四年の地図は、報告書が未刊行の調査地点も載せたもので、その点では重宝な地図なのだが、上述した表現上の問題点をもっており、利用するには注意を要する。

（2）本論文発表後の二〇〇六年（第一六五次調査）、二〇〇七年（第一七九次調査）、二〇一五年（第二〇四次調査）、息浜西端の須崎付近から道路遺構が出土した［福岡市教委二〇〇八・二〇一七］。第一七九次調査は未報告。

（3）第四二次調査については福岡市教育委員会［一九九一A］、第四六次調査については同［一九九一C］、第五五次調査については同［一九九二B］、第六〇次調査については同［一九九二D］、第七八次調査は同［一九九五A］による。

（4）以下の記述においては、特に示さないかぎり下記の報告書によっている。第二六次調査［福岡市教委　一九八六B］、第三五次調査［同　一九八八A］、第三八次調査［同　一九九二A］、築港線関係第一次調査［同　一九八八B］、同第二次調査［同　一

九八八C〕、同第三次調査〔同 一九八九B〕。

（5）『後拾遺集』巻一九、雑五には、大宰大弐藤原高遠の和歌の詞書きとして、「筑紫よりのぼらむとてはかたにまかりけるに舘の菊の面白く侍りけるを見て」とあり、博多に公的な施設がおかれていたことを示している。藤原高遠は、寛弘六年（一〇〇九）に大宰大弐の任を終えており、この時の歌であろう。

（6）楠葉型瓦器第II期以降の資料が、博多遺跡群ではほとんど見られなくなることについて、私は、平家の博多における勢力拡大を原因としてあげたい。保元三年（一一五八）平清盛が、仁安元年（一一六六）平頼盛が大宰大弐に就任し、頼盛が当時の慣例を破って大宰府に赴任するに及び、博多も平家に掌握されたと見ることができる。摂関家に代表される権門にしても、武士の頭梁であり西国に勢力を持つ平家に、唐物の調達・運送を委嘱するほうが、はるかに安全で確実だったであろう。当時の平家はまだ権門の走狗の域を出ていなかったのである。この結果、博多から摂関家との直接的なつながりが払拭されたに違いない。

〈補足〉その後の調査成果を見ると、博多遺跡群出土の楠葉型瓦器はII―2期まではみられ、II―3期で激減する。最新の編年観では、II―3期に十二世紀第3四半期をあてているため、右の推論に修正の必要はないと考える。楠葉型瓦器の編年観については橋本〔二〇一八〕による。

（7）ちなみに第三五次調査第七面のSD―120（古）は十二世紀中頃～後半、SD―120（新）は十二世紀末～十三世紀初、第六面のSD―119は十三世紀初～後半に位置づけられている〔福岡市教委 一九八八A〕。

（8）この五輪塔群については、これまで遺構検出面の年代観から十四世紀前半に限るものとしてきた〔福岡市教委 一九八八C、大庭 一九九二C〕。しかし、今回個々の遺構の時期を再検討した結果、遺構の切り合い関係から、十五世紀まで下る供養塔が含まれることが明らかとなった。ここに訂正する次第である。ただし、その結果、前稿〔大庭 一九九二C〕での論旨に修正の必要が生じるものではない。

（9）もらい水や「水売り」については、大正時代初め頃、上川端町で小学校から女学校時代を過ごした伊藤光子氏のお話にも見える〔井上 一九九〇〕。

（10）現在残る博多の町家では、例外なく通り庭（土間）を敷地の上手（東西街路沿いでは東側、南北街路沿いでは南側）に設けるが、これも町割りに起源する可能性が指摘されている〔土田 一九九〇〕。

（11）桶屋町に残っていた近世後期の町屋を調査した山本輝雄氏は、この点に注意しながらも、「街区全体を実測していないので不明である」として、論を進めていない［山本 一九八八］。

（12）武藤資頼が、大宰少弐に任ぜられる背景については、川添昭二氏が鎌倉幕府の制度整備と外交事情の両面から論じている［川添 一九九二］。

（13）寺伝では資頼の施入というが、資頼は安貞二年（一二二八）に死去している。川添昭二氏は、この矛盾を指摘し、「いずれにせよ、綱首謝国明と大宰少弐武藤氏との連繫による建立で、両者の日宋貿易での結び合いを背景とするものであろう」としている［川添 一九八一］。

（14）十四世紀前半は、一色範氏・直氏が鎮西管領であった時期にあたる（一三三六〜一三五八年）。その実態については、川添［一九八二］に詳しい。

第三章　博多日記の考古学

はじめに

博多では十四世紀初頭を前後する頃、ほぼ一斉に道路が作られた。これらの道路は、南東から北西に伸びる縦筋を主として、これを横筋の道路でつなぐことで、不揃いながらも長方形街区を形作った。

博多日記という史料がある。東福寺の僧、良覚によって記されたとされるもので、同時代の見聞記として第一級の史料である。本稿は、発掘調査でえられた知見に博多日記を落としてみることで、博多の景観復原を試みるものである。

1　地形・街区の復原

十三世紀末頃、二度の蒙古襲来後も続く臨戦態勢を維持するため、博多に鎌倉幕府の出先機関である鎮西探題が置かれた。鎮西探題は、荘園・公領を問わず、九州の土地争論・訴訟を受け付け審理するとともに、九州の軍事・警察権を担った。探題には北条氏得宗の近親者が赴任し、蒙古襲来を契機に九州の所領に下向した関東御家人や在地武士を統率した。この頃、博多遺跡群では一斉に道路整備がなされており、鎮西探題の手になるものと思われる。

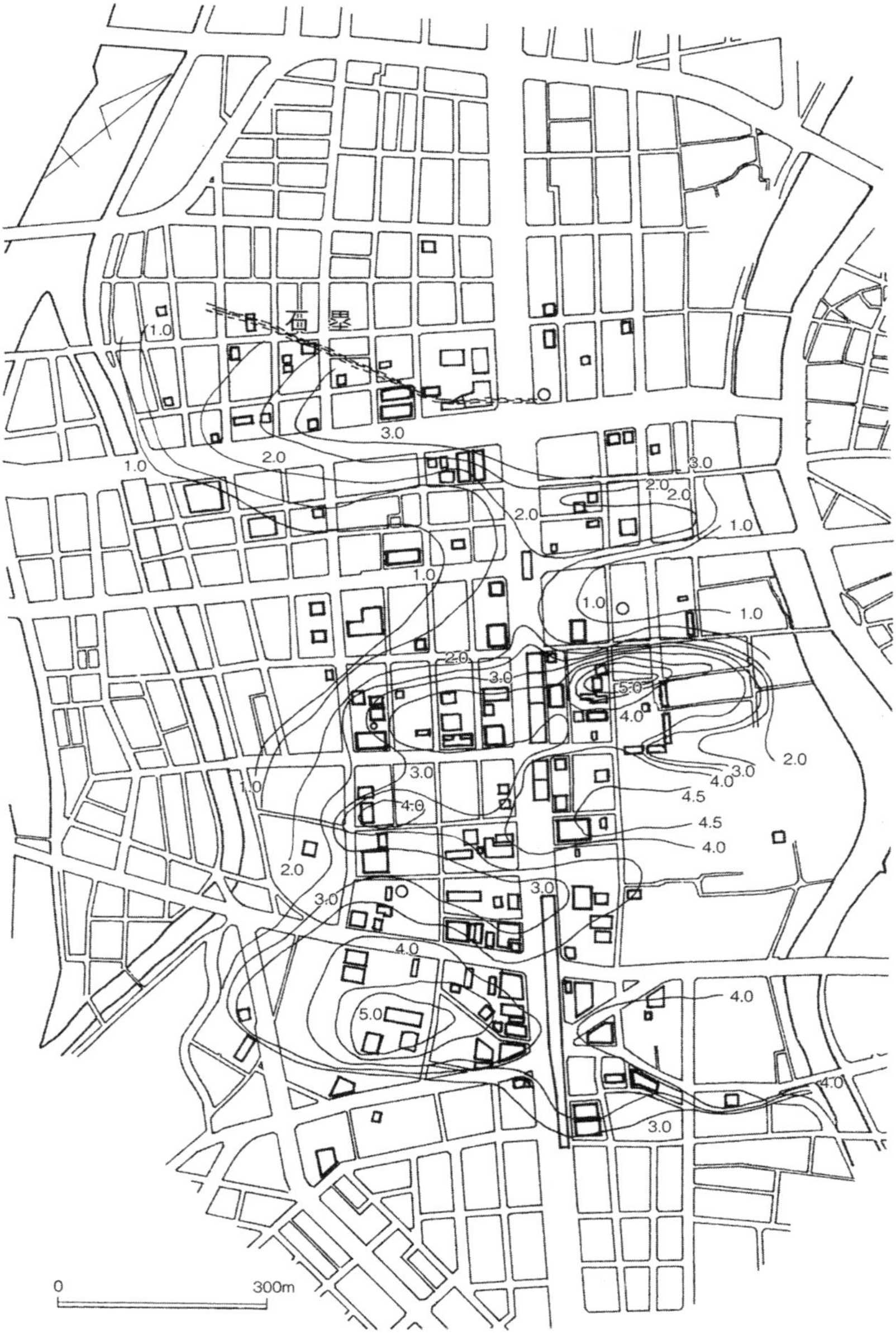

図１　鎌倉時代末期地形復元図

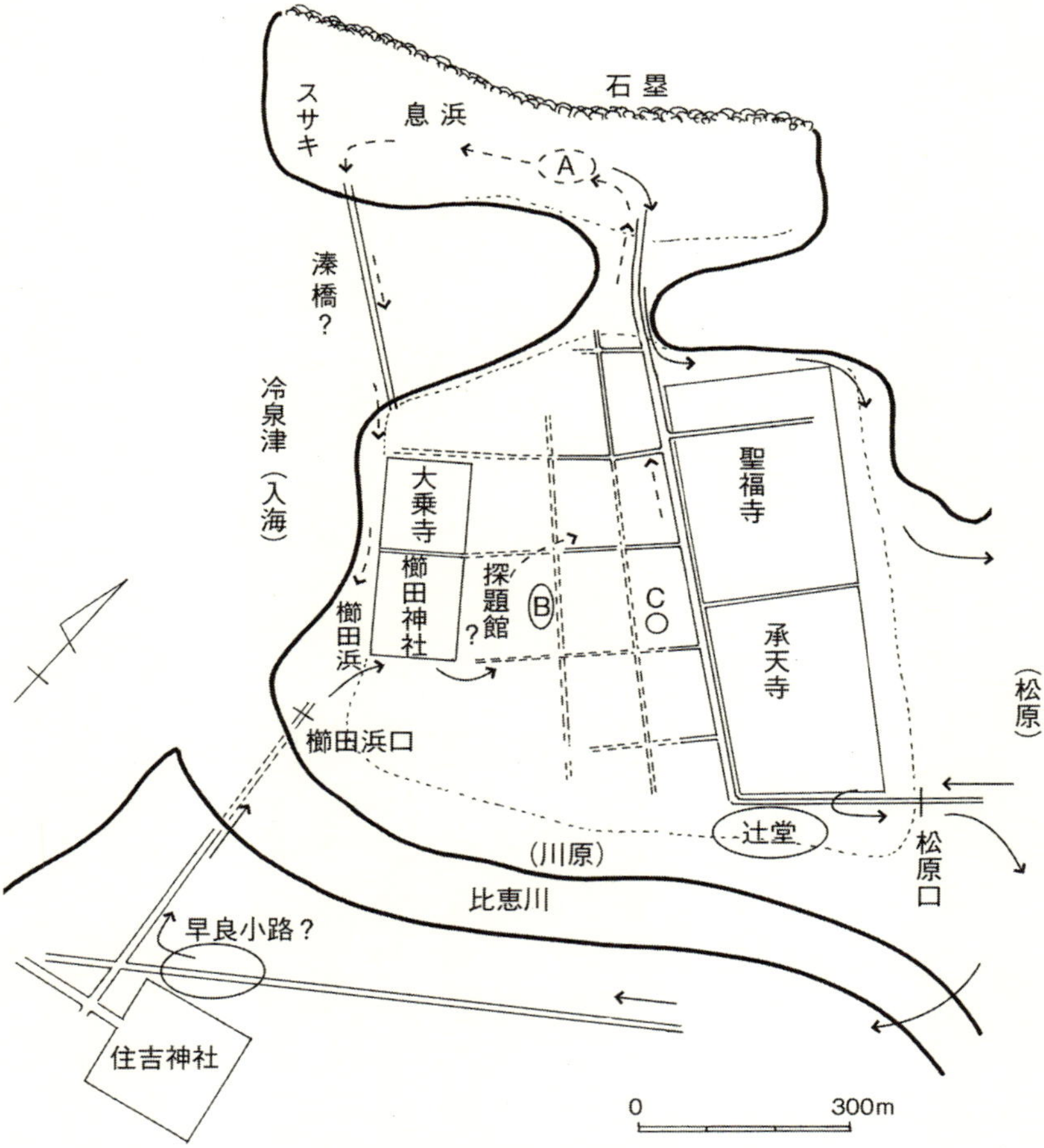

図２　鎌倉時代末期博多推定概念図

A 菊池宿所 推定
B 犬居馬場（近世馬場町＝祇園町上）推定
C 火葬頭骨出土遺構
╬ 発掘調査で確認された道路筋
╬ 推定復原による道路筋
→ 菊池武時進路 推定
⇢ 武蔵四郎・武田八郎進路 推定

図1は、発掘調査報告書で十三世紀後半から十四世紀前半と報告された遺構検出面の標高から等高線を引いたもので、おおむね鎌倉時代末頃の地形を示したものである。砂丘ⅠとⅡは、地表面に起伏をとどめる程度に埋め立てられ、一連の町場として発展していた(以下、両砂丘をまとめて博多浜と呼ぶ)。博多浜と息浜との間は、埋め立てが進んで狭まりはしているが、依然として低湿地が残り、両町場を画していた。

道路により区画された長方形の街区は、博多浜においてのみ見られる。これは、息浜が東西に伸びた痩せ尾根上の砂丘であり、海岸部を元寇防塁が画し、その内側のみが都市化したため、街区を形成するような広がりに欠けたからだと思われる。等高線の復元から想定される町場の範囲に街区、当時存在していたと考えられる寺社を加えた鎌倉時代末の博多想定図を図2に示す。

さて、この町場を舞台に正慶二年(一三三三)三月、九州における元弘の乱の始まりを告げる菊地武時の鎮西探題攻めが勃発したのである。

2　博多日記による景観復原

博多日記は、前田旧公爵家の尊経閣文庫に伝わる「正慶乱離志」の後半部分に当たる。前半部分は、楠正成の千早赤阪城の攻防戦について記したもので、「楠木合戦注文」と呼ばれる。後半部分との間には内容的に断絶があり一連の記録とは呼べないが、それぞれはまったく当時の記録であり、太平記などの文学作品とは異なってきわめて史料性が高いものといえる[森茂暁 二〇〇六]。

博多日記は、正慶二年三月十一日、菊池武時が探題館に着到した記事から始まる。博多の都市景観を考える上で有用な部分は冒頭の三日分、すなわち菊池武時による探題館攻撃・敗退のくだりであり、煩雑ではあるが、記事を追いながら景観復元を試みたい(1)。

正慶二年三月十一日、肥後国菊池二郎入道寂阿博多ニ付畢、同十二日出仕之時、遅参之間、不可付着到之由、侍所下廣田新左衛門尉問答之間、及口論畢、

菊池武時は、三月十一日に博多に入ったが、その日は探題館に顔を出さず、翌十二日に出仕した。博多に着いたのが夜間だったのであろうか。記事からはうかがえないが、後段で菊池の宿所が息浜にあったことが見えるので、肥後からまっすぐ博多に入り――おそらく水城の東門を抜ける道を北に上り、博多の南東端、後述する松原口から博多浜に入り、承天寺・聖福寺の前面を通る博多のメインストリートを通って陸橋部を渡り、息浜に入ったと思われる――、宿所に宿ったのであろう。そして翌日、探題館に出仕したが侍所の下廣田新左衛門尉に言いがかりを付けられ、その日は宿所に戻ったものと思われる。

同十三日寅時、博多中所々ニ付火焼払、寂阿カ筑州江州ニ立使者申云(中略)

十三日午前四時、菊池武時は博多の数箇所に放火した。その上で、少弐貞経・大友貞宗に挙兵を促す使者を立てている。後述するように、少弐・大友と一緒に探題館を攻める手筈があったようで、菊池の挙兵が、探題から着到を拒絶された、すなわち叛心を疑われたことによる急な決起であったため、参加を促したものであろう。

菊池捧錦旗松原口辻堂ヨリ御所ニ押寄之處、辻堂ノ在家ニ火付タル間、不及押寄シテ、早良小路ヲ下リニヲメイテ懸、(中略)櫛田濱口ニ打出、錦旗一流菊池旗并一門旗アマタ捧テヒカヘタリ、(中略)

菊池勢は、錦の御旗をかかげて松原口辻堂から探題館に押し寄せようとしたが、自らが放火した火勢のため押し寄せることができず、早良小路を下って、櫛田浜口に出て陣を張った。

辻堂は、承天寺の南端付近で近世には辻堂町として残った。辻堂町から房州堀を渡る出入り口は辻堂口とよばれ、瓦葺の門が構えられていた。要するに辻堂は承天寺の南側で、博多の縁辺に当たる。また、松原口という表現からは、

松原と博多との間に開いた出入り口という意味がうかがわれる。松原は、千代松原、箱崎松原と続く博多の東側に広がった松原であろう。すなわち、松原口は東から松原の中を抜けて博多の南辺に到ったところに設けられた口であり、松原口を入ると辻堂に到るという位置関係が想定できる。菊池勢は、松原口を入って辻堂に迫ろうとしたところで、火勢に遮られたのであろう。ということは、菊池勢は息浜の宿所を出て、博多の町に放火した後、いったん博多の東に出ていたことになる。

さて、菊池はどこから博多の東に出たのであろうか。息浜はその東にかけては地続きになっておらず、息浜から東に向かうことは不可能である。松原口からいったん外に出た可能性もなくはないが、図2に示すように探題館と松原口の近さ、探題館を攻めるために松原口を選択したことを考えると、松原口からいったん外に出るという進路は採りがたい。地続きで松原に出ることが可能な方法としては、博多浜の北辺を聖福寺の縁辺に沿って東にまわり込むという進路が想定でき、これであれば探題館から最も遠い、すなわち察知されにくい進路である。なお、少弐貞経は菊池から来た挙兵を促す使者を堅糟で斬首しており、少弐は堅糟に宿所を設けていたと思われる。あるいは堅糟薬師と呼ばれた東光院を陣所にしていたのかもしれない。

さて、松原口辻堂からの攻撃ができなかった菊池は、早良小路を下って櫛田浜口に向かった。櫛田浜は、櫛田神社に接した浜という意味であろう。櫛田神社は、博多浜の西縁に鎮座しており、櫛田浜とは博多の南西端の砂浜を指した呼称と思われる。そうすると、菊池は、博多の南東端から南西端に、大きく迂回したことになる。

早良小路については、対馬宗家の「馬廻御判物帳」応永十三年四月四日志波山次郎宛判物に「筑前国住吉之内三郎丸之拾貳丁、同早良小路やしき等之事(以下略)」とあり［長崎県 一九六三］、住吉の地名であったことがわかる。早良小路という名から見て、早良郡に向かう道であったことは想像に難くない。律令時代の官道を歴史地理的に推定した日野尚志氏は、大宰府に向かう駅路から分かれて西に向かう官道を住吉神社のすぐ北側に推定した［日野 一九七六］。この道を西に取れば、早良郡衙である福岡市早良区の有田遺跡にいたる。中世の菊池勢がたどった道が、古代の官道そのままであったとは考えにくい。しかし、日野氏の推定官道が正しければ、それはまさに博多遺跡群の南側を東西に通る道である。また、住吉神社との位置関係から見ても、中世の早良小路が、古代官道の名残であった可能性は考えて良いように思う。

早良小路を下った菊池勢は、住吉神社付近から比恵川を渡り櫛田浜口に出、旗を立てて陣容を整えた。櫛田浜口を先に見た松原口と対比的に見れば、博多の南西から博多浜に入る出入り口が櫛田浜口と呼ばれていたことがわかる。

武蔵四郎殿、武田八郎以下焼失ハ菊池所行トテ相向息濱、菊池宿之處、早ク菊地打出タル間、息濱ノスサキヨリ廻リテ、櫛田浜口ニ菊地引ヘタル處ニ追懸タリ(中略)

探題方の武士、武蔵四郎・武田八郎らは、博多に放火したのは菊池に相違ないと見破り、息浜の菊池武時の宿所に向かった。ところがもぬけの殻であり、「息濱ノスサキ」からまわって櫛田浜口に出たと記されている。「息濱ノスサキ」とは、現在の須崎町であろう。須崎町は、息浜の最西端にあたる。

さて、ここからが中世博多の景観を復原するにあたって、最大の難関である。息浜の西端をまわって櫛田浜口に出るには、息浜の西半分をぐるりとまわって陸橋部に戻り、博多浜の西縁をたどって櫛田浜に出ることになる。大まわりである。とても、すでに宿所を出て探題館に攻め向かった敵を追って急行する進路とは思えない。では、なぜ武蔵四郎らは菊池を追いかけるのに息浜の西端に向かったのであろうか。

近世の地誌に「湊橋」という記事が見える。『筑前国続風土記』付録には「此橋は古入海に架して澳濱に通ひしといふ。今鏡天神の側にある石橋の邊なりといふ。此外言傳ふる地あれとも一定しかたし。故に茲に洩らしぬ。此橋の長サ八十貳間有しといへり。又は百貳十間なりしともいふ。今は石橋の長さ僅に二間餘なり」とある(加藤一純・鷹取周成著、川添昭二校訂『筑前国続風土記付録』(上巻)文献出版、一九七七年)。近世には湊橋の位置も定かではないが、息浜の西側に長さ八二間とも一二〇間ともいう長大な橋が架かっていたという伝承があったことを記しているのである。また、延慶年間（一三〇八～一三一一）に聖福寺の住持であった鉄庵道生は、その詩文集「鈍鉄集」に「博多八景」という連詩を遺している。博多湾岸の景色を「瀟湘八景」になぞらえたもので、「長橋春潮」と題した七言絶句は博多の景観を詠ったものと考えられる。(2) この長橋が具体的にどこを指したものかは明らかではないが、鎌倉時代末の博多に名所となるほどの長大な橋が架けられていたことを示すものといえよう。

武蔵四郎らは、息浜の菊池宿所に駈け付けるのに、最短距離で駆けたはずであり、それはおそらく聖福寺前のメインストリートから陸橋部を通って息浜に至るルートであろう。この道を抜ける間、菊池勢に遭遇しなかったことからすれば、菊池勢がメインストリートから探題館に攻めかかるとか、東側から探題館に攻めかかる可能性が薄いと判断したに違いない。だからこそ、かれらは西側の櫛田浜に至る最短路を急いだのである。であれば、湊橋が実在した可能性は高いといわざるをえない。

　サテ御所ニ押寄、及合戦（中略）

櫛田浜口に駆けつけた武蔵四郎らを蹴散らした菊池勢は、探題館に攻め入った。そして激戦の後、菊池武時は敗死、その首は犬射馬場にさらされたのである。探題館での戦闘で討ち取られたものに、肥後に落ち延びていく道すがら探題方の武士に討ち取られた首を加え、二〇〇余もの首が犬射馬場にさらされたと博多日記は記している。

こうして菊池武時の鎮西探題攻めは失敗に終わるのであるが、博多日記は二十日の記事に続けて、風説をひとつ記している。

　一凡今度合戦ニ不思議事アリ（中略）自櫛田濱口ヨリ打入櫛田宮、此ハ御所カト云テ、二三反宮ヲ打廻、即人二人打コロス、サテ御所ニハ大手ハ寄タルカト人ヲ以テミセケレハ、使走反テ、サル事モ候ハスト申ケレハ、腹ヲ立、御所ニ押寄ケリ、神罰ヲ蒙カト披露アリ菊池武時が神罰を蒙ったというくだりであるが、菊池武時は探題館に攻めかかるつもりで誤って櫛田神社に討ち入っている。このことから、櫛田神社と探題館が近接していたことがわかる。櫛田浜口から進んだ場合、左右に並んでいたか、あるいは櫛田神社が手前に探題館が奥にという位置関係であろう。武時が討たれ首がさらされた犬射馬場が近世の馬場町につながるとすれば、探題館は櫛田神社の奥すなわち東に隣接していたことになる。

さて、ここで「御所ニハ大手ハ寄タルカ」と言うくだりに注目したい。菊池武時は、自らの手勢を搦め手の軍と意識していたことがわかる。すなわち、菊池勢とは別に大手の軍勢がいたことになる。しかし、実際には大手を受け持つ軍勢はいなかった。そこで武時は腹を立て、菊池勢単独での探題攻めにかかったのである。それでは、どこの軍が大手として期待されていたのか。武時は、博多の町に放火して息浜の宿所を進発したとき、少弐貞経と大友貞宗に挙兵を促す使者を立てている。少弐も大友も兵を起こさなかったわけであるが、菊池から少弐に出された使者は斬首され、大友に向かった使者は大友貞宗が「可打止之由」を告げるや逐電してしまった。このため、武時は両氏が兵を出さなかったことを知らなかったのである。こうしてみれば、大手軍が少弐・大友勢であったことは明らかであろう。そして、三氏の間で挙兵の盟約ができあがっていたに違いない。

博多遺跡群における初期の調査である、地下鉄店屋町工区D区の発掘調査で、十四世紀前半の火葬した頭骨を集積した遺構が発見された［折尾 一九八八、永井 一九八六］。数片の四肢骨が見られたが、ほとんどすべては第二頸椎から上の頭骨であり、一部未成年を含むが成人男性主体で、刀傷を受けたものも見られた。第二頸椎の数から、一一〇体分と推定された。同じ調査区で、これに関わると思われる茶毘遺構も検出されている。時期的な符合から、犬射馬場にさらされた菊池一族の首級である可能性が指摘されている。もちろん、菊池勢の首級と断定する根拠はないが、この遺構が中世博多の街区の只中に位置している点に注目したい。茶毘や火葬が行われた点から見て、屋敷地内であったり、町屋が建ち並ぶ一角とは考えにくい。開放的な空地が妥当であろう。また、さらし首が市で行われることが多いことを考えると、菊池勢の場合は探題館の犬射馬場にさらされたわけだが、地下鉄店屋町工区D区が含まれた中世街区を、博多の市が開かれた空間と推測することも可能ではないだろうか。

註

（1）博多日記は、角川文庫『太平記（一）』（岡見正雄校注、角川書店、一九七五年）や『太宰府・太宰府天満宮史料』巻十（竹内理三編纂、太宰府天満宮、一九七六年）、『続々群書類従』第三（国書刊行会編纂、続群書類従刊行会、一九七〇年。ただし「楠木合戦注文」として収録）などがあるが、誤記・誤植があるという。ここでは川添昭二編『鎮西探題史料集』（下、一九六五年）によった。

（2）堀本一繁氏のご教示による。また、川添昭二氏から、大江匡房があらわした『續本朝往生伝』の沙門高明の項に「博多の橋を造り」という一節があるという旨のご教示をいただいた。『續本朝往生伝』の成立年代、高明が師事した性空上人の没年（一〇〇七年）からみて、十一世紀初頭前後の記事と思われる。発掘調査成果からみれば、当該期において息浜はいまだ十分に陸化しておらず、「博多の橋」を息浜と博多浜とを結ぶ橋と考えるには無理がある。しかし、早い時期から、博多に特記に値するような橋が架けられていたことはうかがわれる。また、「博多八景」については林［二〇〇二・二〇〇八］が詳しい。

第四章　発掘調査からみた博多聖福寺と町場

はじめに

博多聖福寺は、鎌倉時代初期禅宗を携えて帰朝した栄西禅師を開山として創建された、臨済宗の寺院である。現在も博多の東辺にその偉容を誇っている。

ところで、中世末期の聖福寺には、その北側に寺中町が付属していた。聖福寺には「安山借家牒」とよばれる寺中町からの徴税台帳と、「聖福寺古図」という絵図が伝わっている。「聖福寺古図」では、聖福寺北側の寺中町は、梯子状の道路とそれに面した家並みとして描かれる(図1)。いずれも十六世紀中頃のものと推定され、寺中町の様子を知る上で第一級の史料である。

この聖福寺の寺中町は、近世の博多を形作った太閤町割り(一五八七年)に取り込まれ、今もその道路筋の一部をとどめている。

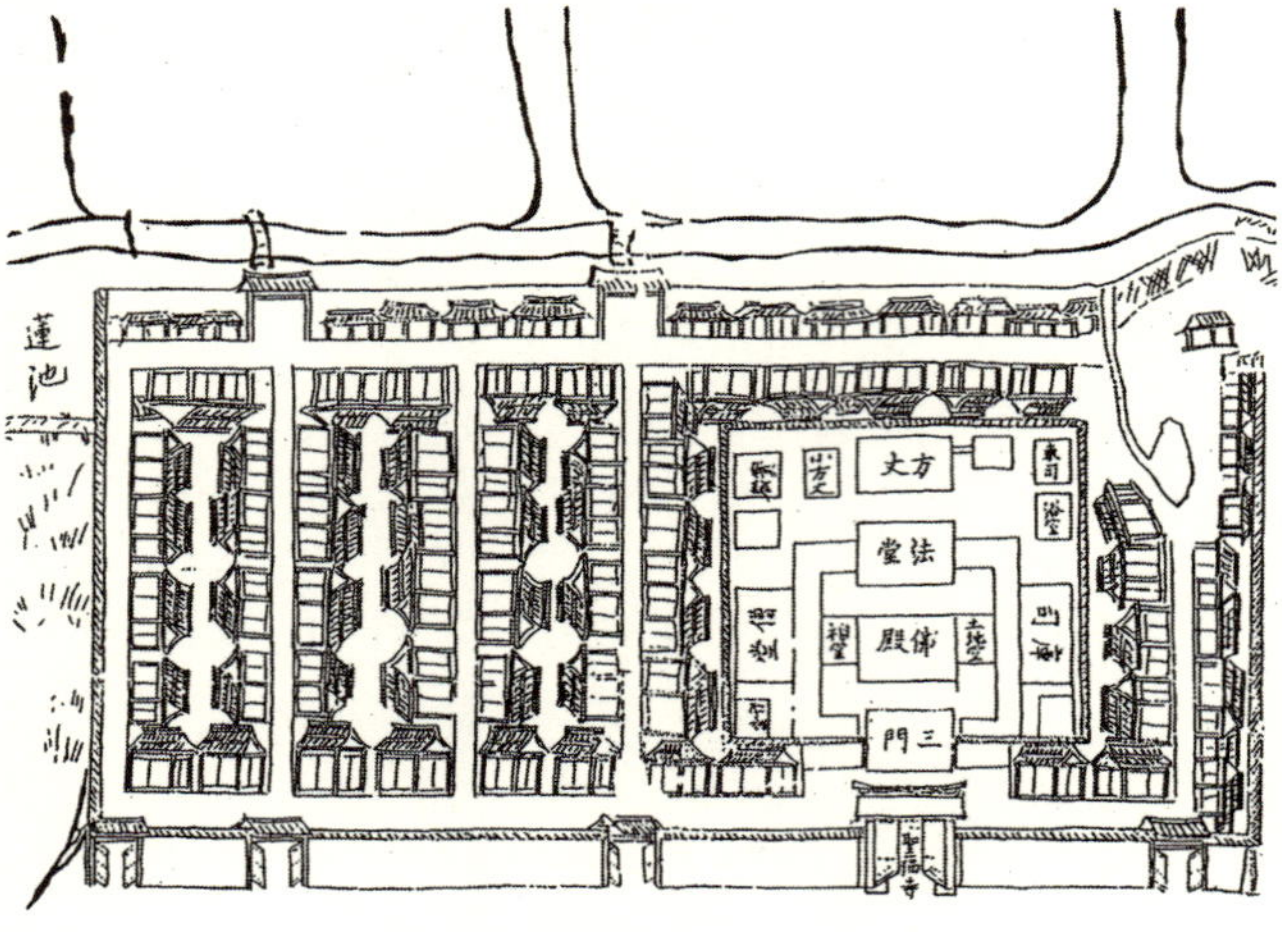

図1　聖福寺古図(宮本 1991 による)

聖福寺寺中町の推定範囲においても、開発に伴う発掘調査事例は増加しているが、これまで三地点において寺中町の中世街区関連遺構を検出することができた。本稿では、聖福寺境内と寺中町街路の調査成果から、聖福寺と町場の関わりを考えてみたい。

1　聖福寺境内・塔頭の調査

(1) 第一九〇次調査［福岡市教委二〇一二］

第一九〇次調査は、聖福寺仏殿の改築に当たって実施した史跡の現状変更に先立つ確認調査で、現在の聖福寺境内においては唯一の発掘調査事例である（図2）。小面積の調査であるうえ、基本的に最下層までは掘削しないという方針であったため、成果は限定的であった。

限られた範囲で時代的な変遷をたどると、十二世紀以前においては、自然砂丘が露出していた可能性が高い。砂層中に人骨が散見できたところから、砂丘が遺棄葬の場になっていた可能性がある。

明確な遺構面が形成されるのは、十三世紀代である。

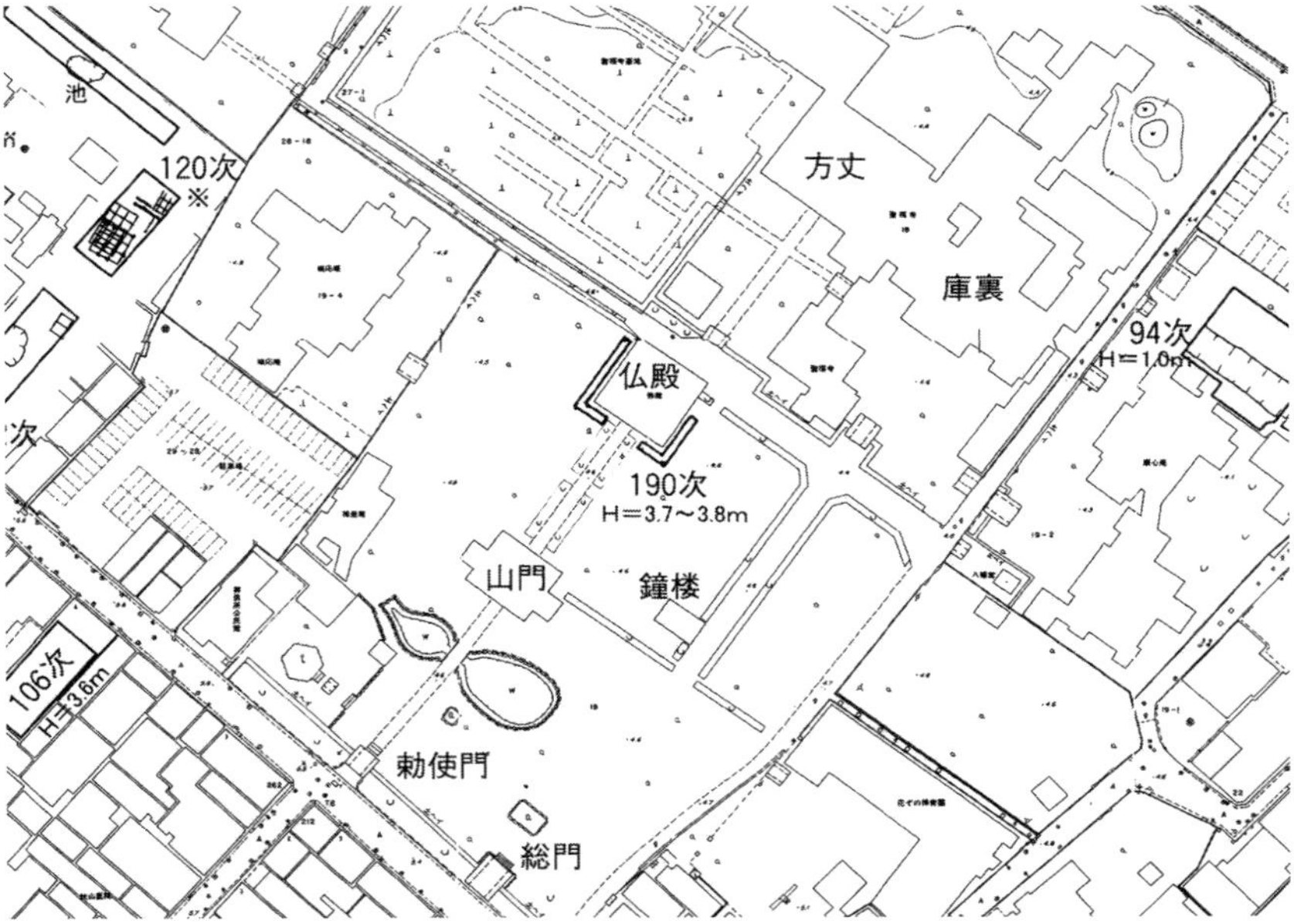

図2　聖福寺境内発掘調査地点位置図

これは聖福寺の創建年代と近く、それまで土地利用がなされていなかった地域が、聖福寺の寺域に取り込まれたことを示すものといえよう。

その後、十六世紀とみられる粘土整地面まで、明らかな地業の痕跡は残っていない。しかも、整地層を含む中世の包含層は薄く、六〇センチ前後にすぎない。一方、砂丘砂層の標高を周辺の調査区と比較すると、明らかに高い。

これらのことから、聖福寺はもともと標高が高い砂丘の高所を選んで創建されたものだが、その後の復興・再建にあたっては、その都度旧地盤を削平したものと考えられる。その結果、過去の基盤を形作ったであろう整地層はほとんど失われてしまい、遺構としては残っていないのであろう。

(2) 第一〇二次調査・一二〇次調査・一〇七次調査［福岡市教委 二〇〇二］

聖福寺境内の北に隣接し、塔頭が並んでいたと推定される部分での調査である。道路新設に伴うもので、一〇二次調査・一二〇次調査・一〇七次調査は、この順に南から北に、鍵の手に屈折しながら連続する(図3)。

一〇二次調査・一二〇次調査B区は、小砂丘間の低地、一二〇次調査A区から一〇七次調査は、砂丘上にあたり、今回報告した四地点は、小規模な砂丘間低地をL字型に調査した形となる。

一〇二次調査地点では、最下層は、河口性の砂であった[1]。それを覆うのは、湿地的な環境を示すグライ化した土と鉄分を含む砂の互層であり、自然堆積である。言い換えれば、最下層とその上二〇センチ程度分を除けば、すべて人為的な堆積ということになる。

類似の状況は、一二〇次B区においてもみられた。一二〇次A区においては、その南側半分が落ち込んでおり、一二〇次B区・一〇二次調査区の低地につながっていく。すなわち、一〇二次調査地点付近から北東に、砂丘の谷地形が存在したのである。これに小河川が流れ込んで、河口性の砂が堆積していた(平安時代後期以前)。その後一〇二

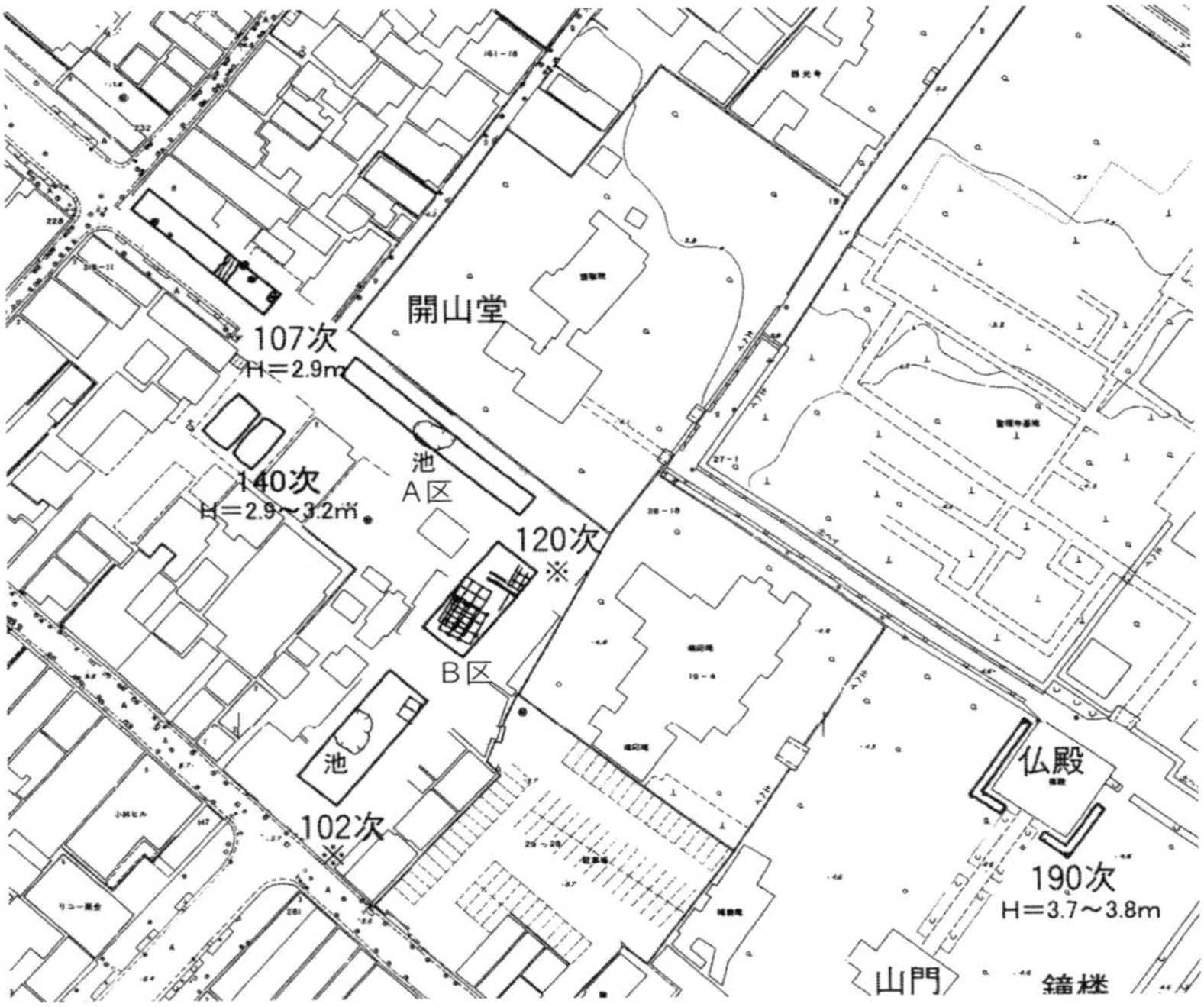

図３　聖福寺塔頭調査地点位置図　※埋立地

次調査地点付近で大規模な埋め立てが行われる一方で、一二〇次B区から一二〇次A区にかけては、大きな池状の地形が人為的に作り出された（意図的に池を作ったか否かは不明）。この池は、一度全体に埋め立てられはしたが埋まりきらず、残っていた。池の周囲の埋め立てが進行した時期は、十二世紀前半から後半にかけてである。十三世紀前半代になって本格的にこの旧谷地形を埋め立て、以後、粘質土を敷いた細かい単位の整地が繰り返されて、安定した生活面を作り続けることとなる。

室町時代以降、一二〇次B区付近には、聖福寺塔頭の継光庵が存在した。一二〇次B区で検出した礎石建物や分厚く堆積した粘土による広範囲の整地層群は、継光庵に伴う可能性が高い。同様な整地は一〇二次調査地点や一二〇次A区でも見られ、池など庭園と考えられる遺構が調査されていることを考え合わせれば、一〇二次調査地点・一二〇次A区調査地点を含む範囲に、寺院敷地が展開していたものと考えて大過ないだろう。

一方、一〇七次調査地点では、このような整地層は検出されなかった。一〇七次調査地点は、砂丘上に立地しており、古墳時代の六世紀以降古代・中世を通じて、多数の遺構が営まれていた。特に九世紀から十二世紀には、土壙墓が営まれ、祭祀土坑が掘られ、経筒が埋められるなど、特殊な空間であったことを思わせる。その後、場としての特殊性は感じられなくなるが、逆に生活遺構の密度は高く、他の三地点とは好対照をなしている。一〇二次調査地点や一二〇次調査地点が寺院敷地となった当初、おそらく一〇七次調査地点がそれに取り込まれることはなかったに違いない。一二〇次A区調査地点と一〇七次調査地点の間には、現在路地が通っている。この道筋は、後述する七四次調査でその延長が発掘されており、十四世紀初頭に作られた道路であることが判明した。一〇二次・一二〇次調査地点を含む寺院敷地と町屋域とは、おそらくこの道路を境にしていたのであろう。

2　寺中町街路の調査

(1) 第七四次調査［福岡市教委 一九九五B］

街区関連遺構を検出した三地点の内では最も聖福寺寄りの調査地点である。十四世紀から十六世紀末まで続いた道路遺構を検出した。遺構検出面は、五面設定されているが、第二面から第三面までが道路の時期にあたる(図4)。

第二面は、十五〜十六世紀の遺構検出面である。道路と、それにぎりぎりに接した掘立柱建物跡がみられる。柱穴は小さく、建物規模も間口二間程度に留まる。第三面には、十四世紀代があてられている。調査区の南端近くから、道路に沿って三基の礎石が検出され、門の礎石と考えられたことから、大型の建物区画の一部と推定されている。

ちなみに十一世紀後半〜十三世紀後半の第四面では、第三面以降の道路につながる区画や方向性はまったく見られなかった。

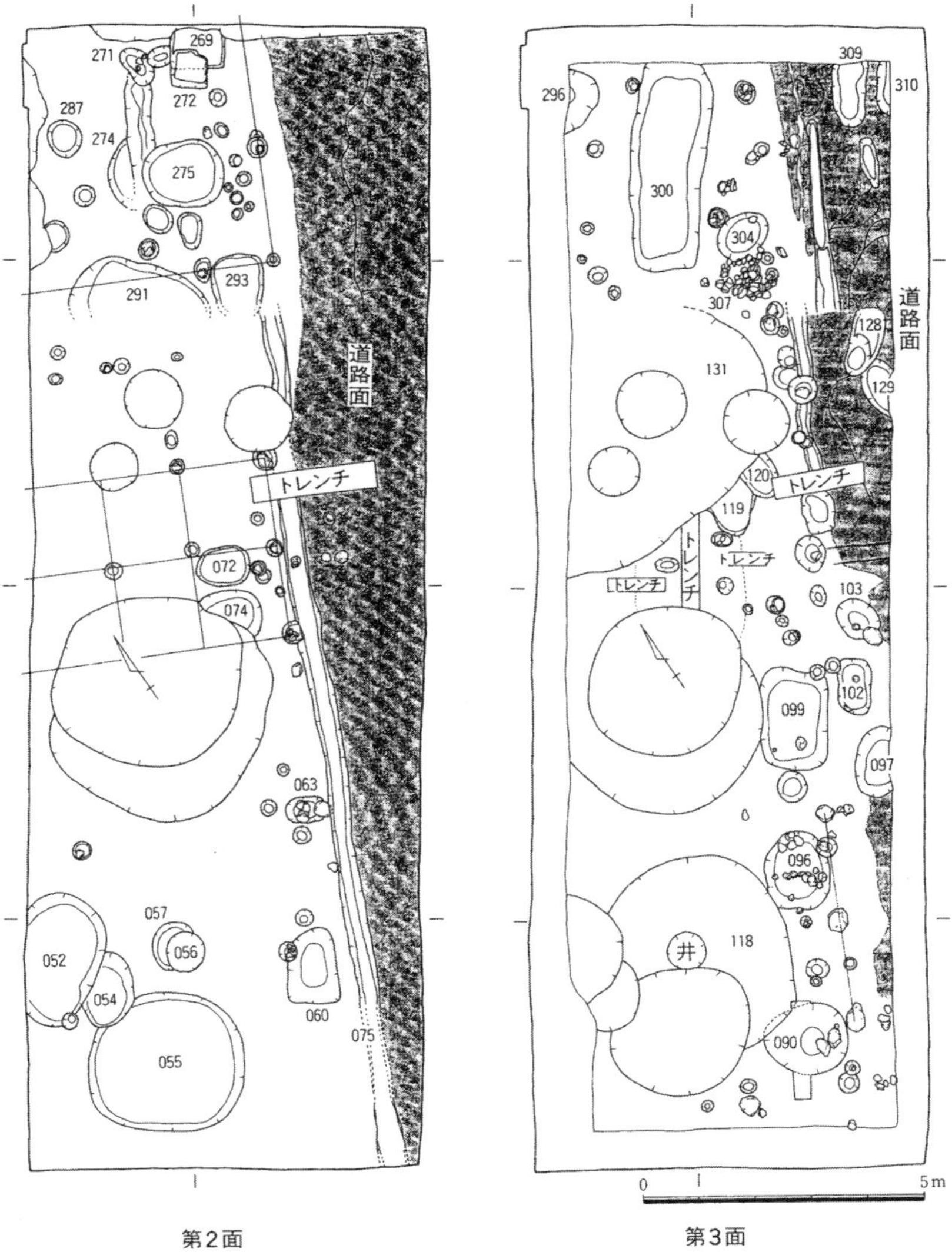

図4　第74次調査検出遺構

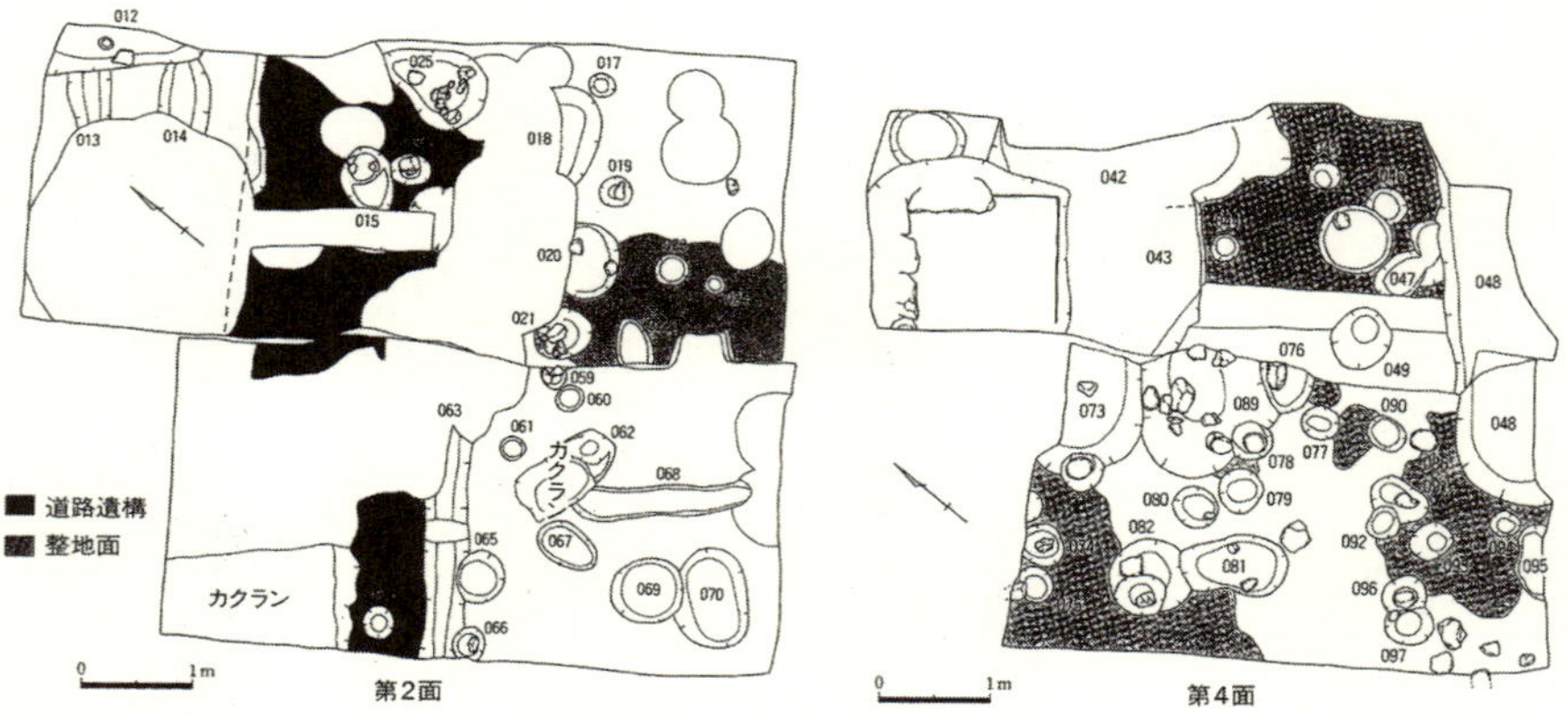

図5　第84次調査検出遺構

(2) 第七六次調査［福岡市教委 一九九三D］

三地点の中では最もはずれにあたる調査地点である。聖福寺が位置する博多浜砂丘の縁辺にあたり、現状でも調査地点の背後はほどなく段状に傾斜して落ち込んでいる。発掘調査では、第五面から築地塀の基礎と考えられる遺構が検出された。十四世紀代と推定されている。その上位である第四面では、二列の柱穴列が確認されており、若干時期を違えた塀跡と推定されている。時期は、十五世紀という。十六世紀から近世前半の第三面では、区画のための施設はまったく見られなかった。

(3) 第八四次調査［福岡市教委 一九九七B］

第八四次調査では、八面の遺構検出面を設定している。このうち、第一面から第六面までが聖福寺の時期に該当する。第一面と第二面では、道路遺構を検出した(図5)。

第一面は、もっともさかのぼる遺構で十六世紀末、ほとんどが近世のものであった。第二面は、ここに最初に道路がつくられた当時の生活面であり、十六世紀代にあてられる。第三面は、灰白色の粘土による整地面である。おおむね十五世紀頃と思われる。第四面は、焼土混じりの黄灰色粘土による整地面である。柱穴に礎板の石を沈めたものが目だった。また、本来は

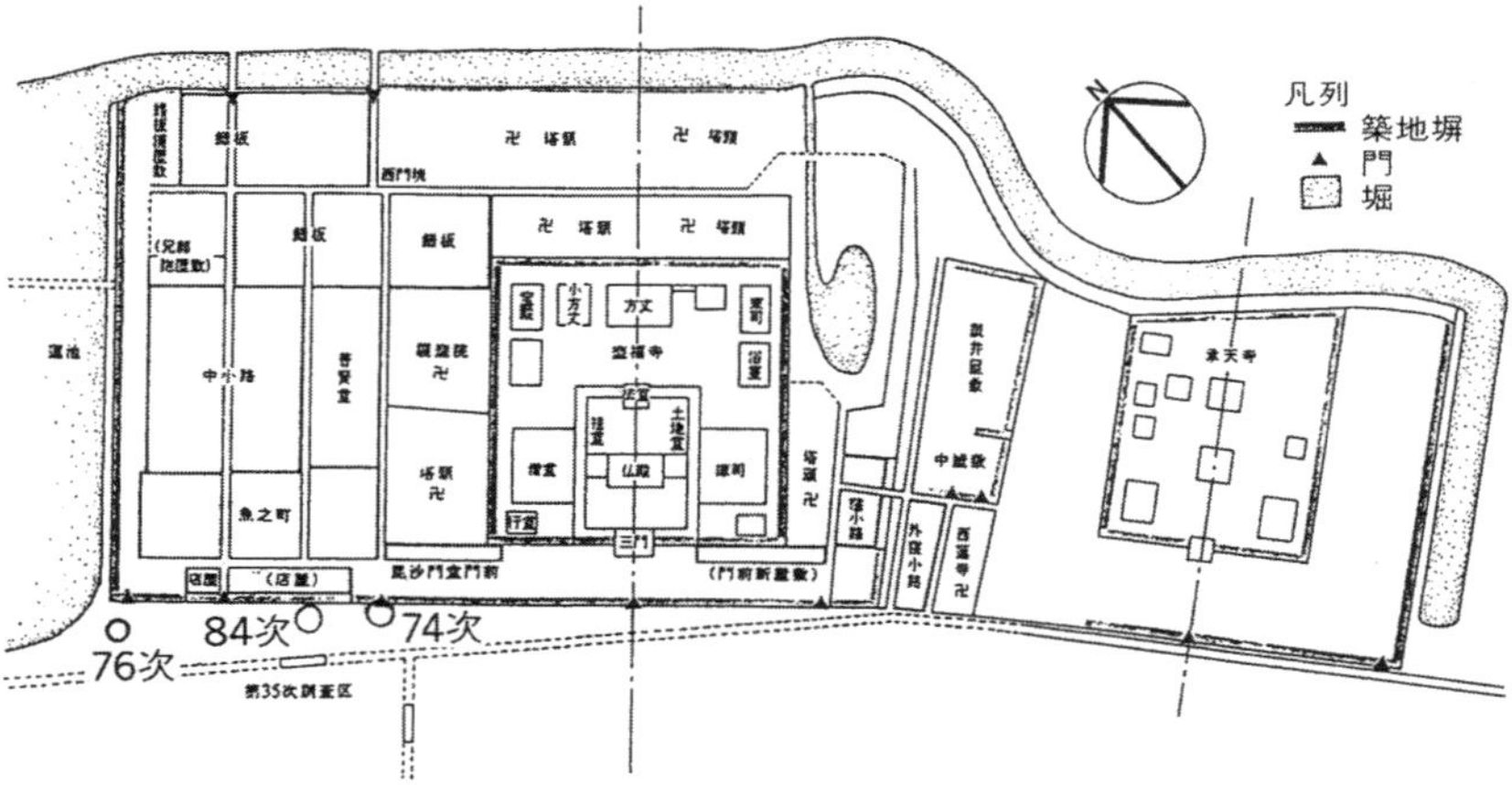

図６　聖福寺寺中町推定復元図
（宮本 1991 に加筆。74 次・76 次・84 次調査地点はおおよその位置を示す）

掘り込みを伴ったのかも知れないが、面上にやや浮いた形で検出された礎石も見られた。これらは、比較的大きな扁平な石を用いたもので、第三面以上の検出面では見られなかった遺構である。第四面をおおう整地層を考えあわせて、ここに比較的規模の大きい建築物を想定できよう。おおむね十四世紀と考えられ、特に整地面としては、十四世紀前半に絞り込んでも支障ないものとされている。第五面は、焼土面と鉄分が沈着して硬化した面である。十三世紀後半代の時期が比定される。第六面は、固く縮まった焼土層の上面で、下面は黒褐色の焦げた面＝火災面であった。よって、火災後の復興に伴う地均しの結果が焼土層の堆積になったと考えられた。十三世紀前半に比定されている。

3　出土した街路と寺中町の復元

さて、「安山借家牒」と「聖福寺古図」を検討した宮本雅明氏は、両者から十六世紀中頃の聖福寺境内を図6のように復原した［宮本一九九二］。各調査地点は、それぞれ寺域を限る築地塀、普賢堂道、護聖院裏の道路に該当しよう(図7・8)。なお、聖福寺の前面を横切る幹線道路は、第三五次調査などの発掘調査によって発見された

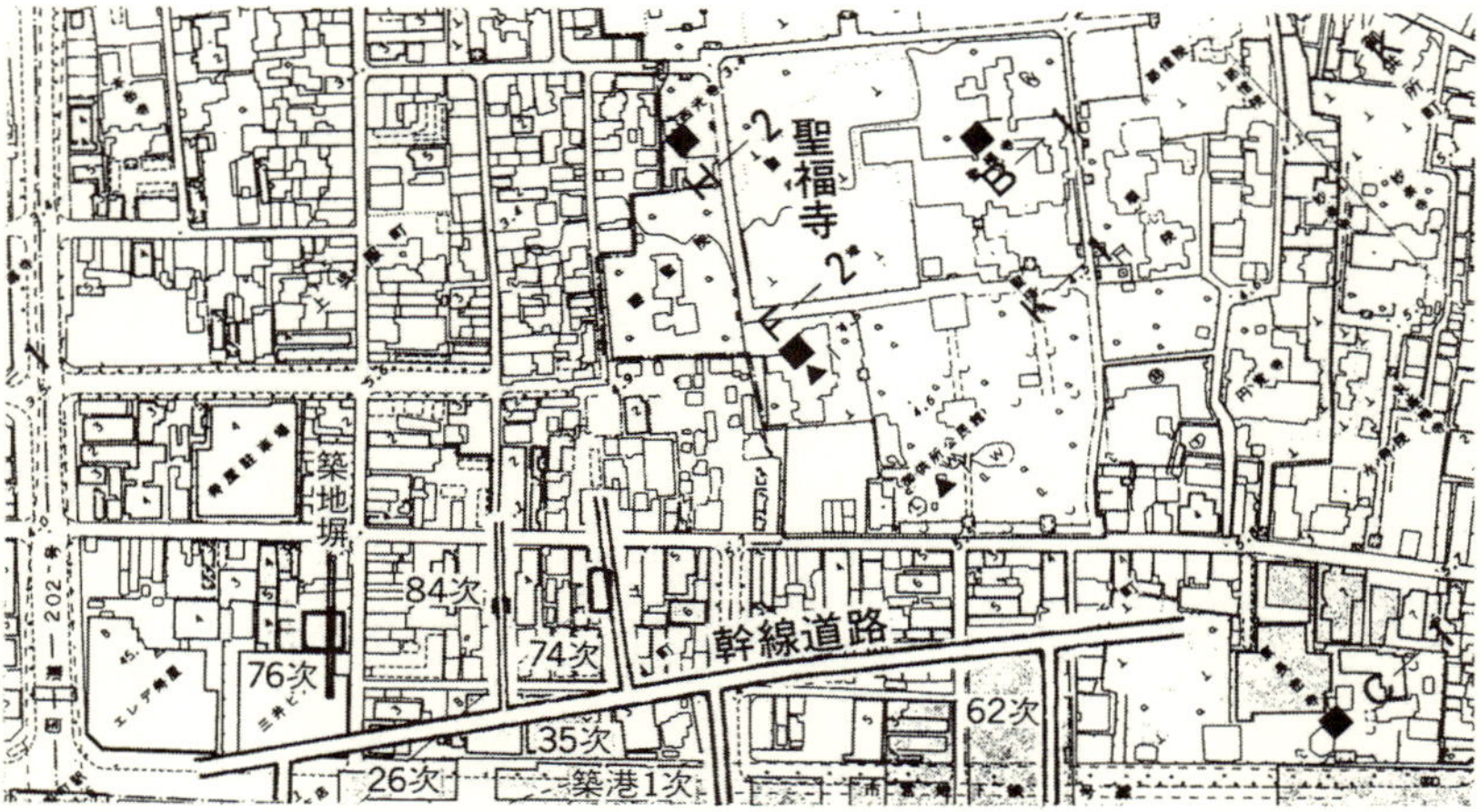

図7　聖福寺寺中町周辺道路遺構(1/4000)

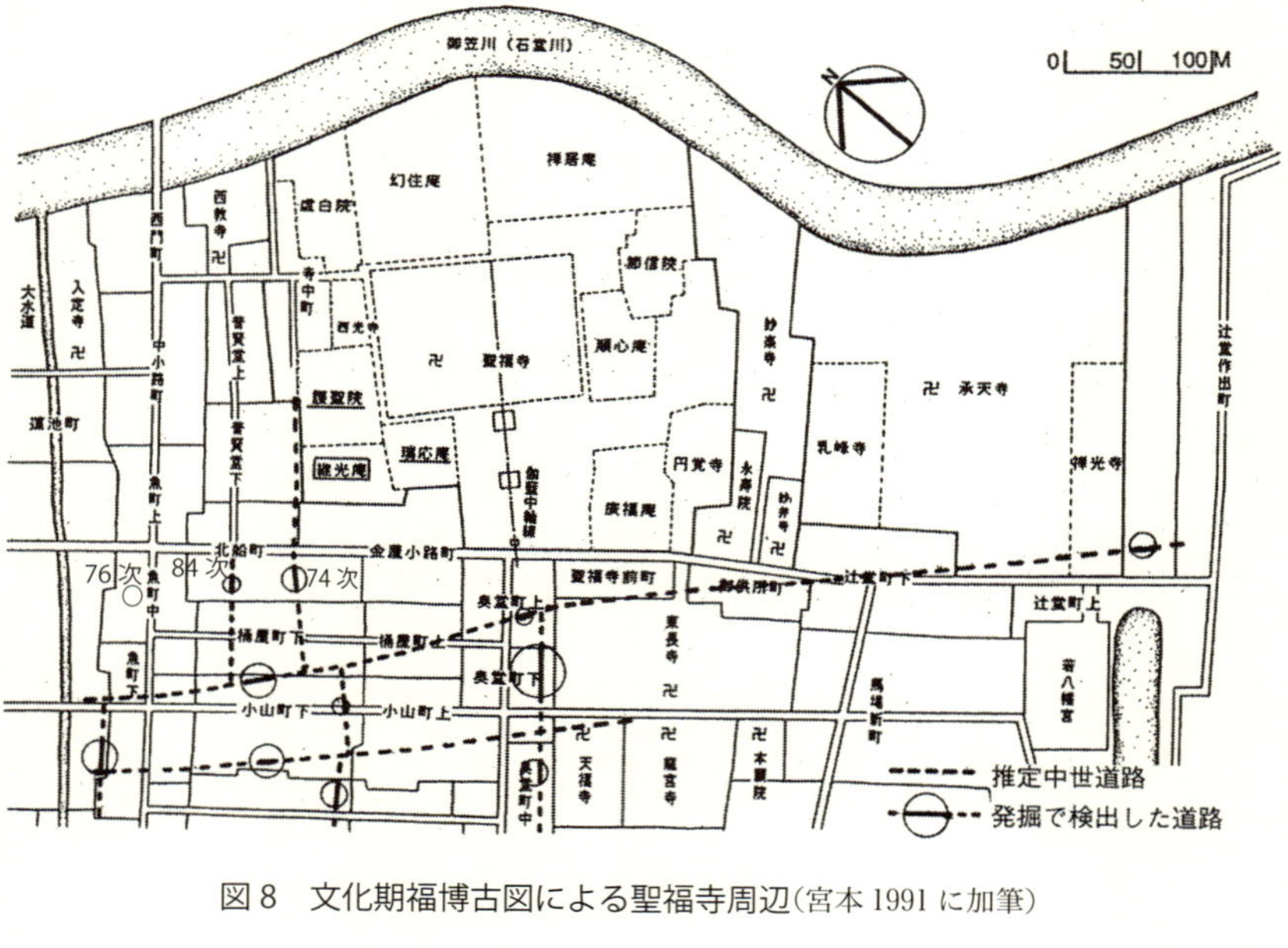

図8　文化期福博古図による聖福寺周辺(宮本 1991 に加筆)

道路である。宮本氏は、この復原図では幹線道路と聖福寺の築地塀との間に若干の余地を設けている。ただし、同時に築地塀を幹線道路に面させる復元の可能性も指摘している。各調査の成果によれば、それぞれの道は、図6の復原よりも幹線道路方向に延びていたはずで、後者の復原案を支持するものといえよう。

宮本氏によれば、普賢堂は、片側町であるという。さらに、近世では厨子流に属し、博多の七厨子のひとつに数えられる点から、両側町の中小路が先に形成され、普賢堂は遅れて辻子として開発されたと推測している。

第八四次調査の成果からこれを見ると、まず、十六世紀代の遺構検出面である第二面よりも下位では、道路遺構はみられなかったことがあげられる。第七四次調査で検出された道路は、十四世紀前半に作られ、十六世紀末まで続いていた。十四世紀前半という時期は、博多で道路が整備された十三世紀末〜十四世紀初めからさほど隔たらぬ時期である。してみると、第八四次調査の道路遺構は、かなり遅れて通されたものと見なくてはならない。調査面積が狭く、道路の両側、特に北側はほとんど調査できていないので、残念ながらこれが片側町であったか否かは、確認できていない。しかし、少なくとも、普賢堂通が十六世紀に入って辻子として通されたことはまちがいないといえよう。

それでは、普賢堂通が通される以前の状況はどうだったのだろうか。十三世紀後半の第五面以後たびたび全面にわたって粘土を貼った整地が行われていることに注目したい。さらに第五面・第四面では扁平な石を礎板や礎石に用いた建物が、第三面では柱の根固めに石を充填した建物が建てられていた。これらのことは、この場が、一般住宅とは異なる建物空間であったことを示すといえるのではないだろうか。類似の状況は、第七四次調査においても確認されている。また、聖福寺の北限を調査した第七六次調査の所見では、十四世紀には築地塀が築かれていたが、十五世紀にはすでに崩れて板塀にかわっている。

第八四次調査における整地と建物、第七四次調査における大型建物区画の存在、さらにそれらが十三世紀前半以前にまでさかのぼらないことなどは、これらの地点が聖福寺あるいはそれに関連した宗教的施設（塔頭・子院など）の敷地であったことを示すのではなかろうか。聖福寺には、盛時には子院が三八あったという。これらは現在ほとんど残らず、その場所さえ伝わっていない。聖福寺の北東は、かつて低地であったと推測される。南東は、ほどなく承天寺の寺域となる。南西側には、聖福寺の前面を通って幹線道路が通り、その向かい側には奥堂氏屋敷をはじめ商人町人の家並みが広がっていた。そうすると、多数の子院が建てられる余地は、北西側、十六世紀に寺中町があったその場所しか考えられない。第八四次調査や第七四次調査の成果は、この推測を支持しているものといえる。

4　聖福寺と町場

聖福寺は、文治三年（一一八七）から建久二年（一一九一）にいたる二度目の渡宋を果たして帰朝した栄西によって、建久六年（一一九五）に創建されたとされる。建久六年六月十日付の「栄西申状」によれば、聖福寺は宋人が堂舎を建立した旧跡である博多百堂の地に建てられたという（『鎌倉遺文』七九六、偽文書とされるが聖福寺創建にかかわる伝承としてしばしば引用される）。かつて、聖福寺境内からは骨蔵器が出土しており、百堂を墳墓堂と見て、宋人の葬地が存在したと考えられてきた。境内で行った第一九〇次調査によれば、十二世紀末もしくは十三世紀初頭に、それまで遺棄葬の場になるなど、積極的な土地利用がなされていなかった博多浜東部の砂丘の高所を選んで創建されたと考えられ、「栄西申状」の所伝が裏づけられたといえる。すなわち、聖福寺は宋商人の援助のもと、彼らの葬送の場の跡地に建てられたということになる。すぐ北には、小砂丘間に低地があったが、聖福寺創建頃から埋め立てが始まり、十三世紀前半の内には子院・塔頭が作られた。聖福寺の寺域は次第に拡大して、北西側の居住域を呑み込み、多数の子院・塔頭を展開した。その最盛期はおそらく十四世紀であり、このころ博多浜の北限ぎりぎりまで拡大し、ここに築地塀を設けた。しかし、十五世紀以降、室町幕府の弱体化の中で博多は有力な守護大名の争奪の対象となり、聖福寺も盛時の寺容を維持できなくなっていく。築地塀はほころび、やがて板塀にと変わる。子院は荒廃し、そこに博多の市中からあふれでた零細な商人・職人がはいりこんで、次第に町場と化していったと思われる。一方、聖福寺側はこの流れに歯止めをかけることはできず、むしろ取り込むことを考え、普賢堂道を通し、町場を再編したのではなかろうか。おそらく、その成果を示すものが「安山借家牒」なのであろう。

中世の博多で、その創建が都市の成立時期にまでさかのぼる寺社は、現在ではまったく知られていない。博多遺跡群から出土する墨書資料からは、十二世紀代にさかのぼって僧や寺の存在が示されるが、史料的に知られる最も古い寺社は、聖福寺の鎌倉時代初期である。すなわち、名前が伝わる中世の寺社は、すべてすでにできあがっていた町場にのって築かれたものといえる。聖福寺の寺中町の発掘調査からは、聖福寺が隣接する町場を（有力武士・商人などからの施入によるかもしれないが）子院・塔頭としたこと、それが室町後半期の不安定な政情のもとで荒廃し、今度は町人によって蚕食された様子、ついで聖福寺側がこれを積極的に再編成し、寺中町として取り込んだことが推測された。寺中町の住人は、本来聖福寺に信仰的な拠り所を求めてここに住み着いたわけではなかっただろうし、聖福寺もそれを問題にはしなかっただろう。この点が、一向宗寺院に見られる寺内町との本質的な違いである。(2) 思うに、中世の都市・都市住民と宗教との関わり方としては、ありふれた姿のひとつだったのではなかろうか。

註

（1）以下の記述は、発掘調査当時にご指導いただいた磯望氏のご教示による。（現西南大学名誉教授、調査を実施した二〇一〇年当時、西南大学教授）

（2）本稿で「寺内町」という言葉を使わず、聖福寺北東のこの領域に近世以降伝わる町名をとって、「寺中町」と呼んできた由縁である。

第五章　戦国時代の博多

はじめに

「博多」は、いうまでもなく中世を通じて対外貿易の港として栄えた都市である。福岡市教育委員会では、都市「博多」の遺跡を博多遺跡群と呼んで周知化し、文化財として保護の対象としている。博多遺跡群は、福岡市の都心部の直下に眠っており、事実上現状保存は不可能に近い。その結果、各種開発行為にあたっては、発掘調査を実施するという記録保存での対応を強いられてきた。本章は、それらの調査成果に基づいて、戦国時代の博多遺跡群の景観を、復元的に描写しようと試みるものである。

さて、戦国時代の博多の景観については、これまで考古学の視点から語られることは少なかった。

建築史の宮本雅明氏は一連の論考［宮本・山路 一九八九A・B、宮本 一九八九A〜D・一九九二］で、天正十五年（一五八七）の太閤町割りを論じた。宮本氏は、戦国期の博多について、都市形成の核として寺社を捉え、大寺社とそれに付属した門前町の複合体であったとした。太閤町割りはこのような核を一切否定し、権力者のもとに画一的に均したものであるとし、「神仏指向」から「天下人指向」への転換と呼んだ。

これに対し、筆者は、大寺社の創建が博多における街区の形勢よりも遅く、町場形成の核として大寺社を想定することはできないとし、寺社が門前町を従えて分立する光景は、創建後年月を経た結果にすぎないとした。ただし、十六世紀に限れば、寺社を核とした町並みと、それらをつなぐ街路沿いの家々という構成は、認めて良かろうと考えた。筆者は、十四世紀にさかのぼる博多の中世街区の不規則性を、地形的な要因によるものとし、太閤町割りを契機とした近世都市への転換は、「自然条件適合」から「統一権力強制」への変化と位置づけた(本書Ⅱ第六章)。

本章では、戦国期特に十六世紀の博多に関して、寺社を核とした町場、街路沿いの町場、核を持たない密集した町場から構成されていることを確認する。そして、稠密な町場の構成要素として、十五世紀後半に短冊型屋敷地割が街区内に形成され、さらに戦国期の都市の完成形態として、十六世紀半ばに堀と自然地形による惣構が形作られたことをみる。その結果、博多における近世都市景観の形成は、いわば破壊的転換であったことを論じたい。

1　争奪と戦禍

まず、文献史学の成果から、都市「博多」の戦国史を概観しておこう。

鎌倉時代に鎮西探題が設置されて以来、博多は九州の政治・軍事の中心になった。また、対外貿易港を擁するという経済的重要性もあいまって、早くから諸勢力による争奪の対象となった。鎌倉幕府に対する後醍醐天皇の挙兵に応じて鎮西探題館でおきた博多合戦を皮切りに、博多も南北朝の戦乱の渦中に呑み込まれる。

九州の南北朝動乱は、征西将軍宮の活躍のため、全国で最も遅くまで激しい戦闘が続けられた。この間博多を支配したのは、足利尊氏が九州の要としておいた九州探題の一色範氏であり、観応擾乱の主役の一人である足利直冬であり、征西将軍宮懐良親王であり、征西将軍宮を逐って九州の南朝勢力に止めをさした今川了俊であった。まさに九州の覇者の拠点となったのである。

今川了俊が足利義満によって解任された後も、博多は後任の九州探題らの拠点となったが、もはや有力な武将の本拠地とはならなかった。博多に食指を伸ばして実効的な支配を企てたのは、筑前の少弐氏、周防の大内氏、豊後の大友氏であった。これら有力守護大名のもとで、博多には重臣や代官が配置されたが、彼らの本拠地になることはなかったのである。

博多の貿易商人は、高麗の後を襲った朝鮮王朝から官職や図書印を受けて、受職人・受図書人として日朝貿易を繰り広げた。また、室町幕府の遣明船に参加し、琉球国使と称して琉球を核とした東アジア貿易に加わった。

博多には明使が訪れ、高麗や朝鮮王朝の名臣が歓待され、東南アジアの使節まで上陸したという。彼らの宿舎としては、博多の寺が利用され、さまざまな文化交流が繰り広げられたのである。

一方、次第に武将らによる勢力争いも熾烈さを増し、しばしば博多の町も戦禍に晒された。佐伯弘次氏によれば、文献史料からうかがえる火災の記事は、鎌倉期から戦国期まで、七度に及ぶ。このうち、戦火によるものは六例、時代的には十三世紀後半から十四世紀前半と、十六世紀後半に集中している。この集計には、同時代の一次史料で確認できない天正十四年の島津氏による焼き討ちは加えられておらず、これを入れればさらに十六世紀の戦火の例は増えることになる。佐伯氏は、これを評して、「いずれも政治的に不安定な時期であるが、前者は博多の都市発展の時期に相当し、後者は博多の地位の低下の時期に相当しており、対称的である」という［佐伯一九九五］。

さて、火災の都度、必要とした時間の差こそあれ、博多は復興したわけだが、一五八〇年代の焼亡は壊滅的な打撃を与えたらしい。この戦火から博多を復興したのは、天正十五年（一五八七）に博多入りした豊臣秀吉である。島津氏を逐って九州を平定した秀吉は、五人の町割奉行に命じて博多の再興にあたらせた。これが、いわゆる太閤町割りである。

秀吉政権下、博多は小早川隆景の領地となる。隆景は、博多の東六キロの名島に築城し、藩都とした。その後一時的に秀吉の直轄地となるが、朝鮮に対する侵略戦争である文禄・慶長の役で、博多商人は後方支援に活躍し、博多の完全な復活はなったのである。隆景死後は、小早川秀秋が後を襲ったが、関ヶ原合戦の論功行賞で秀秋は備前岡山に転じ、筑前には黒田長政が入部した。長政は、古代に鴻臚館が置かれていた博多の西に接する丘陵地に築城、これを福岡城と名づけた。長政の都市整備の一環として、博多を二分していた湿地は埋め立てられ(後述)、各所に点在していた寺院は博多の東辺と南辺に再配置され、博多は福岡城の東側の郭として、位置づけられたのである。

2　戦国期の地形と博多の領域

(1)　海岸線

博多遺跡群第八九次調査・第九六次調査は、「息浜」の西端付近の低湿地に面し、室町時代の埋め立て地上に位置する。この埋め立て地の上に十五〜十六世紀の生活面があり、十六世紀末から十七世紀初めの石敷遺

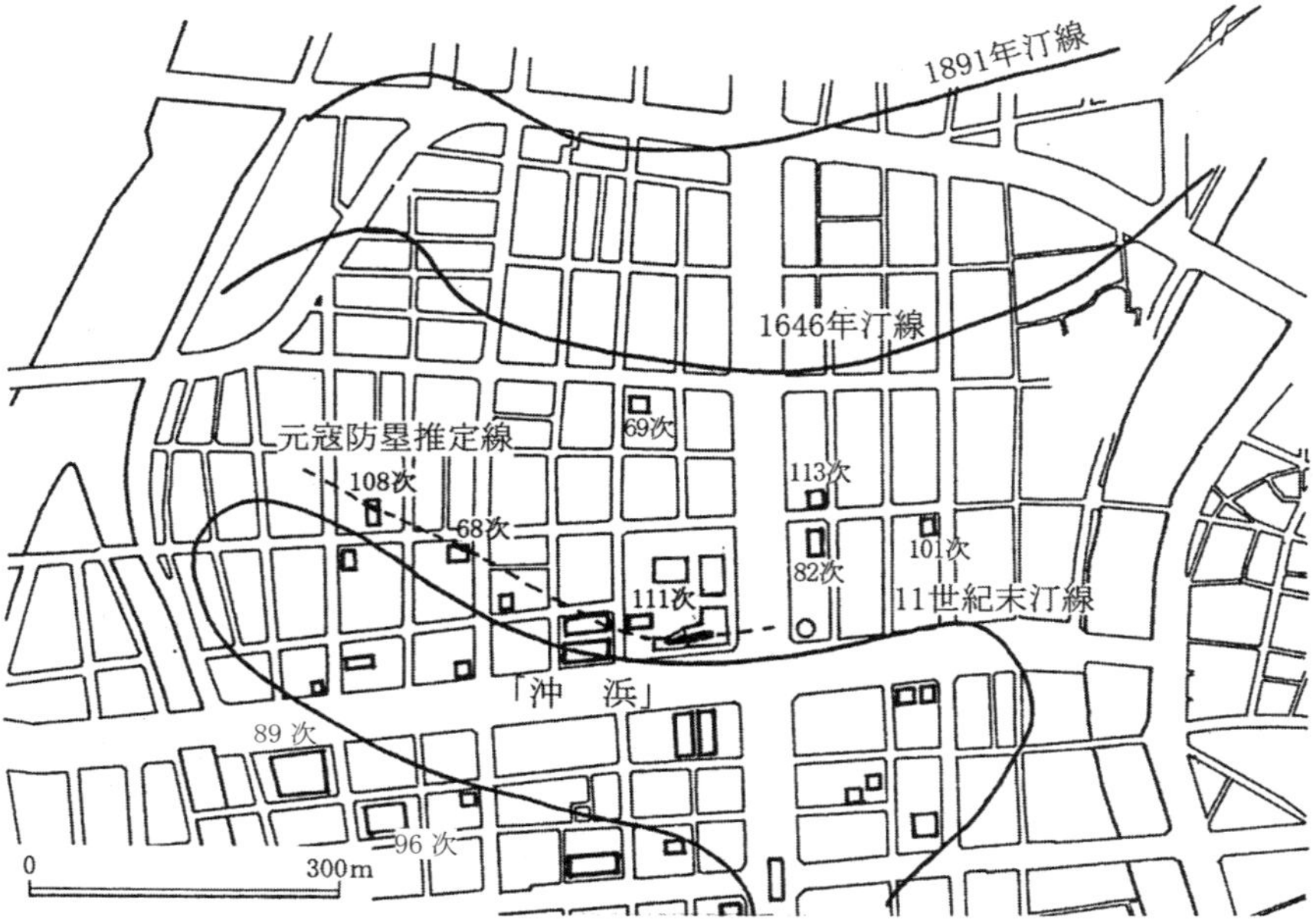

図１　「息浜」海岸線の変遷と元寇防塁推定線(磯ほか 1998 に加筆)

構が検出された。石敷遺構は、埋立地の海岸線にそって作られた作業用の足場で［大庭 二〇一八］、基石として三〇〜四〇×五〇〜八〇センチの石を敷きならべ、その上を拳大から人頭大の礫で覆う。その西端には船着場と思われる平坦面を伴っていた。さらに、石敷遺構の前面からは、十七世紀前半と思われる二列の土留め杭列が出土しており、石敷遺構を埋め殺す形で埋め立てが行われたことを示している［福岡市教委 一九九八・一九九九B］。

十七世紀前半の埋め立て遺構は、第二九次調査でも検出された。これらは、慶長五年（一六〇〇）と十八年（一六一三）の小早川秀秋・黒田長政による埋め立てにあたる［福岡市教委 一九八七A］。この両度の埋め立てによって、息浜と博多浜は完全につながり、一連の町場となった。

息浜の前面の海岸線付近には、石塁＝元寇防塁が築かれていた。建治二年（一二七六）から築造が始まった石塁が、その後長く博多の海岸線を縁取っていたことは、博多の別名を「石城府」と呼んだことからも想像ができよう。また、十六世紀中頃と考えられる『聖福寺古図』には、海岸の浜辺に石塁と松林、大鋸を引く大工が描かれている。これが、当時の博多の海岸部の一般的な姿だとすれば、十六世紀中頃になっても町場が石塁付近に及んでいなかったものと言わざるを得ない。

元寇防塁の修築に関わる石築地役は、史料上では康永元年（一三四二）まで確認できる。石築地役が、実際にいつ頃まで行われたかは別の問題としても、二度の元寇の体験からくる外寇に対する恐怖が、博多の住民をして防塁外に居を構えることに消極的たらしめたとしても、不思議はなかろう。たとえば、応永二十六年（一四一九）の応永外寇は、京都では蒙古襲来の再現と受け取られ、さまざまな、しかも荒唐無稽な情報が氾濫した。元寇後も倭寇や被虜人の送還など、いろいろな形で中国・朝鮮との交流を続けていた北部九州の沿海民が、京都の為政者や民衆のような狼狽を示したとは考えがたい。しかし、『満済准后日記』応永二十六年八月七日条にある少弐満貞からの注進状には、高麗人捕虜の白状として、明による日本攻撃計画が報じられている［村井 一九八七］。この注進状から、北部九州の為政者にも中国の日本再征に対する不安があったことを認めるのは、可能であろう。さらに、京都においてすら元寇の影におびえたのならば、元寇を体験した北部九州沿海民の潜在的な恐怖は、決して小さくなかったのではなかろうか。

発掘調査では、第六八次調査［福岡市教委 一九九二E］とその西に位置する第一〇八次調査地点（立会調査）で石列、さらに第一一一次調査［福岡市教委 二〇〇二B］で石塁遺構を検出している。第六八次調査の石列は、十三世紀後半頃と考えられる砂丘前面の傾斜に沿って、礫が帯状に集積したものである。集石を仔細に観察すると、その頂部付近で、面を揃えて配置された石列が二列認められる。この石列を石塁前面と背面の基部と見て、石塁自体が海側に倒壊したか、もしくは崩されたものと想定すれば、このような状態になるのではないだろうか。第一〇八次調査地点でも、同様の石列が確認されている。第一一一次調査地点の石塁は、基部の幅三・三～三・五メートル、延長五三メートルにわたって点々と遺存していたもので、もっとも残りの良かった部分の高さは一・三メートルを測る。

ところで、第一一一次調査の石塁については、元寇防塁とすることでおおむね異論はないようだが、第六八次調査と立会調査地点の石列については、これを護岸と見て、否定的な意見が強い。筆者は、いずれも元寇防塁の遺構であると考えている。息浜の海岸線については、遺跡立地研究会による、復元的な研究がある［磯・下山・大庭・池崎・小林・佐伯 一九九八］。近世以後の年代が明らかな絵図・古地図から、海岸の前進速度を割り出し、逆にさかのぼらせて復元したもので、十一世紀末の推定海岸線が大きく湾曲している点に注意しておきたい（図1）。実は、第一〇八次調査地点、第六八次調査地点、第一一一次調査地点を結ぶと、この十一世紀末の海岸線とほぼ平行するのである。このことは、三地点を結んだ線が、鎌倉時代後半の砂丘頂部を結ぶ線と見て大過ないことを示している。もし防塁が、第六八次調査地点などよりも南側に通っていたとすると、息浜西端に位置した妙楽寺の推定地内を防塁が横切ることになる（図2参照）。妙楽寺は、鎌倉時代末に創建された禅刹で、石城山と号した。一方、鎌倉幕府の石築地役は幕府滅亡後も引き継がれており、妙楽寺が防塁をまたいで建てられたり、壊して建てられるというのは考えがたい。石城山という山号は、おそらく石塁の内側に接していたことに由来するであろうから、妙楽寺の海岸側に元寇防塁が通っていたとするのが妥当だろう。とすれば、第六八次調査地点の石列が元寇防塁である蓋然性は高いと思われる。護岸状の検出状況も、倒壊したものとすれば、さほど不都合ではないのではなかろうか。

さて、話をもとに戻そう。このように元寇防塁としての可能性が想定できる第六八次調査地点では、十五世紀中頃以前の遺構は希薄である。第一一一次調査地点では、十五世紀後半に建物が展開するようになる。石塁遺構自体から出土した遺物を見ると、下限は十六世紀末から十七世紀初めにあるようで、これは石塁が完全に埋没した時期を示すものであろう。この他、石塁の推定線から完全に海側に出た第六九次調査、第八二次調査、第一〇一次調査、第一一三次調査などでは、十六世紀以前の遺構はまったく検出されていない。なお、正保三年(一六四六)の海岸線は、第六九次調査地点から五〇メートルも離れていない。したがって、十六世紀末頃の海岸線は、第六九次調査地点のやや北西辺りを通っており、第六九次調査地点は十六世紀末当時ほとんど海辺にあたっていたと考えられる。

これらのことから、博多の町が元寇防塁を越えて海側に拡大し始めたのは十五世紀後半であり、全面的に町並みが形成されたのは、十六世紀後半以降であったと推測されるのである。

(2) 房州堀と石堂川

都市「博多」の南辺は、比恵川(御笠川)が画していた。御笠川は、福岡平野を北流し、博多の南で大きく流路を西に振って、博多の西側の入江に流れ込んでいた。現在この流路はなく、博多の東側を直進して博多湾に注いでいる。これを石堂川と呼ぶ。

この流路改変がなされたのは、十六世紀中頃とされる。同時に、比恵川の旧流路は堀として穿たれたという。いわゆる「房州堀」である[佐伯・小林 一九九一]。

房州堀と石堂川に関しては、一次史料は存在しない。近世に書かれた地誌に、その所伝が載せられているのみである。したがって、その開鑿時期についても確実なことは不明と言わざるを得ない。所伝では、大友氏の家臣であった臼杵安房守鑑続の手になるという。少なくとも、正保三年（一六四六）の『福博惣絵図』には描かれており、これ以前に掘られていたことは明らかである。これについて、堀本一繁氏は、博多に対する大友氏支配の状況を段階的に分析し、永禄二年末から同四年二月に掘削された可能性が高いとした上で、直接的な契機として永禄二年（一五五九）二月の筑紫惟門の博多侵攻をあてた[堀本 一九九七]。一方、木島孝之氏は、近世の絵図に描かれた房州堀の形態が、三箇所の「折り」を持つことから、黒田藩政時代に掘られたもので、博多豪商の一人である徳永宗也の手になるとした[木島 一九九七]。しかし、木島氏自身近世に改修された可能性を認めており、戦国期に掘られたという所伝を否定するには十分ではない。むしろ、臼杵安房守によって開鑿されたという所伝が存在し、安房守にちなんだ「房州堀」の名が伝えられていたという事実を重要視すべきであろう。

さて、博多遺跡群の発掘調査では、第四七次調査、第五七次調査、第一一二次調査で、房州堀に該当すると思われる堆積土層を検出しており、出土遺物から、十六世紀中頃以降の掘削と想定されている[田上 二〇〇〇]。所伝をほぼ裏づける成果と評価して良いだろう。

なお、石堂川に関する調査例はないが、地形的に石堂川の東と西の砂丘が連続することが指摘されており、人為的な開鑿による可能性は高いものと思われる[磯・下山・大庭・池崎・小林・佐伯 一九九二]。

房州堀と石堂川の開鑿以前には、自然地形以外に博多の都市域と外界とを区画する施設は存在しなかった。博多の東辺に位置する聖福寺の背面に大型の溝が穿たれていたことは、十六世紀中頃とされる「聖福寺古図」や発掘調査によって確認されている[福岡市教委 一九九九A]。しかし、それは聖福寺の寺域を画した性格が強く、博多の都市域を示し、防御性を兼ね備えた施設ではなかった。十六世紀中頃、戦国大名大友氏によって博多の「総構」が作られたという点に注目しておきたい。

3　街区と地割

(1)町場の構成

中世都市「博多」の街区・街路は、十四世紀初頭前後にほぼ一斉に整備され、十六世紀末まで維持された。しかし、十五・十六世紀の遺構が検出される調査地点は、博多遺跡群の中ではさほど多くはない。図2は、十五・十六世紀の遺構を検出した調査地点である。ただし、十六世紀末から遺構が見られるようになる地点は、除いている。一見してわかるように博多浜の南半分では、戦国時代の遺構は見られない。第七九次調査地点では、近世の生活面の下に畑の土壌と見られる堆積層があり、さらにその下には十四世紀前半以前の生活面が存在した。また、正保三年(一六四六)の『福博惣絵図』では、博多浜の南辺付近に広大な畑が描かれている。十五・十六世紀には、博多浜の南部のかなりの部分が畑となっていたと見て大過なかろう。なぜ十四世紀前半までは活発な生活遺構が濃い密度で見られる博多浜南部でこのような状況がおきたのか、不明である。筆者は、鎮西探題滅亡後、その故地を嫌って人が住まなくなったと考えたことがあるが、早い地点では十三世紀の内に遺構が見られなくなるようで、必ずしも時期的に符合しない。今後の検討課題である。

さて、話を図2に戻そう。戦国期の遺構が見られた地点を南から追うと、承天寺門前付近、聖福寺と櫛田神社とを結ぶ街路沿い、博多浜のメインストリート沿い、聖福寺寺中町、博多浜北辺付近、「息浜」のほぼ全域となる。承天寺門前付近は、同時に博多の外から博多に入ってすぐの場所にあたり、房州堀の東郭門のすぐ内側でもある。博多浜南半部においては、この一帯だけで戦国期の遺構がみられる。聖福寺と櫛田神社とを結ぶ街路は、発掘調査で検

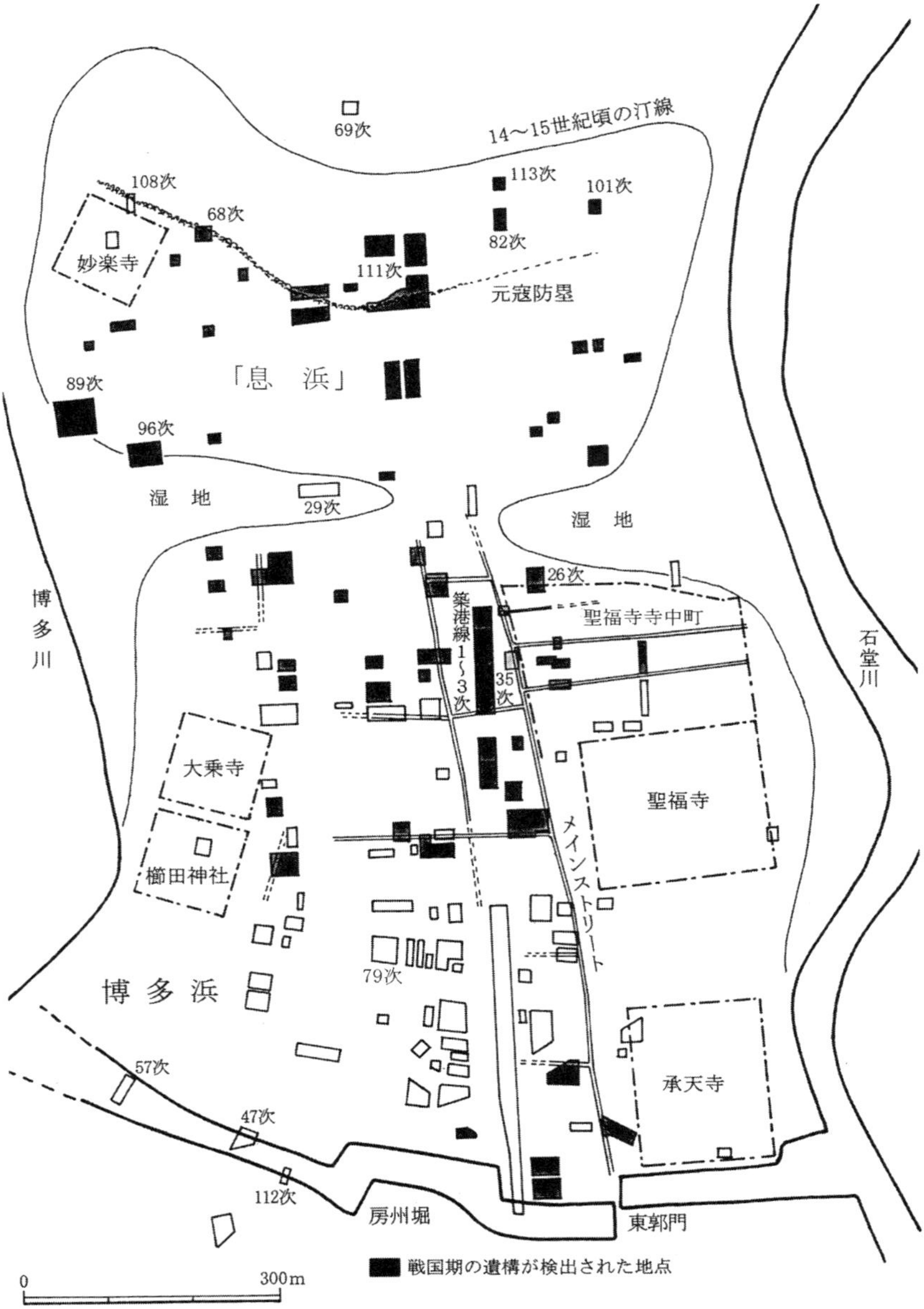

図２　戦国期博多推定模式図
（寺社の境内はおおよその範囲を予想したもので発掘調査で証明されたものではない）

出したものとしては博多浜で最も早く通された道路で、十三世紀中頃にはすでに利用されていた。メインストリートは、博多浜と息浜をつなぐ唯一の道路である。陸路息浜を訪れる人々は一旦博多浜に入り、メインストリートを通って息浜に向かうことになる。室町時代には、博多繁栄の中心は新興地であった息浜にあったと考えられており、メインストリートは行き交う人々で賑わったことだろう。聖福寺寺中町については、十四〜十五世紀頃まで聖福寺の子院・塔頭であったものが、荒廃とともに町屋に転じ、十六世紀には稠密な寺中町を形成していたものと思われる（本書II第四章）。博多浜北辺には、室町時代以降の埋立地も多く、決して安定した地盤上に展開した町屋部分とはいえない。零細な手工業者や日庸取りなど一部の貧しい人々が生活した場といえるかもしれない。息浜は、博多浜に比べれば新開地であるが、南北朝時代以降急速に発展した［佐伯　一九八七］。一四七一年に朝鮮の申叔舟が著した『海東諸国紀』には、「小二殿與大友殿分治小二西南四千餘戸大友東北六千餘戸」とあり、大友氏が息浜を、少弐氏が博多浜を領し、博多浜の四〇〇〇戸に対し、六〇〇〇戸の人口を擁したという。その一方で、図2を一見すればわかるように、面積的には博多浜に遠く及ばない。大商人も息浜に住むものが多く、人口圧は極限に近づいていたであろう。そのあたりが、元寇防塁の外に町場が拡大した最大の理由かもしれない。前述したように、博多の町場が防塁の外に本格的に拡大するのは、十六世紀中頃であろうが、それまでに息浜はかなり人口密度の高い町になっていたと考えられるのである。場所比定が困難とはいえ、息浜にも多数の寺社が存在した。その中には、称名寺のように門前町を持つ寺院があったことは確かである。しかし、すでに調査された状況から推定すると、町場と町場の間に空閑地を持つとは考えにくく、視覚的には連続した景観であったに違いない。

さて、こうして見ると、博多浜では、複数の町場が集まっているようにみえる。特に博多浜の中ほどから南側では、その傾向が強い。一見して、寺社や街路に付属して町場が存在した様子が見て取れる。十四世紀以前の博多浜の遺構分布からは、このようなブロック的な状況は見られず、濃密な遺構分布が万遍なく見られるといった状況である。どういう理由で、こういった状況に収斂されたかはわからないが、十四世紀中頃からの博多浜南半の荒廃の中で、寺社や街路が町場の核として機能するようになったことは想像に難くない。一方、博多浜北部や息浜のように、繁栄の中心となっていた地点では、特に核を見いだせないほどに密集した町場が形成されていたのであろう。

十六世紀の博多は、寺社を核とした町場、街路に沿った町場、核が見いだせない密集した町場から構成されていたといえる。

ところで、前述した房州堀は、博多浜南半部の空閑地(畑?)をも、内側に囲い込んでいる。十四世紀前後に空閑地となってから、二〇〇年を経てもなお、房州堀は、明らかにこれを「博多」として防御の対象に組み込んでいるのである。房州堀が比恵川の旧河道を利用したという地形的要因がある以上、当然といえるかもしれないが、「博多」という領域に対する認識が、鎌倉時代以前にさかのぼって成立していたことを示すものとして、注目しておきたい。

(2) 町場の地割り

次に街区の内側を見てみよう。

図3―(1)は、博多浜北部のメインストリートに面した状況である。十四世紀代では、一応街路を意識して町屋が並んでいるようだが、未だ散在している状況が見て取れる。町屋の背後は空地になっており、街路からは路地を通じて入りこむ場合もある。空地には井戸や供養塔が営まれており、共同の空間であったことが読み取れる。これに対し、十五世紀後半以降になると街路に面して細長い町屋がびっしりと並ぶようになり、井戸も町屋に付属して営まれているようにみえる。ただし、井戸の分布については、すべてが同時期とは断じ難いので、町屋ごとに営まれたとまではいえないだろう。また、集石列を基礎とした、土蔵と思われる建物跡がしばしば見られる。この集石列による蔵は、十四世紀代から作られていたが、十五世紀代以降、かなり普及したようである。

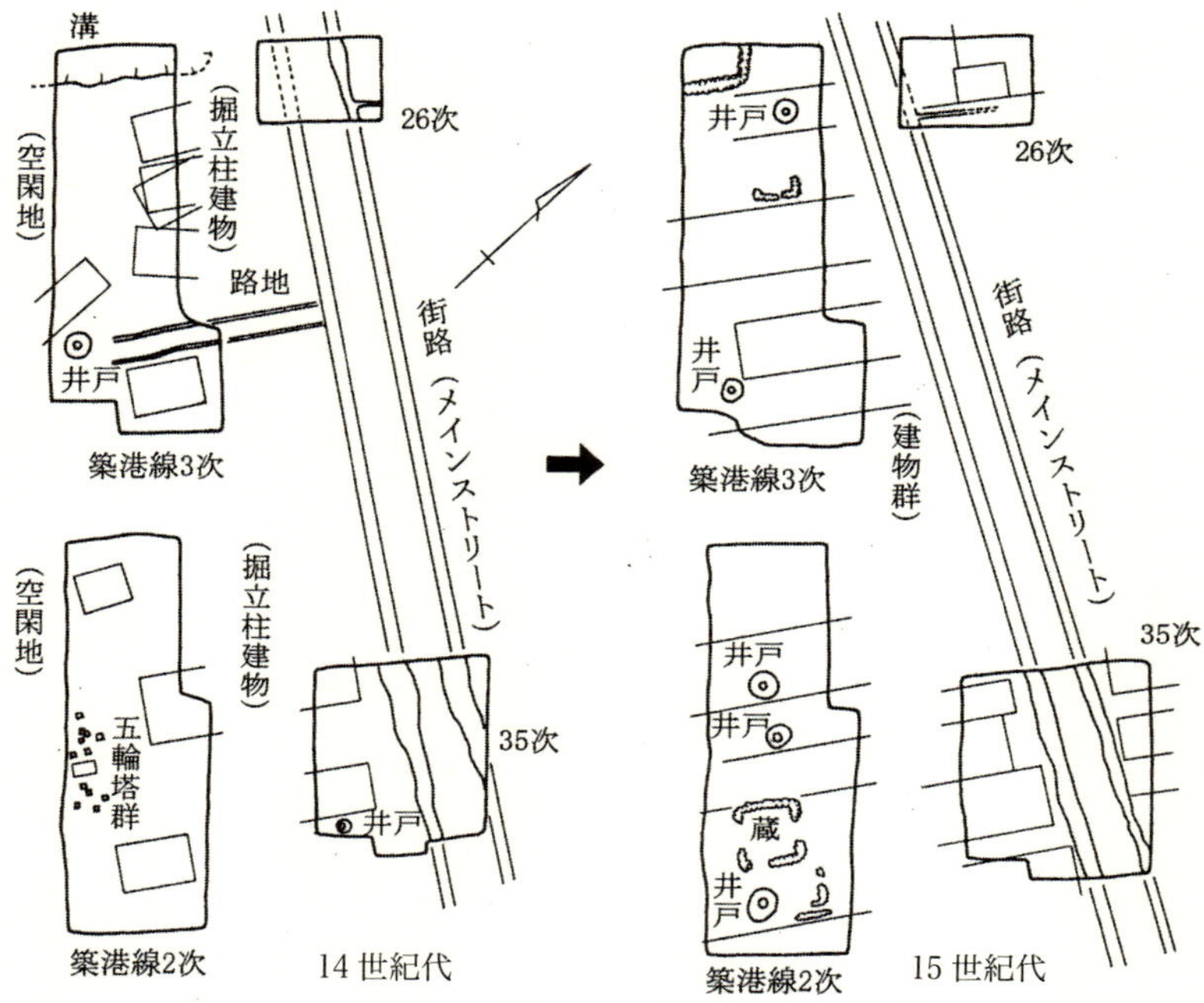

［大庭 2001に加筆］

図 3-⑴　短冊形屋敷地群検出状況　博多浜北部のメインストリート周辺

図3―⑵は、息浜に位置する第一一一次調査Ⅳ区Ⅱ層の建物遺構である。調査区を溝が縦断し、その東側に掘立柱建物群が取り付く。溝は調査区南端付近で西に直角に分岐し、南側のⅡ区ではその延長は検出されなかった。報告者によれば、建物群は、少なくとも三期の建て替えが想定でき、梁間二間、桁行三間ほどの建物が長屋状に軒を連ねて町屋を形成していたという［福岡市教委 二〇〇二B］。私見では、柱穴の重複が激しいため、判断は困難だが、桁方向の柱列は三間を越えて調査区外まで続くように思われる。いずれにせよ、溝に取り付いて、間口の狭い建物が、軒を接して並んでいるという状況が見て取れる。建物群の時期は、十五世紀後半から十六世紀と報告されている。この調査区では、十五世紀後半をさかのぼる遺構は確認されていない。また、南側のⅡ区では、元寇防塁の可能性が高い石塁遺構が、断続的に遺存していた。ただし、防塁復元線の南側では、柱穴は雑

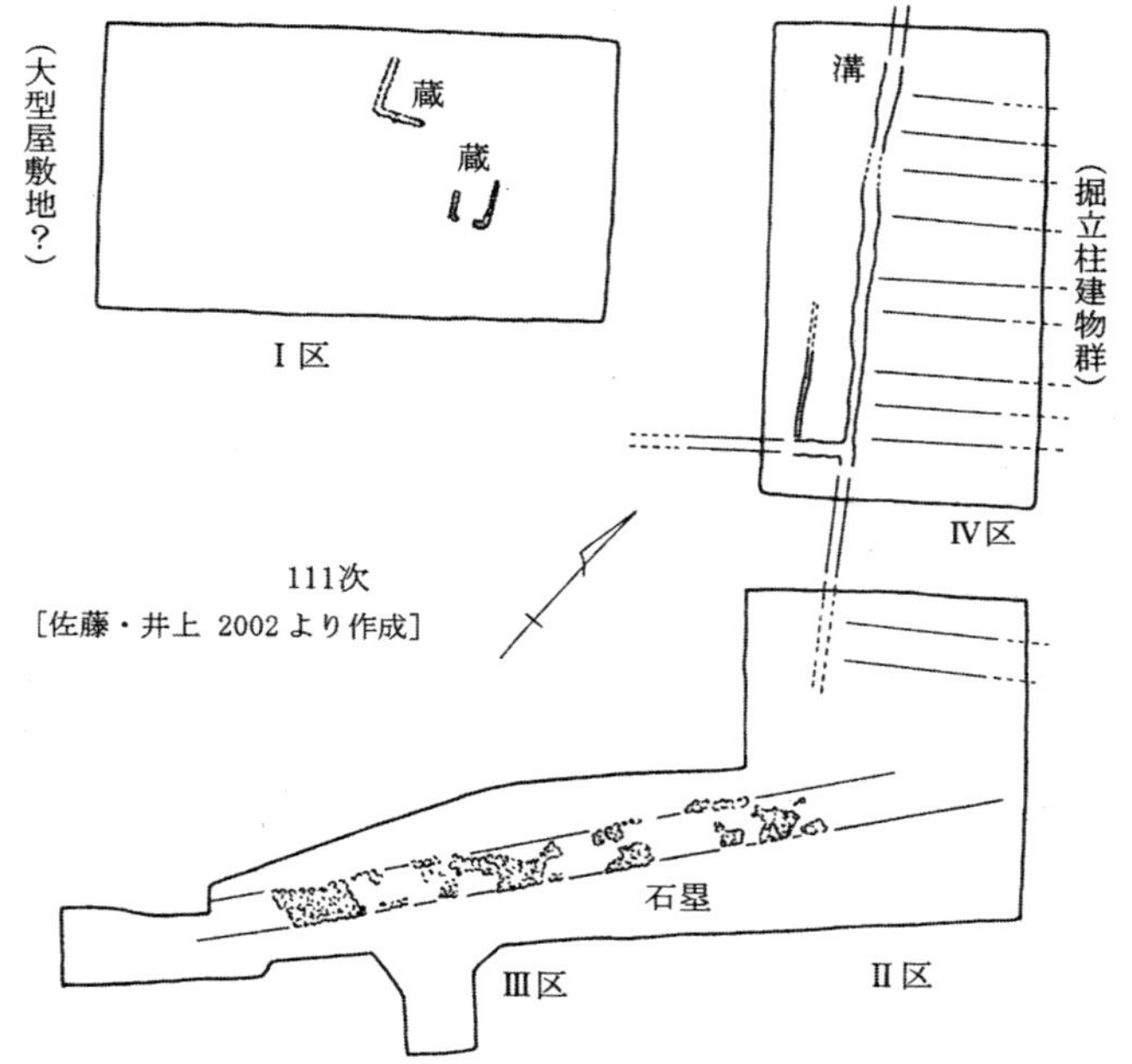

図 3-(2)　短冊形屋敷地群検出状況　息浜の建物配置

然と密集しており、IV区のような配置はうかがえない。おそらく、防塁の存在を十分に意識した結果であり、あるいは十五世紀後半の時点では防塁が原型を保っていたのかもしれない。これらの点から、十五世紀後半になって、防塁の外側に町場が及んだこと、その町場は初めから短冊型屋敷地割で計画されていたことがわかる。

限られた事例からではあるが、博多においては、おおむね十五世紀後半頃、短冊型屋敷地割が形成されたということができよう。

おわりに

博多遺跡群における都市形成は、十一世紀後半と考えられている。これは、博多に宋商人が居を構え、日宋貿易の拠点となった時期であり、濃密な遺構分布と大量の出土遺物が、大量消費地であり、物資の集散地であったことを物語っている。

街路・街区の形成は、十四世紀初頭前後すなわち鎌倉時代末になされたと思われる。その後の博多は、この街区の範囲内で繁栄する。

中世都市「博多」が街区の枠を越え、充実したのは、戦国期に入ってからである。

十五世紀後半頃から博多の海岸線を決定していた元寇防塁の外に町場が進出し始める。防塁がまったく意識されなくなり、石が抜き取られ姿を留めなくなるのは、十六世紀後半頃であろう。いずれにせよ、築造以来、二〇〇年近くその内側に町場を閉じこめてきた防塁は、ついに決壊したのである。その背景にあったのは、もちろん過度に膨張した息浜の人口密度であろうが、同時にいたずらに外寇の恐怖を引きずってきた住民の意識変化であろう。

十五世紀後半には、町場の景観上でも大きな変化があった。短冊型屋敷地割の登場である。それまで街区内には空閑地や井戸など、共有空間を抱えていたものが、街区奥まで細長く敷地化し、街路に面して軒を接するように立ち並ぶようになる。もちろん、すべての街区でこのような景観ができあがったわけではなかろうが、共有空間を否定するような街区の分割が発生したことは注目されて良い。街路の維持には、道路に面する両側の家々の共同作業が必要となる。街区内の共有空間の消滅が、街区単位でのまとまりの崩壊を意味するとすれば、かわりに登場した短冊型屋敷地割は、両側町の出現を示すものと言えるのではなかろうか。

十六世紀中頃には、それまで博多の南側を西流していた比恵川を東に付け替え、南には堀を穿って門を設けた。これによって、それまで特に視覚的な境界装置を持たなかった博多に、外郭線ができた。当時博多を支配していた戦国大名大友氏の主導でなされた大土木工事だが、これによって中世都市博多は完成した、ともいえよう。

戦国時代末、たびかさなる戦禍で博多は焼亡する。その博多を再興したのは、九州平定を遂げた豊臣秀吉であった。太閤町割りである。

太閤町割りは、博多を統一規格で仕切るもので、整然とした長方形街区と短冊型地割が採られた。しかし、太閤町割りにおいては、統一した基準・都市計画にそって博多浜、息浜ごとに町割を実施するにとどまり、地形を改変して両町場をつなぐまでにはいたらなかった。地形の克服を含めた町場の統一は、黒田氏の福岡入部後、息浜・博多浜間の低地の埋め立てによって完遂された。さらに、近世の博多は、その東辺・南辺への寺院の移動、西辺の侍町の形成など、明らかに福岡城の外郭としての役割すら負わされたのである。広義の太閤町割りとして、黒田氏による埋め立て、町場再編までを含めたい。これによって、博多は近世都市に生まれ変わる。

中世後半期、息浜と博多浜は、ともに博多の内にありながらも、別個の存在であった。十一世紀代の埋め立てによって博多浜とつながった息浜は、鎌倉時代まではいわば新開地であった。しかし、室町時代には、博多浜をしのぐ繁栄を誇るまでに成長する。息浜は、元弘の乱(一三三三年)の恩賞として、大友貞宗に与えられた。その後、貞和二年(一三四六)室町幕府は息浜を含む博多を鎮西管領(九州探題)在所に指定した。十五世紀には、再び大友氏が博多に進出したようで、一四七一年朝鮮王朝の申叔舟が著した『海東諸国紀』の記述から、大友氏が息浜を、少弐氏が博多浜を領していたことがわかる。文明十年(一四七八)大内政弘が少弐政資を逐うと、以後博多浜は大内氏の領するところとなる。大内氏は息浜支配を目指し、たびたび大友氏と争った。この政治的な二分状況が解消されたのは、天文二十年(一五五一)の大内氏滅亡による大友氏の博多支配以後である。大友氏は、博多を東分と西分に分け、役職をおいた。役職の下には、博多町人である月役・年寄がおり、博多の自治を担っていた[佐伯 一九八七・一九九二A]。

太閤町割りによって、中世以来分立していた博多浜、息浜というふたつの町場は、統合された。それは、地形の改変、新たな都市計画の施行などの視覚的な変化にとどまらず、町そのものを作り直したものであった。

太閤町割りは、焦土からの再生という経過をたどったとはいえ、中世都市「博多」の徹底的な破壊にほかならなかったのである。

第六章　中世都市から近世都市へ

——発掘成果から見た十六・十七世紀の博多——

はじめに

昭和五十二年（一九七七）、博多遺跡群に初めて考古学のメスがはいった。

博多遺跡群の初期の調査は、その南東側部分である祇園町・冷泉町付近に集中していた。この付近では中世後半期の遺構・遺物の遺存状況が悪く、かつては博多遺跡群には十五・十六世紀は欠落しているとまでいわれていた。

これを改めたのは、昭和五十六年（一九八一）から始まった都市計画道路博多駅築港線（大博通り）の拡幅に伴う発掘調査である。上呉服町における築港線第一次〜第三次調査では、現地表下三〜五メートルに及ぶ厚い包含層（生活層）の中から、奈良時代から近世にわたる遺構・遺物を検出したのである。

さらにその後の調査を経て、博多遺跡群北半部では、比較的良好に中世後半期の生活面が残っていることが明らかとなった。とはいえ、開発行為の都合に左右される行政機関（福岡市教育委員会）の発掘調査では、調査地点の偏在はさけられない。そのため、依然として博多遺跡群北半部での発掘調査地点は少なく、中世後半期の博多を知るに十分な調査成果は得られていない。

本章では、かかる状況の中で明らかになりつつある博多遺跡群の考古学的な成果から、十六世紀から十七世紀、すなわち中世から近世への転換の様相を探りたい。この時期には、太閤町割りという都市景観上の大変革があった。それを考古資料の上から跡づけ、博多にとってのその意義を考えてみたい。

1　遺構からみた中世と近世

(1) 海岸線

博多遺跡群は、博多湾岸に形成された砂丘上に営まれた遺跡である。中世博多の町並みの海岸線を決定していたのは、元寇防塁であったと考えられる。弘安の役(一二八一年)に先立つ建治二年(一二七六)から築造された元寇防塁が、役後も長く博多の海岸線を縁取っていたことは、室町時代の博多が「石城府」と呼ばれたことでもわかる。元寇防塁の修築に関わる博多の石築地役は、史料上では康永元年(一三四二)まで確認できる。石築地役が、実際にいつ頃まで行われたかは別の問題としても、二度の元寇の体験、それから来る外寇に対する恐怖が[1]、博多の住民をして防塁外に居を構えることに消極的たらしめたとしても、不思議はなかろう。このような姿勢が、いつまで続いたのか詳かではない。十六世紀中頃になるという「聖福寺古図」には、石塁と松林、砂浜で大鋸をひく舟大工とその作業小屋が描かれている。石塁の前後には、人家は見当らない。「聖福寺古図」の局所的な写実性に検討の要があるとしても、当時の博多の海岸の一般的な姿を描いたものとしてみることはできよう。とすれば、十六世紀中頃までは、市街地が元寇防塁の外には拡大していなかったことを示すものといえる。

発掘調査では、第六八次調査地点と、これから西に約一〇〇メートル離れた立会調査地点において、元寇防塁と推定される石塁の遺構を検出した[2]。第六八次調査では、石塁北側(すなわち海岸側)では、十五世紀中頃よりさかのぼる遺構はほとんどなく、調査地点全体をみても、室町時代前半以前は希薄な状況にある[福岡市教委 一九九二F]。したが

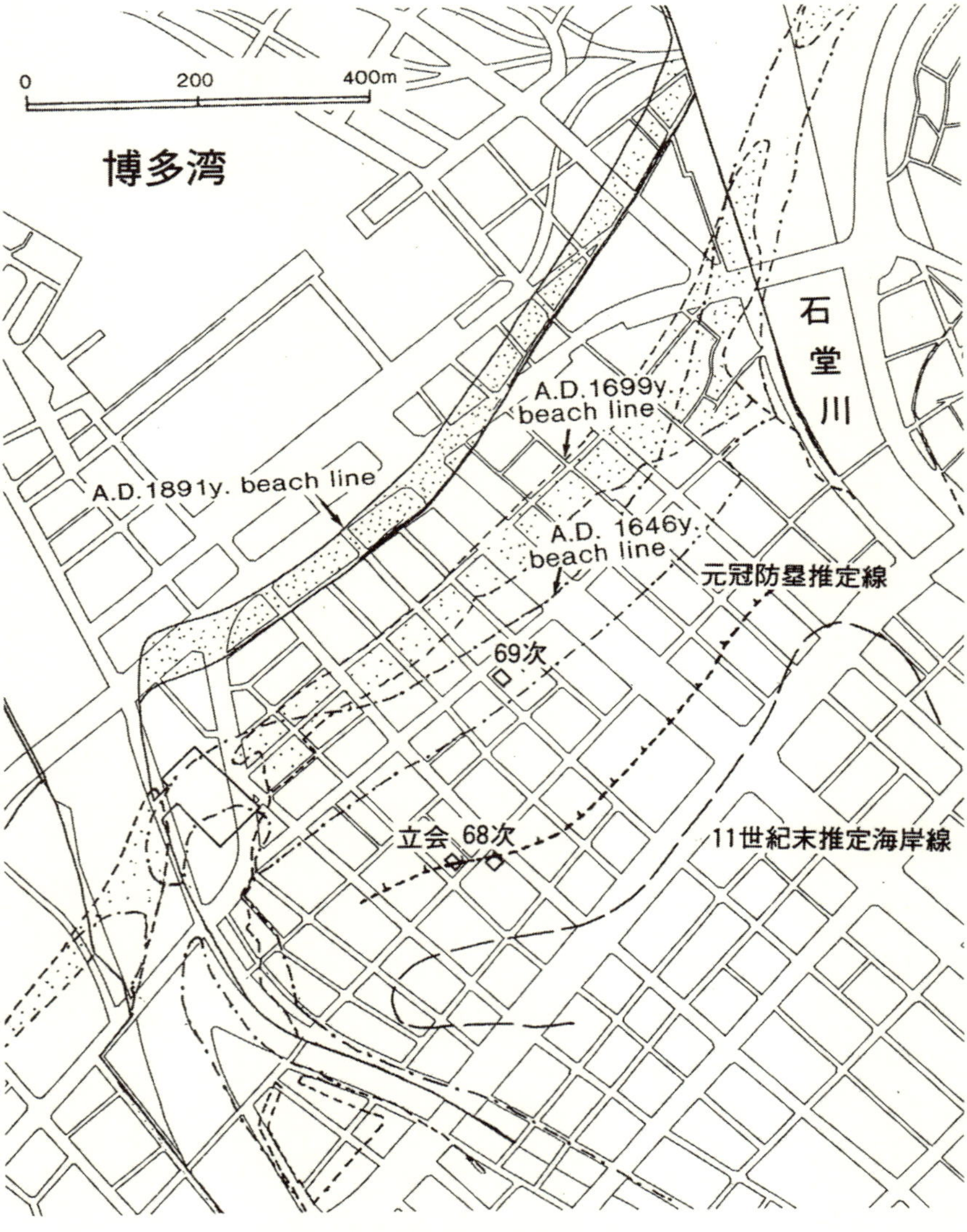

図1　海岸線の推移と元寇防塁推定線
A.D1646 以降については正保図・明治図から海岸線と市街地限界線を復元
（磯ほか「博多遺跡群周辺における遺跡形成環境の変遷」に加筆）

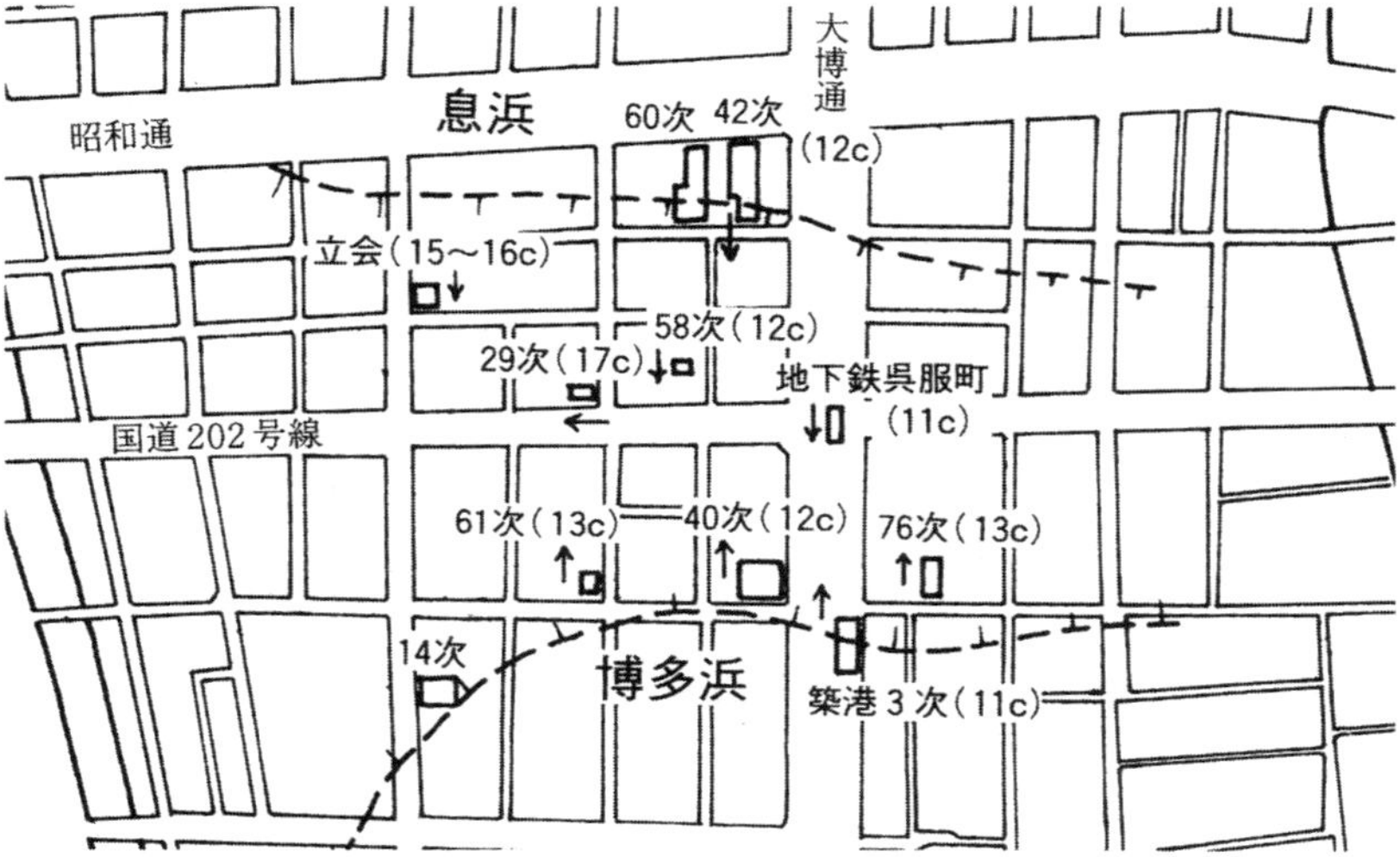

図2　砂丘間埋め立ての推移（←は埋め立ての方向、（　）は埋め立ての時期）

って、町家が石塁近くまで及んできたのは、十五世紀を過ぎて後のことと考えられる。

また、この石塁と自然地形から考えうる元寇防塁の推定線よりも海側にあたる第六九次調査では、十六世紀末より古い遺構は、まったく検出できなかった［福岡市教委 一九九二G］。

これらの調査成果からみて、博多の町が元寇防塁をこえて拡大したのは、十五世紀も後半をすぎてから、本格的にはおそらく太閤町割り以後のことであろう。

近世以降、町並みは海側へと前進をつづける。正保三年（一六四六）の「福博惣絵図」では、早くも一四〇メートルほど元寇防塁の外に町が拡大していた。(3)

(2) 埋め立て

博多浜と息浜の間は、長く低湿地（潟）のまま残されていた。旧地形としてはふたつの砂丘の谷部を流れた河道にあたるこの水道部分を陸地化したのは、人為的な埋め立てであった。今、わずかな調査例からその経過を追うと、図2のようになる。すなわち、現在の呉服町交差点付近を十一世紀代に埋め立て、息浜と博多浜をつないだ後は、大規模な埋め立ては行われず、息浜と博多浜との間には、東西から楔状に入海（低湿地）が喰い込んでいたのである。中世の埋め立ては、この湿地に対して息浜側・博多浜側からそれぞれ行われていたが、完全に埋め立てて陸地化するにはいたらなかった。

これを完全に埋め立てたのは、慶長五年（一六〇〇）と慶長十八年（一六一三）の、小早川秀秋・黒田長政による埋め立てである。この両度の埋め立ての遺構が、第二九次調査で確認された。五十集《いさば》船の船板を土留に用いたこの埋め立ては、呉服町側＝陸橋部側から行われていた。すなわち、湿地全体を、すでに陸地化していた陸橋部分を足がかりにして、開口部に向って埋め立てていったことを示している。

ところで、近世のいわゆる博多古図は、息浜と博多浜の間を水道状の入海として描き、ここに「袖ノ湊」と注している。息浜と博多浜を結ぶのは、南砂丘の西端に架けられた湊橋である。

中世の所産とされてきたこれらが、実は江戸時代中期をさかのぼらないことを看破したのは、中山平次郎氏であった。中山氏は、貝原益軒の『筑前国續風土記』（宝永六年＝一七〇九）の記述との比較検討から、最も古いと考えうる博多古図でも、『筑前国續風土記』の影響を受けたものとした［中山 一九八四A］。

『筑前国續風土記』は、袖ノ湊の名残として、いわゆる大水道について記している。入定寺と本岳寺の間から湊橋まで通る溝（大水道）については、安見有定の『筑陽記』（宝永二年＝一七〇五）にも記述がある。大水道は、近代まで残っており、今もその出入口が博多川に開口している。それでは、『筑陽記』以前には、どうだったのだろうか。実は、福岡・博多を描いた「福博惣絵図」（正保三年＝一六四六）、「御城廻御普請御伺絵図控（慶長御城廻絵図）」（明暦二年＝一六五六）、「福岡御城下之図」（元禄十二年＝一六九九）などの絵図には、大水道は描かれていないのである。大水道を明確に描くのは、「福岡城下町・博多近隣古図」（いわゆる文化図）である。文化九年（一八一二）の写図で、原図の年代は明らかではないが、十九世紀初頭と考えられている［小林・佐伯 一九九二］。どうも、十七世紀代までは、大水道と呼ばれるような、博多を貫流する溝はなかったとみる方が妥当なようである。[4] 正保三年から元禄十二年までの諸絵図には、後の大水道の博多川側出口付近から東に、楔形に切り込んだ水路状の地形が描かれている。大水道は、江戸時代中頃、埋め立て地の水はけの悪さを解消するため、一部この楔形の地形を利用して、水路を切ったものに違いない。なお、大水道の前身とされた入海の形状が着物の袖に似ることに由来するという「袖ノ湊」については、これが平安時代の歌人たちの創作であり、固有の地名ではなかったこと、元寇防塁関連の史料に見える「袖浜」も「粕浜」の誤記であったことが、佐伯弘次氏によって明らかにされている［佐伯　一九八八C・一九九三］。

(3) 房州堀と石堂川

博多の南辺には、十六世紀後半頃、房州堀が穿たれた。房州堀一帯には、もともと比恵川が流れていた。比恵川は御笠川の下流で、福岡平野を真っ直ぐに北流し、博多の南で流路を大きく西に振っていた。十六世紀中頃、この流れを博多の東を通してまっすぐ博多湾に落すように開削したのが、石堂川といわれている。房州堀は、天然の堀の役目をはたしていた比恵川にかわって、その旧河道を利用して掘られたものであった。

房州堀は、江戸時代を通じて絵図に描かれ、明治二十四年（一八九一）の「福岡市全図」でも、その形を町の境界にとどめている。しかし、その後の博多駅建設、博多駅移転後の再開発によって痕跡は失われ、現在では万行寺南側の段落ちにその一部をとどめているにすぎない［佐伯・小林　一九九一］。

ところで、中世の博多を北西から南東に縦貫するメインストリート（後述）は、承天寺西南角付近で房州堀に突きあたる。ちょうど堀の折の部分であり、近世の古図や絵図によると土橋があり、門（東郭門）が構えられていた位置にあたる(5)。太閤町割りでは、聖福寺前・承天寺前を通った道路がまっすぐに東郭門に至るのだが、中世のメインストリートもここから市外に出たものと推測できる。町割りは変わっても、博多の外縁を守る房州堀と門は継承されたのである。

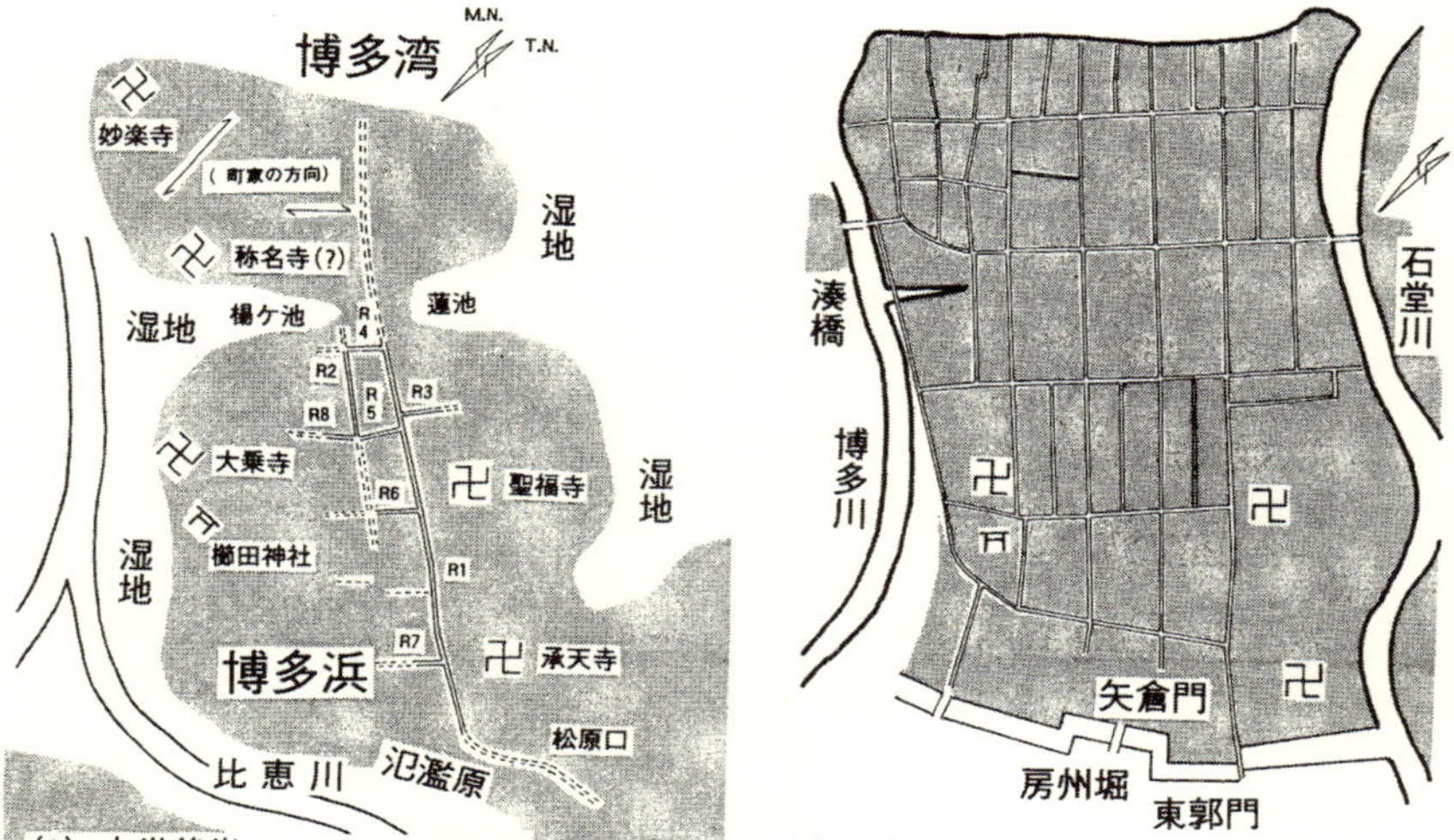

（1）中世後半（R1～8は道路遺構）　（1）近世

図3　町割りの変遷（アミは町場の範囲を示す）

(4) 町割りの変化

十三世紀末から十四世紀初め頃、博多では一斉に道路が整備された。これは、一部博多綱首時代の区画を継承したものであるが、それを博多全体に及ぼし、いわば街区をなした点で、それまでの都市景観を一新するものであった。これらの道路は、度々の補修を繰り返しながら戦国時代まで継承された。おそらく鎮西探題の手になったであろうこの街路整備によって、中世後期の博多の街が形作られたのである。

考古資料から見たこれらの状況については、本書II第一・二章で論じているので省略し、ここでは十六世紀の博多の町の骨格となった中世後期の道路筋について、図3に示し要点をあげるにとどめたい。

道路網の基軸になったのは、聖福寺門前を通る道路1である。道路1は、幅約六メートル、博多浜を南東から北西に縦貫し、おそらく息浜に及んでいたメインストリートである。博多の道路網は、このメインストリートに平行する縦筋道路と、縦筋道路の間を横につなぐ横筋道路から構成されていた。

しかし、厳密にいえば、これらの道路の方向性は一貫して

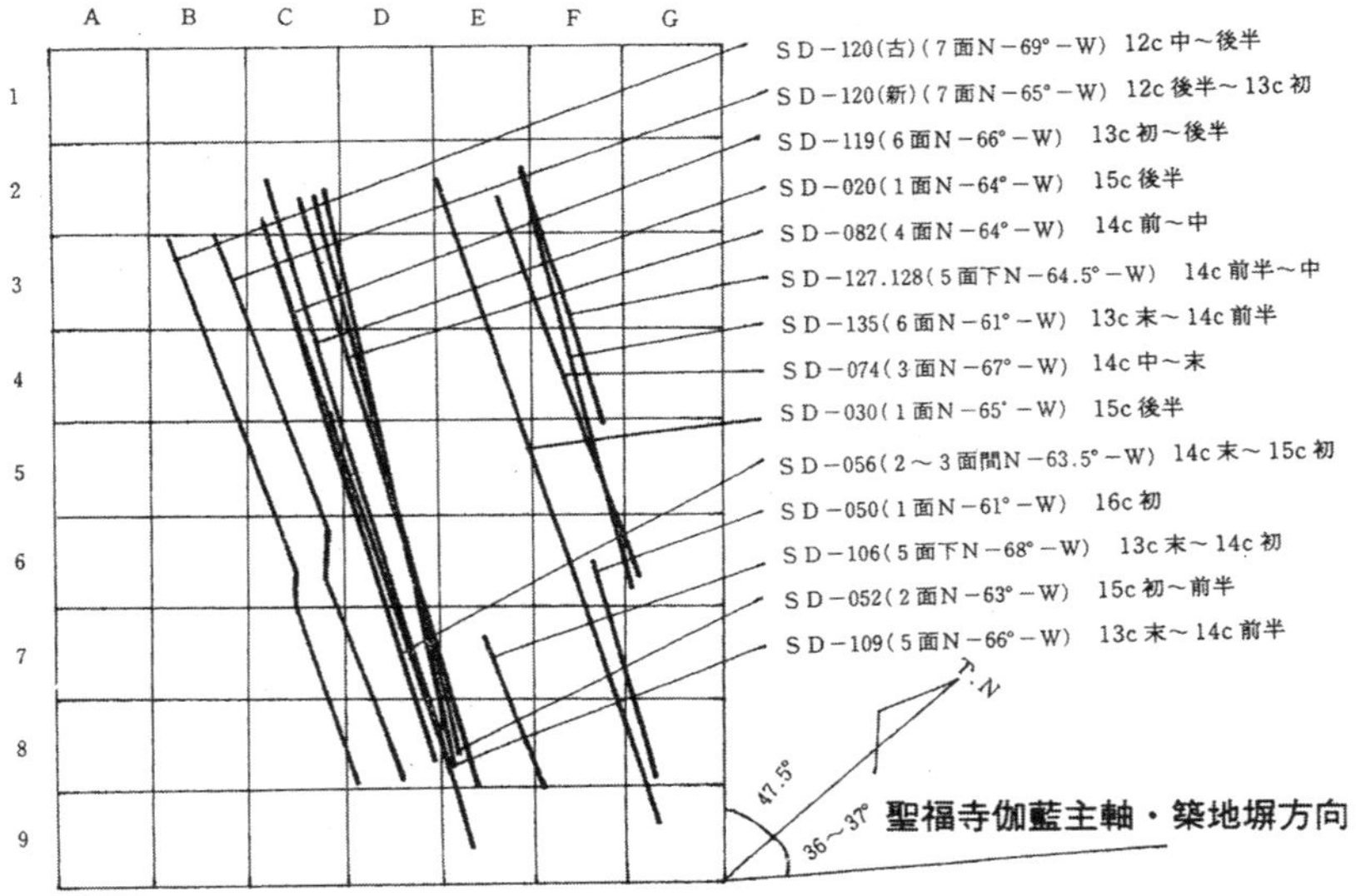

図4　第35次調査溝・道路側溝方向模式図

いない。道路1と道路2、道路4と道路5・6・7などを見れば明瞭だが、縦筋道路相互、横筋道路相互はおおまかには平行するといえようが、それぞれの指す方位はまちまちなのである。

　また、道路には直進性が欠けていた。最も長い延長を確認した道路1は、全体としてゆるく蛇行している。これを、第三五次調査地点で局部的にみると、道路1の側溝は七回以上掘り直されているが、溝の方位はそれぞれまちまちである（図4）［福岡市教委 一九八八A］。これは、道路1の蛇行の程度が一定していなかったことを示している。

　縦筋道路と横筋道路の交差点をみると、十字路を作っていなかったようである。横筋道路は、縦筋道路に対して、T字路をなして突き当る体をなす。縦筋道路と横筋道路との関係は、あたかも阿弥陀籤のような形を呈したと考えられる。

　以上の結果として、これらの道路によって囲まれた街区は、おおむね長方形をとるものの、四辺の長さはばらばらで対辺も平行しない不整四角形とならざるをえない。また、各街区の面積も、異なるのである。

　ところで、右の状況はすべて博多浜における調査例であり、息浜では未だ道路遺構を検出するには至っていない(6)。そこで、補助的な手段として、建物や溝の方向性から街路の方向を推測したい。

道路1は、息浜と博多浜の間の陸橋部分を通って、息浜にのびていたと考えられる。この道路1推定線の西側にあたる第四二次・第六〇次調査では、真北から約四四度西偏した方位をとる建物跡・溝が検出された。一方、両調査地点の西に位置する第四六次調査、第五五次調査では、建物・溝はほぼ南―北方向を示していた。息浜西端に近い第七八次調査でも、南―北方向に梁筋を向ける建物跡がみつかった。

以上から、息浜中央部付近では南西―北東、北西―南東方向の、西半部では東―西、南―北方向の地割りがなされていた可能性が高い。

これら、地点によって少しずつ方向を異にする街路・街区のあり方は、基盤になっている砂丘地形の起伏に応じたものと考えることができるのである。

一方、近世博多の町割りを決定したのは、天正十五年(一五八七)の太閤町割りである。太閤町割りは、近世・近代を通じて引き継がれ、第二次世界大戦後の復興に際しても、基本的には踏襲された。そのため、近世の道路は現代の舗装道路の下になっていることが多く、これまでの発掘調査では検出されていない。

太閤町割りの街区は、江戸時代の絵図に描かれたところであり、今さら多言を要しないだろう。主要な特徴を列記するにとどめたい。

太閤町割りでは、博多湾側を「下」、内陸側を「上」とし、「上」から「下」に通る縦筋道路とこれに直交する横筋道路によって、博多全体を統一的に区画した。

区画は、一二〇間×六〇間の長方形街区を基準とする。この大街区と、これに縦に辻子を通して二分した街区を博多の中央付近に置き、その周囲に小規模な長方形街区を配した。街区内は、短冊型に屋敷割りされていた〔宮本・山路

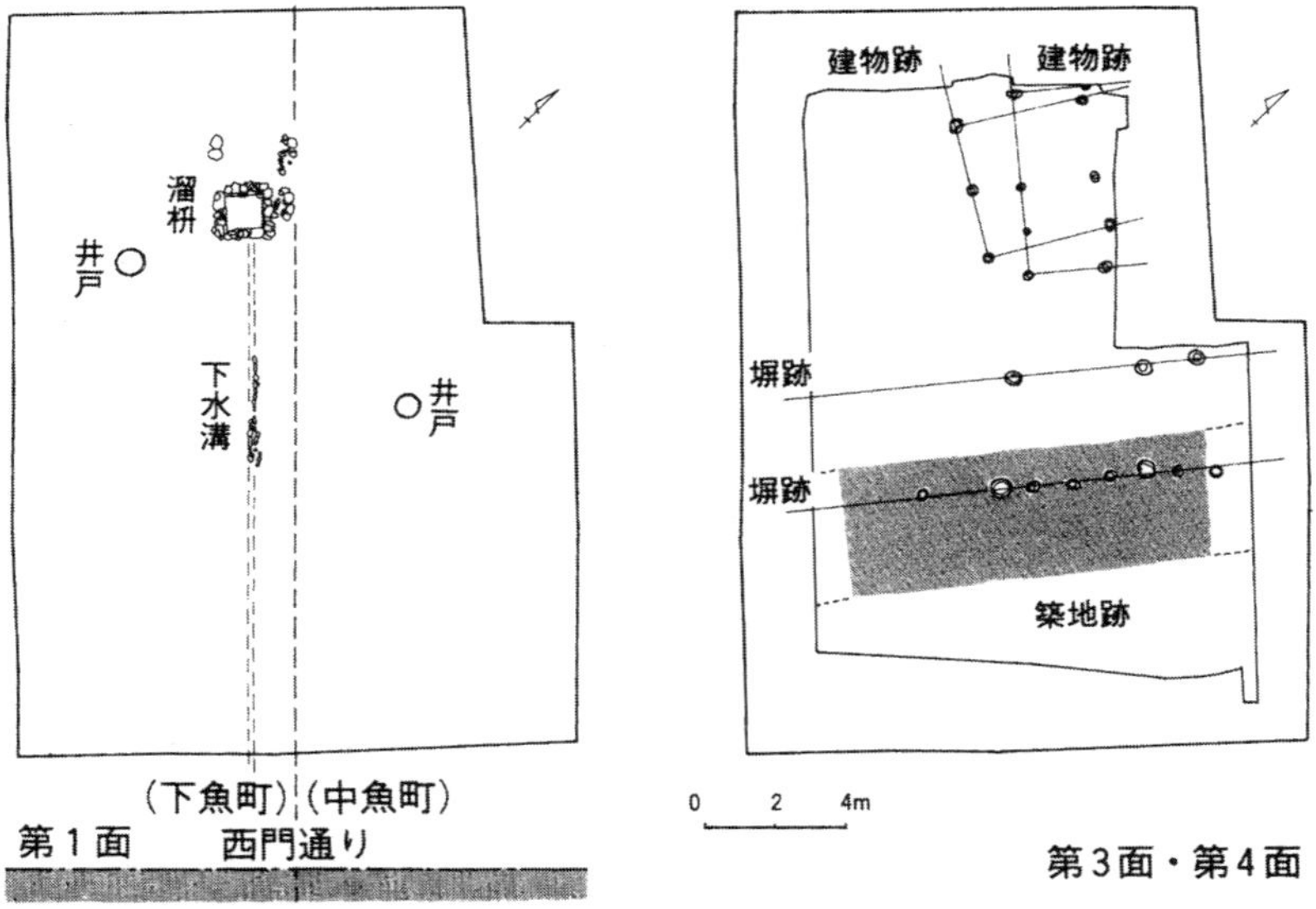

図5　第76次調査遺構変遷図

一九八九A］。

(5)　町並の変化

前節で見たように、太閤町割りを境に、街路・街区が大きく変化した。したがって、その街区内に営まれた家々の方向性、屋敷地割りも当然大きく変化している。そこで、調査例の中から数地点を選んで、個々の家並みのレベルでの変化をみたい。

第七六次調査

上呉服町で行われた調査である。西門通りの北西に面し、旧町名では下魚町と中魚町にまたがる(図5)。

江戸時代末期から明治にかかるという年代が与えられた第一面では、町の境界もしくは境界から若干下魚町に入ったところに、丸瓦組の下水排水管が検出された。石組の溜枡から排水したものという。

中世後半期の第四面では、調査区中程を南西から北東に二列の柵(塀)が通り、その北側には掘立柱建物が検出された。この塀列の下層には、築地塀の地業が確認されており、報告者は聖福寺の寺中町を囲む築地塀を想定している［福

岡市教委 一九九三D〕。築地塀の遺構及びその後身たる塀遺構から近世の魚町の町屋への変化には、質的な転換を見ることができよう。

第六〇次調査

綱場町での調査で、旧町名では蔵本町と中間町にまたがる。

第一面において、中世・近世の新旧ふたつの方向性が重なって検出されている(図6)。調査区中央を南東から北西に通る一七号溝と六一号石基礎、これと同じ方向をとる石積土坑が近世のものであり、調査区南隅付近に角をみせている三五五号石基礎やこれと方向を同じくする一〇二号石積土坑などが、十六世紀後半の遺構である〔福岡市教委 一九九二D〕。近世の一七号溝と六〇号石積土坑は、中間町の町家の表と裏を結ぶ下水管と溜枡にあたる。この第一面においては、町並みの方向が全面的に変化した様子が見てとれる。

第四三次調査

店屋町での調査で、旧町名では下赤間町に属する。

第一面で、近世の塀跡と思われる柱列と、十六世紀頃の溝・建物跡を検出した(図7)〔福岡市教委 一九九一B〕。近世の塀跡は、約七メートル隔てて、近世道路に直交する方向でならんでいる。屋敷地を区画したものであろう。調査区を南西から北東に横断する溝は路地の側溝であり、これと直交する溝・建物は路地に面した敷地区画溝や建物と考えられる。したがって、十六世紀頃には、街路にではなく、街路から入り込んだ路地に向って間口二間以下の町家がならんでいた光景が復原できる。おそらく、零細な小商人や職人の住いであろう。ここでも、太閤町割りをはさんで、町の構造が変化したといえる。

次に井戸の分布を見よう。図8に呉服町付近の調査地点を示した。中世以前の井戸分布で一見して気づくのは、時代を異にする井戸が、狭い範囲に集中して、重りあって検出されることである。さらに、井戸の分布を時代別にみる

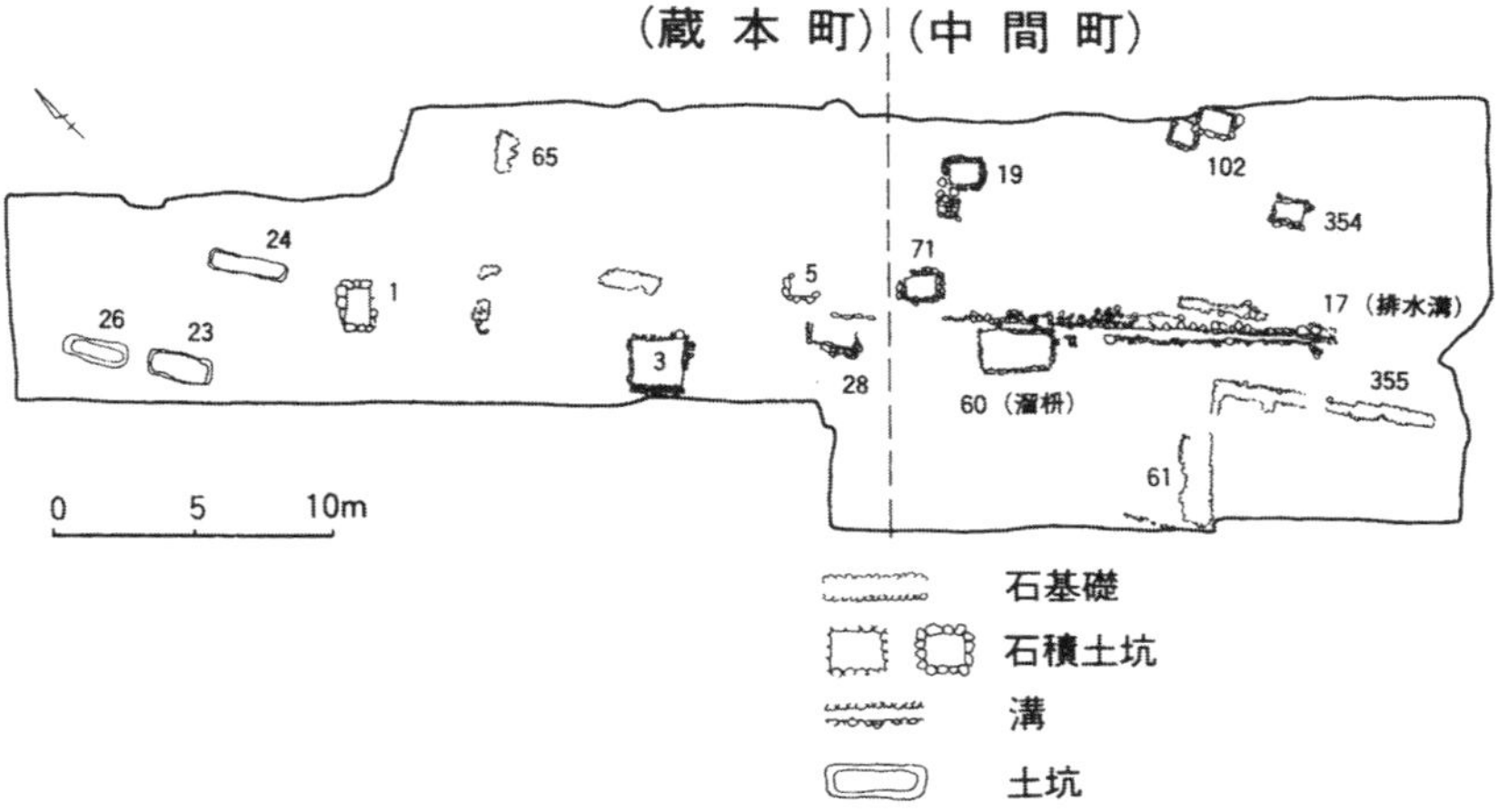

図 6　第 60 次調査　第 1 面遺構配置図

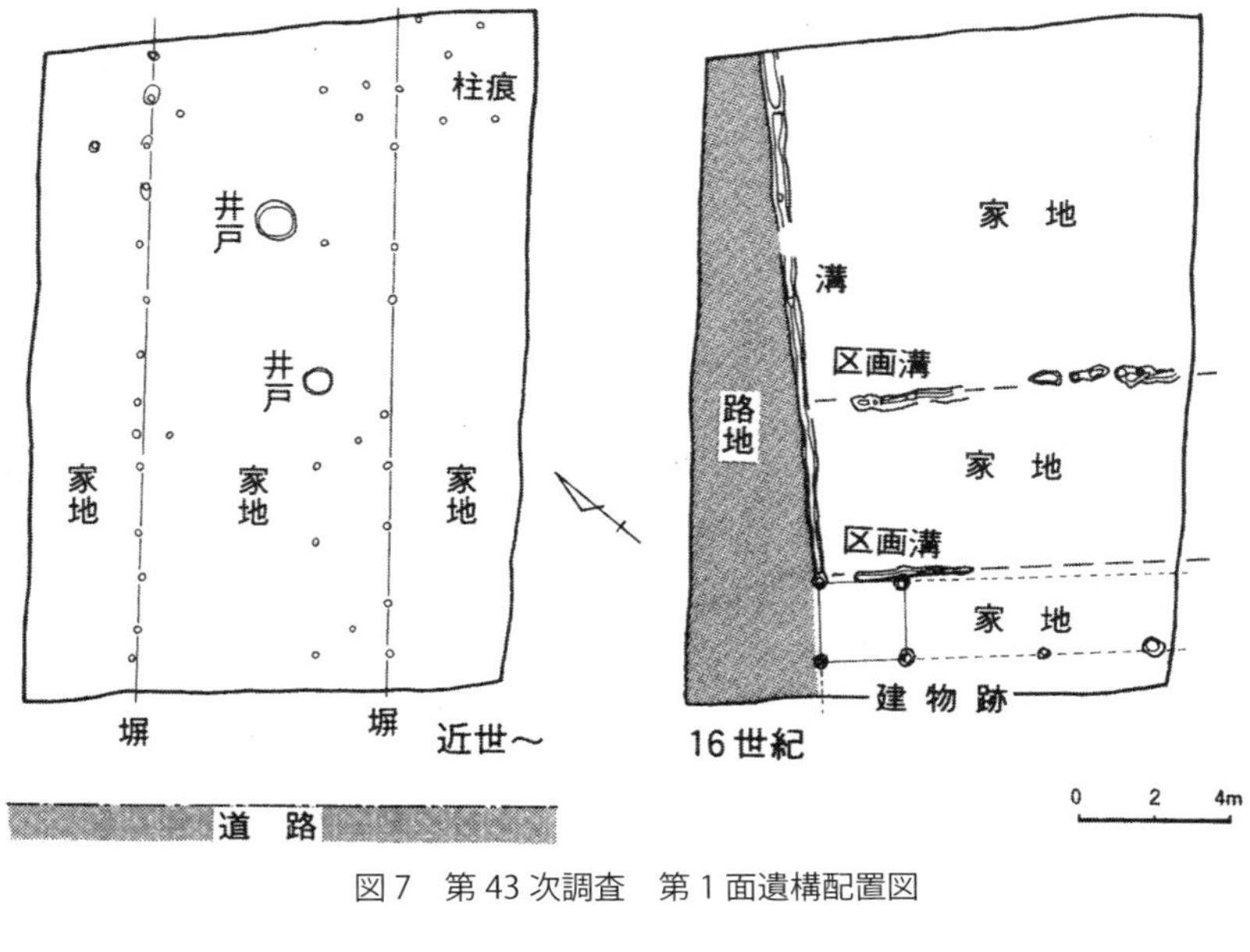

図 7　第 43 次調査　第 1 面遺構配置図

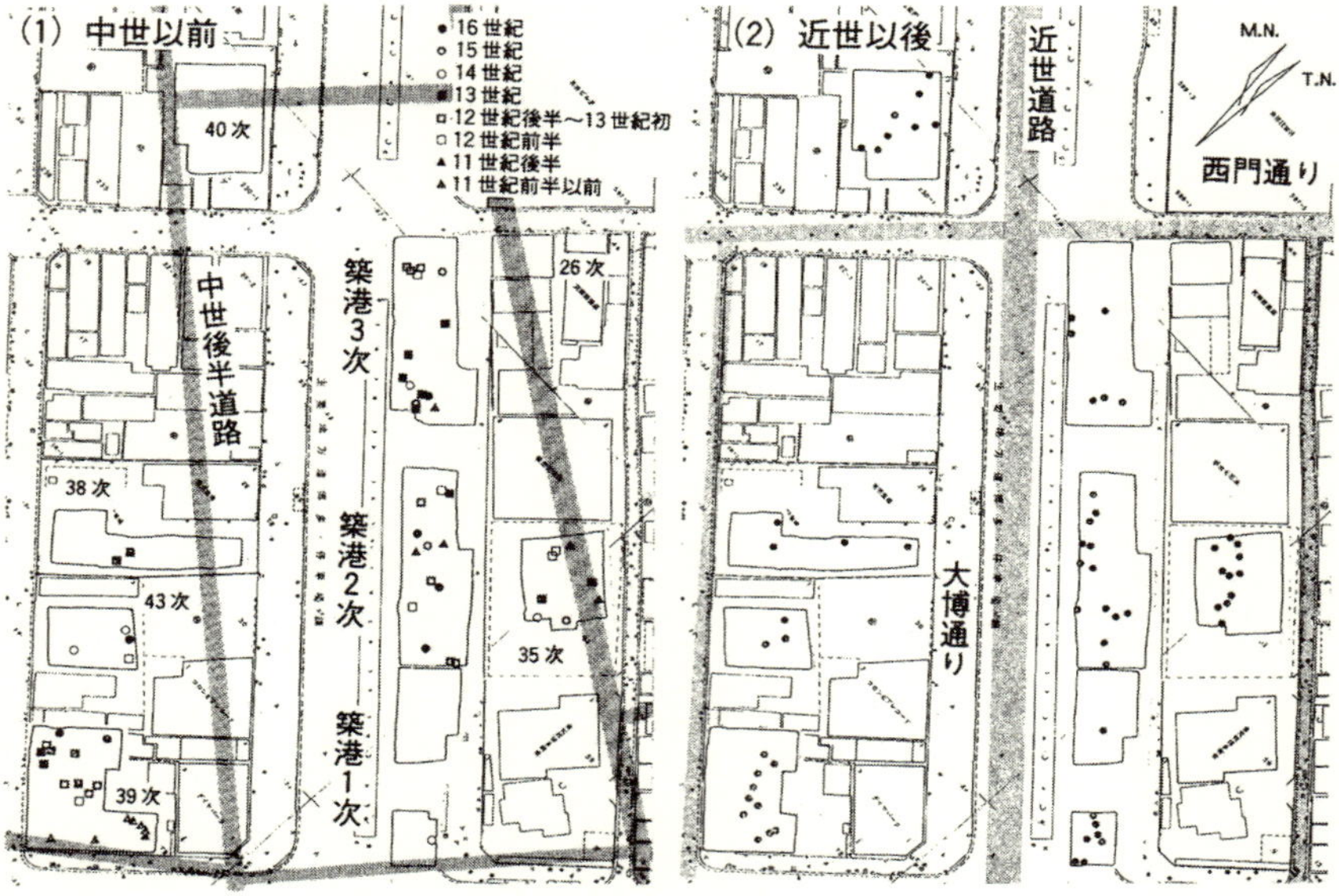

図８　井戸跡分布図

と、井戸が頻繁に掘られているのはほとんど十二世紀代に限られ、それ以外は各時期に一〜二基、あるいはまったく検出されなかった調査地点すらある。近世以降については、細かい時期が報告されていないが、極端に集中する個所はなく、まんべんなく分布している。

次に、街区における井戸の立地についてみたい。中世以前では、井戸が街路近くにあったり奥まっていたり、実に無秩序に掘られている。これに対し、近世以降の井戸は、太閤町割りの街区の半分の奥行きの中ほどに掘られている。博多の近世の町屋は、道路に面した建物から通り土間を通って裏手の庭および別棟に抜ける構造で、井戸は表の建物の裏に設けられたのである。そこには、中世の町屋にみられたような雑然とした配置は認められず、極めて整然とした原則が徹底している。さらに、中世以前の井戸を時期別にみると、十二世紀代を除けば、散漫な分布をしている。これは、中世の井戸が共同井戸であったことを示しており、中世の共同井戸から近世の個別井戸への変化を見ることができよう。

まとめ

遺構からみた中世から近世への推移を、変化した要素と変わらなかった要素にわけてまとめておく。

変化した要素としては、第一に町割りの改編をあげなくてはならない。ついで、息浜と博多浜間の低地の埋め立て、中世までおおむね元寇防塁の内側でおさまっていた町場が大きく海岸線まで拡大したことがあげられる。

変わらなかった要素としては、十六世紀中頃につくられた房州堀と石堂川を、それぞれ博多の南限と東限として踏襲した点である。

太閤町割りは、これまで述べてきたように、中世博多の町割りを全面的に塗りかえるものであった。その特徴の第一点は、博多を統一的な規格で仕切った点にある。中世の町場は、旧地形に左右された自然発生的な要素を多く持ったものであった。町並は、地点地点でその方向を異にし、街路も蛇行したり阿弥陀籤状につないだりと、一貫性・規格性に欠けていた。

この状況を、宮本雅明氏は都市の核が分立した状況とみる。宮本氏は都市形成の核として寺社を見、中世博多は大寺社とそれに付随した門前町の複合体であったという。その結果として、個々の寺社の伽藍の軸線などに門前の町屋が規制され、それぞれに異なった方向を取ることになる［宮本・山路 一九八九B］。宮本氏の論は、中世都市の空間構成を「町」＝道路を軸として線上に形成される空間と、「境内」＝領主館や寺社を核として同心円的に形成される空間の複合としてみる近年の建築史学の都市論に立ったものである。

考古資料からこれをみると、どうだろうか。私見では、町場の核として寺社を位置づけることには、異存はない。ただし、それは中世末期に結果としてできた町場における状況であり、それをさかのぼらせて、寺社を町場形成の契機とみることはできないと考える。博多における多くの寺社の創建は、中世後半期の街路が通された十三世紀末〜十四世紀初頭よりも新しいのである。その創建が鎌倉時代初めにある聖福寺をみても、聖福寺前面の中世後半期のメインストリートの下層には、これとほぼ重なって十二世紀後半の溝が通っており、聖福寺がこの溝に規制された可能性は大きい。また、前述したように、中世後半期の街路の不規則さは、自然地形にその原因を求めることができる。鎌倉末期の大々的な街路整備においてもこれを止揚できなかったことをみれば、鎌倉末期以前に街路の前身となるべき道路が発生していて、それを継承・整備し直した可能性を考えなくてはならない。したがって、寺社といえどもその地点地点においては、自然地形なり既存の町並・街路の影響を受けざるをえなかったであろう。寺社が門前町をしたがえて分立する光景は、創建後年月を経た結果であって、当初の姿ではなかったと考える。しかし、いずれにしても十六世紀に限れば、寺社を核とした町並みが形成され、それらをつなぐ街路沿いにも家々が軒をつらねるという構成は、認めてもよかろうと思う。

太閤町割りは、宮本氏のいうごとく、かかる町場の核を一切否定し、画一的に均したものであった。そして、それは市小路を軸として、息浜・博多浜の両町場を統一したのである。

中世後半期、息浜と博多浜はともに博多の内にありながらも、別個の存在であり、博多浜は少弐氏→大内氏、息浜は大友氏が支配した。この政治的な二分状況が解消されたのは、天文二十年（一五五一）の大内氏滅亡以後である。息浜・博多浜をともに支配するようになった大友氏は、これを西分・東分として自治を許しており、町場の一体化は行われなかった［佐伯 一九八七・一九九二A］。

このように、別個の都市空間として発展してきた町場をひとつにするという試みは、もはや地方勢力による競合を許さない、全国的統一政権＝豊臣政権の保障があって初めて可能であった。そして、この統一は、黒田氏の福岡入部後、息浜・博多浜間の低地の埋め立てによって完遂されたのである。

博多は、そもそも地理的な優位に立脚して発生した都市であった。それが、大陸への門戸という国家レベルでの位置づけを得たことによって、古代から中世を通じての国際貿易都市という、わが国では稀有な歴史を持つに至ったのである。古代・中世段階での都市としての発展は、積極的な地形改変を一部に行いつつも、与えられた地形の中での拡大・充実という方向をたどったといえる。

十六世紀末、太閤町割りを契機とした近世都市への転換は、自然的制約からの脱却であった。それは、博多町民のみの力でなしえたものではなく、外部権力すなわち発端としては全国政権たる豊臣権力、最終的には幕藩体制下の地方統一権力たる福岡黒田藩のもとで、初めて可能であった(7)。

宮本雅明氏は、太閤町割りによる転換を、「神仏指向」から「天下人指向」への変化と呼んだ[宮本 一九八九C]。私は、前述した理由で、「神仏指向」という表現には賛成できない。私流に言葉を探すなら、「自然条件適合」から「統一権力強制(8)」への変化と位置づけたい。

こうして、統一権力の意志を容れて整然とした都市景観を得た一方、鎖国政策をとった幕藩体制下で、博多は都市としての自らの意志を失ったのである。

註

(1)　Ⅱ第五章参照。

(2)　本論文刊行後に実施された第一一一次調査で、元寇防塁の可能性が想定される石塁遺構が出土した[福岡市教委 二〇〇二B]。

(3)　近世から明治期にかけての海岸線部の変化については、小林茂氏・佐伯弘次氏により、年代の明らかな絵図・地図から検討されている[磯・下山・大庭・池崎・小林・佐伯 一九九一]。なお、近世の絵図の性格・年代等については、小林・

佐伯［一九九二］。

（4）　絵図から見た大水道の有無については、福岡を中心に歴史学・考古学・地理学・地質学などの研究者によって組織された遺跡立地研究会月例会での、小林茂・佐伯弘次両氏のご指摘による。

（5）　房州堀には、これを含めて三ケ所の折がみえる。他の二ケ所は矢倉門を左右からはさむ位置にあり、いずれの所も虎口に対して横矢をきかせたものといえる。村田修三氏によれば、横矢掛けの折は永禄期に採用されたものという［村田一九八五］。房州堀の掘削時期については有力な一次史料がなく、佐伯弘次氏は佐伯・小林［一九九二］で、戦国時代と推定した。村田氏の見解に沿って永禄期を上限とすれば一五五八年以降、臼杵安房守鑑廉（鑑続）の手になるという所伝を信じれば、臼杵鑑続は永禄四年（一五六一）に没しているから、一五六一年以前に限定できることになる。

（補）　本書II第五章第2節(2)参照。

（6）　本論文刊行後の第一六五次・第一七九次・第二〇四次調査で、道路遺構が出土した［福岡市教委二〇〇八・二〇一七］。

（7）　戦国時代にも、戦火からの復興は度々なされた。天正十四年（一五八六）の薩摩島津軍による博多焼き打ちからの復興でもあった太閤町割りに先立っても、部分的に町民の生活が戻っていた可能性があるのは、かつて論じた通りである［大庭一九九三］。しかし、それら中世段階での復興が、中世の町割りや地形的制約をついに越えられなかった点に注意しなくてはならない。

（補）　博多における戦国期の戦禍と荒廃、そこからの復興については、大庭［二〇一五A］を参照されたい。

（8）　現在残る博多の町家では、例外なく通り庭（土間）を敷地の上手（東西街路沿いでは東側、南北街路沿いでは南側）に設けるが、これも太閤町割りに起源する可能性が指摘されている［土田一九九〇］。この指摘や、前述した整然とした近世の井戸分布をみると、太閤町割り以後の近世の博多では、個々の家地の内部にまで、極めて整然とした原則が徹底されている（強制されている）といえる。

終　章

本書は、筆者がこれまでに発表してきた博多遺跡群に関する論文や研究ノートを、ほとんど手を加えずにテーマ立てて編成したものである。収録した原稿は、最も新しいものでも二〇一一年に発表したもので、最新の研究とは言い難い。そこで、最近の研究から、本書との関わりで看過できないテーマについて紹介し、私見を追加したい。

1　博多唐房について

博多唐房は、長く博多に居住した宋人らの租界＝チャイナタウンと理解されてきた。一方で唐房を示す文献史料は、『両巻疏知礼記』(『観音玄義疏記』)奥書しか知られていなかった。

ところが、二〇〇一年山内晋次氏によって『教訓抄』巻第八・管弦物語・琵琶の記事に「ハナカタノ唐防」(1)が見いだされてから唐房関係史料は急増している。すなわち二〇〇四年には、榎本渉氏によって『霊松一枝』所収「栄西入唐縁起」の中に「博多唐房」、二〇〇六年に渡邊誠氏によって『中右記』長承元年七月二十八日条に「唐坊」、また『石清水文書』文治二年八月十五日「中原師尚勘状」にも「唐坊」が発見された。これらのうち、厳密に同時代史料に見える唐房は、『両巻疏知礼記』と『中右記』の二例ということになるが、他の資料についても信憑性を疑う議論はない。

これらを年代別に並べると、①源経信大宰権帥在任中（一〇九四〜一〇九七年）「ハナカタノ唐防」（『教訓抄』）、②永久四年（一一一六）「筑前国薄多津唐房」（『両巻疏知礼記』）、③長承元年（一一三二）「唐坊」（『中右記』）、④仁平元年（一一五一）「唐坊」（「中原師尚勘状」）、⑤仁安三年（一一六八）「博多唐房」（「栄西入唐縁起」）となる。十一世紀末から十二世紀半ばにかけて、博多唐房（唐坊）と呼ばれるモノが存在したことがわかる。

二〇一八年林文理氏は、これらの唐房関係史料を個別に検討したうえで、唐房はチャイナタウンではないという説を発表した［林 二〇一八］。林氏によれば、①は琵琶を演奏し音色を聴くことができる部屋ないし住居、②は大山船（大山寺＝大宰府の有智山寺）襲三郎船頭の居室もしくは居宅、③は宋客弟の住居、④は唐人の住居、⑤は両朝通事李徳昭の住居であり、中国人集住区（街区・エリア）を示す事例はないという。そして、「坊」の字義は街区・まち、「房」は部屋・住まい・住居であり、上記五例のうち二例が「唐房」と記されていることから「坊」は「房」の音通であるとして、「唐房」は街区や町ではなく、唐人の部屋・住居などの建物を指すと結論づけた。

考古資料に立脚して検討を行ってきた筆者は、これに対する定見を持たないが、若干の疑問を呈したい。①の事例は、大宰権帥源経信が「ハナカタノ唐防」において、琵琶の音を聞いたところが、アブが明かり障子に当たる音に似ていた、という物語である。林氏はこれだけの記述から部屋ないしは住居とするが、特定の建物を想定する必要はないように思う。さらにいえば、中央貴族の高官である経信が宋人の居宅を訪れたとは考えにくい(2)。唐房を街区・エリアとみて、どういうきっかけだったかはわからないが、通りかかった唐房の巷で耳にした琵琶の音に足を止めたという方が、景色として想定しやすい。つまり、①はしいて部屋なり住居とみる必然性はないように思う。②は、『両巻疏知礼記』を書写した場所にかかわる表記である。仔細には、「筑前国薄多津唐房大山船襲三郎船頭房」とでてくる。従来は、「博多津唐房」という唐人居住区の中の「大山船襲三郎船頭房」という居宅（部屋）で書写したと理解されてきた。

今回林氏は、「筑前国薄多津唐房」と「大山船龔三郎船頭房」を、同じ場所に対する言い換えとみたわけだが、連続する文言の中で言い換えする(＝重複して同じ場所を言い換えて記述する)必要性はないと考える。従来説の方が素直に理解できるのだが、いかがであろうか。③は、宋客の弟が大宰府に来着したところ、殺害され、「唐坊」に放火されたという記事である。これだけを見れば、林氏の指摘する通り居宅を指すものといえる。これは陣定に関する一連の記事の一部分で、直前には長門守が宋客の来着を言上したことが記されている。なぜこのとき、宋客は長門に来着したのか、その理由が唐坊の焼亡であるとしたら、放火による被害は家一軒程度にとどまらず、一定のエリアが被災したものと読むことも可能なのではないか。(3)④についての林氏の指摘は、妥当なものと考える。⑤に関して林氏は、「栄西入唐縁起」の「二月八日、達博多唐房」を『興禅護国論』の仁安三年の春に栄西が「鎮西博多津」に至り、二月に李徳昭に遇って宋で禅宗が盛んなことを聞いたという記事に対応するものとし、「博多唐房」は李徳昭の住居を指すものとした。同一史料における言い換えであれば、対応させて検討することは可能であろうが、少々強引ではなかろうか。対応させるとしたら、林氏自身も可能性を述べているように「博多唐房」と「鎮西博多津」とみるのが妥当だろう。

こうしてみると、唐房を宋人の居宅もしくは住居と読むことが可能なのは、④の事例のみである。林氏は、「坊」は「房」の音通による書き換えとするが、逆もまたあり得るであろう。林氏の指摘は重要であるが、結論づけるにはいたらないと考える。

林氏は、「建物を示す「唐房」が、即「大唐街」やチャイナタウンのことを意味するわけではないが、唐房が博多浜に点在しながら、あるいは中央部に集中して建ち並ぶ姿は、結果としてチャイナタウンといえる都市景観を呈していたと考えることもできる」という。

発掘調査に基づく考古資料から、唐房の解釈を云々するのは、現実的には不可能であるが、筆者としては現段階では唐房に関する従来説を支持したうえで、「結果としてチャイナタウンといえる景観を呈していた」という解釈については是としたい。

2　滑石製石鍋と宋人

筆者は、博多における宋人の存在形態として、嗜好品的な陶磁器の出土の一方で、煮炊具として国産の滑石製石鍋が出土することから、中国風の調度で身のまわりを飾りつつも、奥向きは日本的という実態を描いた。

ところが、近年、滑石製石鍋について、宋商人の需要によって生産が始まった中国的な遺物とする見解が定着しつつある。すなわち、二〇〇六年鈴木康之氏は、滑石製石鍋は「博多・大宰府を中心とする限られた都市住人の需要を主要なターゲット」に生産されたもので、その主要な消費者は「博多綱首」として文献に表れる人々だとした［鈴木二〇〇六］。鈴木氏のこの見解は、その後、広く容認されつつあるように感じられるのであるが、大きく二点の問題点がある。まず一点は、鈴木氏が滑石製石鍋の生産開始時期を十一世紀後半とした点であり、もう一点は、石鍋生産の契機が宋商人の需要にあり、さらに「宋商人が石鍋利用の風習を日本列島に持ち込んだ」とした点である［鈴木二〇〇六］。

滑石製石鍋については、徳永貞紹氏の出土資料に基づく研究があり、近年の研究動向を含めて、鈴木説に対する反論もなされているので、詳しくはそれに拠られたいが、簡潔にいえば、滑石製石鍋の初源は九世紀後半にさかのぼるものであり、その生産・使用の導入において、博多綱首に代表される宋人の関与は想定できないのである［徳永二〇一〇］。

とはいえ、古い段階の滑石製石鍋が、福岡平野周辺に集中していることは事実である。博多湾周辺においては、鴻臚館跡・海の中道遺跡・柏原M遺跡から九・十世紀の滑石製石鍋が出土している。これについては、徳永氏は「出現期の石鍋を出土する遺跡の多くは（中略）官衙的性格が認められるものであり、福岡平野の狭い範囲に限られることと

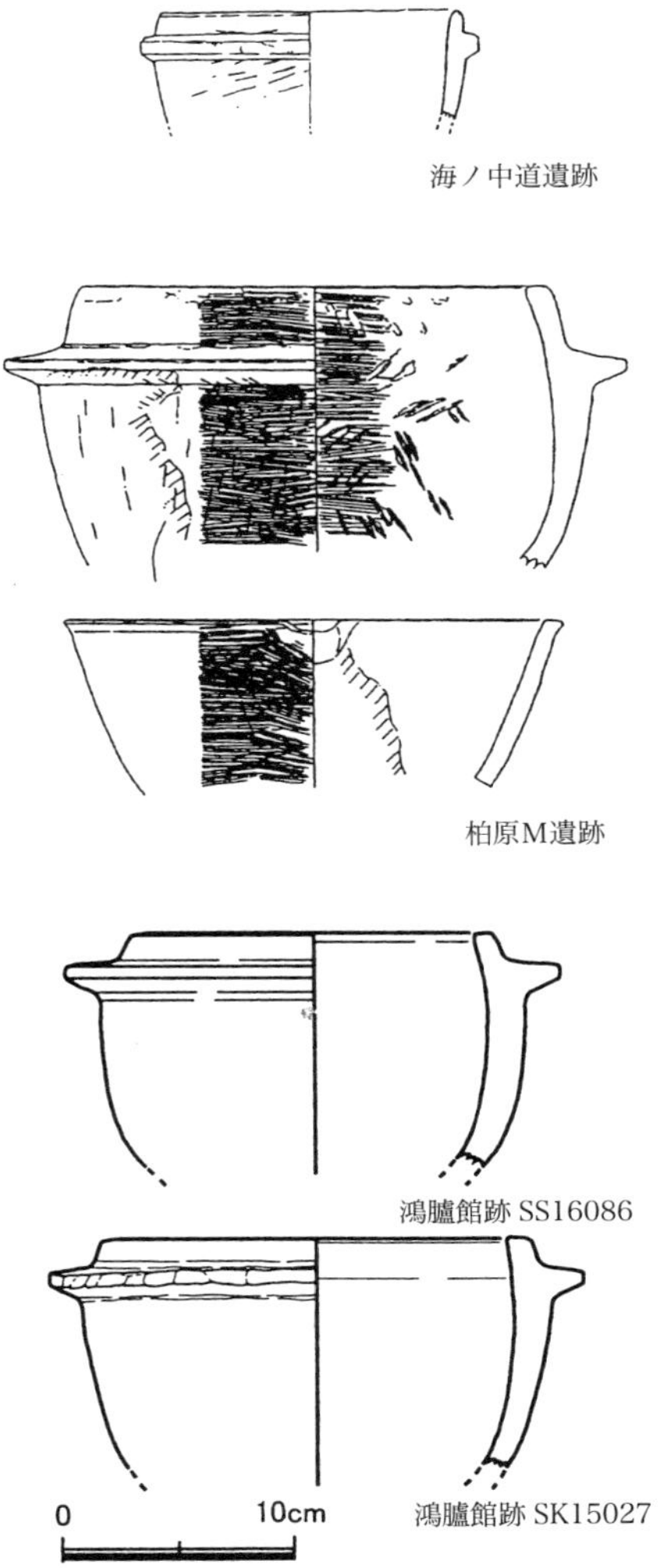

図1　福岡市内出土9～10世紀滑石製石鍋

併せると、むしろ大宰府との関わりを想定すべき」とする。筆者としてはこの見解に従いたい。したがって、博多に宋人が居住し始める以前から、福岡平野周辺には、煮炊きに滑石製石鍋を用いる習慣が存在したといえよう。本書の原論文で滑石製石鍋について触れた際には、これらの石鍋が国産であることから、何ら疑念を持たずに「奥向きは日本的」と結論づけた。これについては、あまりに単純すぎたと反省するところだが、結果的には、宋人らが博多に定住した時代においては、滑石製石鍋はすでに福岡平野の生活に定着していたといえるだろう。

3　「綱」銘墨書の解釈

本書の中でしばしば示したように、陶磁器の底部に書かれた墨書については、佐伯弘次氏による学説整理があり［佐

伯 一九九六〕、筆者もまた二〇〇三年時点での状況を整理したことがある〔大庭 二〇〇三A〕。墨書陶磁器、特に「〇綱」・「綱司」・「綱」などと記した「綱」銘墨書については、亀井明徳氏が看破したように、貿易にあたってその積み荷の帰属を示したものであるという解釈〔亀井 一九八六〕でほぼ揺るがないものと考えている。それは、花押墨書についても同様であろう。最近、これら墨書の解釈を裏づける発見が相次いでいるので、示しておく。

中国においては、貿易に際して記された墨書の事例は未だ注目されていないが、福州などの発掘調査では宋代の墨書が出土し、報告されている〔張 一九九八・二〇一六、石黒 二〇一三〕。本書においても、一九九八年当時報告された事例については実測図を引用して紹介したところだが、記された文字や花押の形態的な特徴は、博多出土の墨書とよく一致しており、博多出土墨書陶磁器の花押が、宋人の手になることを裏づけている。

また、近年、韓国馬島沖で発見・調査された沈没船の積み荷と推定されている遺物から、宋代の墨書中国陶磁器がまとまって出土しており、それには「綱」銘墨書や中国人の姓を記したもの、花押などがみられ、博多遺跡群出土例とよく一致している〔국립해양문화재연구소 二〇一三〕。船体自体は未検出であるが、沈没船とすれば、元代の新安沈没船と同様に、揚子江下流の明州（元時代では慶元）を出港して博多を目指していたジャンク貿易船が、韓半島西岸に流されて難破沈没したものであろう。であれば、これらの墨書が在博多宋商人によって書かれたものではなく、貿易船に積み込む以前に書かれたものであることを示しており、貿易にあたって積荷の識別のため墨書したとする右の説を裏づける証拠となる。

また、筆者が花押とする墨書について、中国の研究者は、「直」の草書体や変体字とし、「置」の意味だとする〔張 一九九八〕。「置」は購入を示すもので、買い入れた際に、しばしば購入年月日を伴って記したものであるという。このような風習は、現代中国にもあるという（石黒ひさ子氏・柴田博子氏が中国で張勇氏ら複数の研究者から確認したところを筆者にご教示いただいた）。

張勇氏らは、博多出土陶磁器のいわゆる花押についても、いずれも「直」の崩しであり、中国の風習が博多に取り入れられた可能性を指摘する[張 一九九八・二〇一六]。博多出土の花押と中国出土(福建出土)のそれとは、きわめて類似しており、中国の花押がただしく「直」の崩しであれば、博多の花押も同様の可能性を持つ。

しかし、前述した通り、韓国の馬島沖では墨書花押資料が出土している。これが中国を発した貿易船であることは引き揚げられた陶磁器からもまちがいないが、目的地に到達する前の船から墨書が出土したということは、それが中国で記されたことは明らかである。船に積み込む前に書かれた墨書および花押であれば、そこに購入者を主張する意味を持つ墨書が記されているというのは、ありえない。やはり、貿易貨物の帰属を示すために記されたと考えるのが妥当であろう。

4 貿易船と港

話題が貿易に及んだところで、貿易船と港の問題に触れておこう。

日宋貿易に用いられた船は、実物が現存するわけではないが、発掘調査例が増えつつある。一九八二年、中国の福建省泉州で、南宋時代の大型船が出土した。竜骨を持ち、隔壁に外板を貼るジャンクで、全長三四メートル前後、最大幅一一メートル前後、満載吃水三・五メートルと推定されている。また、韓国新安沖で出土した新安沈没船もジャンクで、全長三四メートル、最大幅一一メートル、喫水三・〇メートルとされている。元の至治三年に慶元(現在の寧波)を出港し、博多を目指した貿易船と考えられている。

そのほか、中国広東省陽江市沖合で発見され、沈没状態のまま引き上げられ、地上の室内で発掘作業が続いている南海一号(南宋、全長三〇・四メートル、幅九・八メートル)もジャンクである。

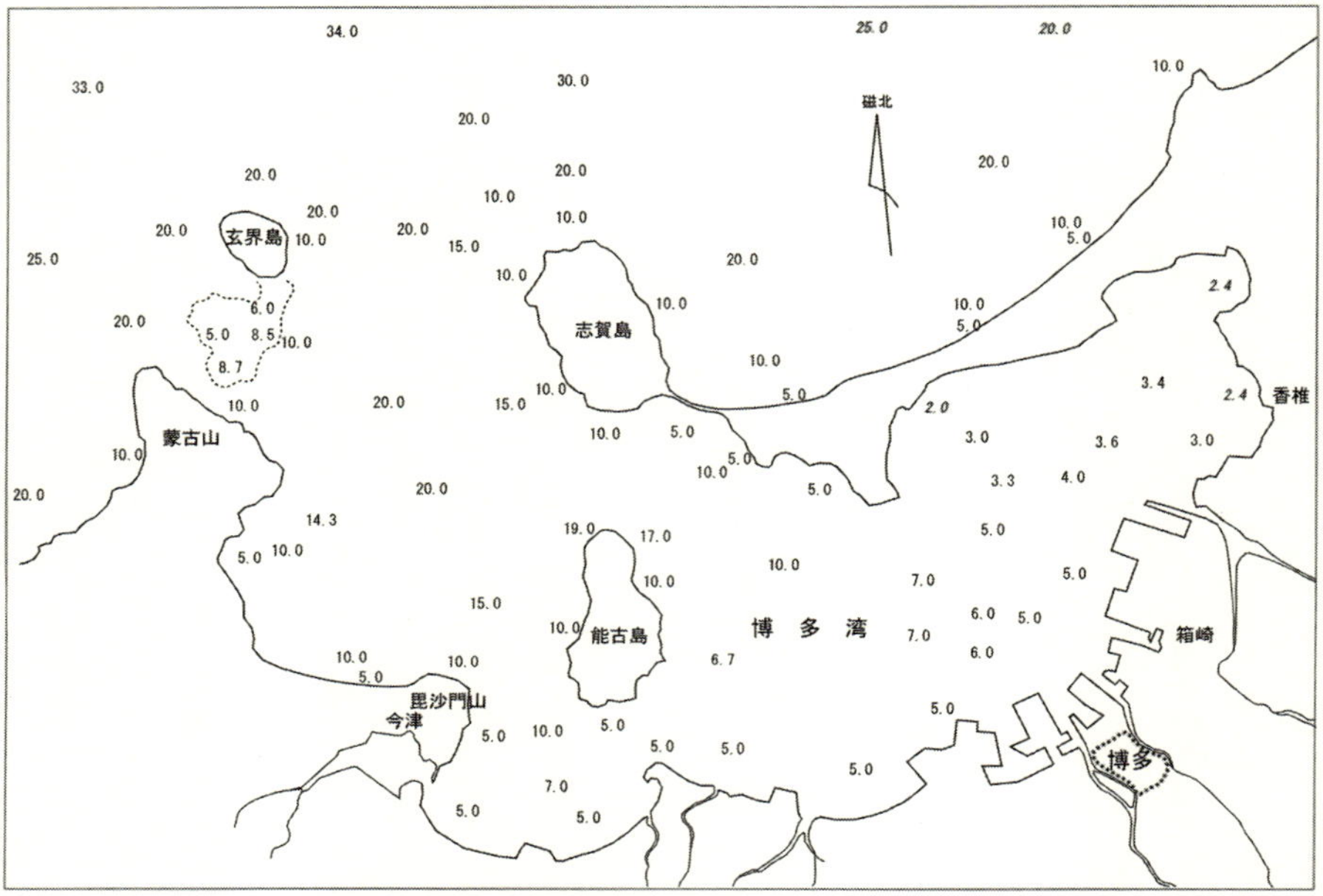

図２　博多湾の水深（昭和50年刊行の海図より作成）

ジャンクは現代にいたるまで作られている中国の外洋船で、宋代には二〇〇トン～三〇〇トン、清代には五〇〇トンの大型船が建造されていた［斯波 一九六八］。問題は、このような大型船がどのように港に着岸したか、である。新安船の場合は吃水が竜骨の先端までで三・〇メートルと推定されているが、泉州船の吃水三・五メートルには竜骨の深さが加えられておらず、これを加えると四・〇メートルにも達する。

中世の沿岸航行は、重りをつけた綱を沈めて水深を測りながら、浅瀬を避けて航行したものと思われるが（成尋『参天台五台山記』）、その場合、どのくらい水深の余裕があれば、進んだであろうか。

図2は、昭和五〇年に印刷された博多湾の海図から作成した水深である。これを見ると博多湾が全体に浅い湾であることが見て取れる。博多・福岡・箱崎の前面の海域は推進五・〇メートル程度、香椎にいたっては二・〇～三・〇メートルしかない。数字的には、博多津・箱崎津へのジャンクの来着は不可能ではないはずだが、数値的な余裕は少なく、あえて危険は冒さな

いだろう。一〇一九年の刀伊の入寇の際に、刀伊が停泊し博多湾攻撃の拠点としたのは、能古島であった。能古島の周囲は水深が深く、外洋船を停泊するのに適している。また、一四二〇年に朝鮮王朝の使者として来航した宋希璟の船は、志賀島に停泊し、小舟で博多との間を往復した。朝鮮の船であるからジャンクではなかろうが、『老松堂日本行録』には「楼船」とあり、大型の外洋船であったことがうかがわれる。志賀島周囲の水深は一〇メートル程度であり、大型船の停泊には適している。

日宋貿易船の碇石が多く博多湾から出土する事実も、浅い海に打ち寄せられた船が多かったことを示しているのではないか。

ついでに付け加えると、博多湾の入り口、志賀島と糸島半島の蒙古山との間は、玄界島によって二分されるが、玄界島と蒙古山の間には、大机島・小机島・クタベ瀬・コクタベ瀬が集中する水深五メートルから九メートルの浅瀬が広がっている。一方、玄界島と志賀島の間には顕著な浅瀬はない。中世の貿易においても、博多湾に出入りするには、玄界島と志賀島間を通過していたに違いない。

さて、干潟で有名な有明海の場合はどうだろう。有明海は干満差が非常に大きく、干潮時には広大な干潟が広がる。本書Ⅰ第四章の舞台となった神崎荘は、有明海の最奥部にあたる。同様に有明海の最奥に位置する住之江港の場合、日本一の干満差を誇り、平均干満差は五・四メートルにも及ぶ。数値だけを見れば、満潮を利用してのジャンクの入港は可能だろうが、実際には具体的な数字を頼りに航行するわけではないのであるから、ギリギリの余裕では近寄らないであろう。すると、やはり安全な沖合に停泊し、艀で干満差や澪道を利用して着岸したと考えるべきだろう。日下雅彦氏は、「有明海を北上してきた船は、外航諸富津で潮の状況を確かめたのち、満ち潮を見計らって、櫛田神社付近まで一気に遡った」という〔日下　一九九三〕。論文〔大庭　一九九四B・一九九九〕発表当時は、この分析を受け、神崎荘に宋船が着岸することは可能だった、としたが、満載吃水四メートル、船幅一一メートル前後もあるジャンクが田手川や城原川を遡上することは不可能だったであろう。旧稿での推測を改め、宋船が着岸することはなかったと考える。

5 中国系瓦の出土

本書掲載論文発表当時、押圧文系・花卉文系の中国系瓦について、その出土のほとんどは博多遺跡群に集中していた。しかし、その後鹿児島県南さつま市の芝原遺跡・渡畑遺跡からまとまった量が出土した。

小畑弘己氏は、中国系瓦の蛍光X線分析を行い、考古学的所見を合わせて、その出自と性格について論じた［小畑二〇一三］。小畑氏によれば、蛍光X線分析においては、寧波市内出土瓦を分析できなかったため正確な産地を特定できなかったが、寧波市や杭州市を中心とした浙江省の窯で生産された可能性は極めて高いとした。さらにこれらが十二世紀を中心とした時期に中国寧波との交易拠点に分布することを確認し、渡畑遺跡においては宋人による祠堂の存在を指摘した。

二〇一五年、中園聡氏を代表とする研究チームは、博多遺跡群と箱崎遺跡出土の花卉文瓦と、寧波で収集された花卉文瓦について三次元レーザースキャナを用いて分析し、同笵瓦であることを明らかにした。また、寧波出土瓦に対して蛍光X線分析を行い、日本出土の中国系瓦と一致することも確認された(4)。

これらの成果により、中国系瓦は寧波産であることが明らかとなった。

さて、小畑氏は、渡畑遺跡において、掘立柱建物跡から中国製瓦、鴟吻で飾った祠堂を想定した。持躰松遺跡・渡畑遺跡・芝原遺跡と続く万之瀬川下流域における宋人居住が実証されたものといえる。これまで、史料的には青方文書の記述から長崎県の平戸に「平戸蘇船頭」、すなわち綱首蘇某が居を構えていたことが知られていた。持躰松遺跡では、中国製陶器の壺や大型甕などが出土し、貿易拠点としての性格をうかがうことができた。祠堂の存在は、これに宋商人の居住地・拠点としての景観を添えたもので、日宋貿易のメインルートである寧波─博多ルートの周辺に存在した、各地の交易拠点の実像を示してくれる貴重な事例といえる。

6　楠葉型瓦器出土の評価について

博多遺跡群から、まとまった量の楠葉型瓦器が出土することは、早くから指摘してきた。それについて、橋本久和氏は、京都の権門から、貿易品の優先的・独占的入手を企図して博多に送り込まれ定住した人間がいたと推定し、西北九州も諸権門の交易地域であり、松浦党を巻き込んで石鍋などの特産品流通に関与したと考えた［橋本 一九九二・一九九七など］。

その後、橋本氏は近業において、増加した九州各地の出土事例を検討し、地域ごとの状況を論じた。その結果、博多における出土について、楠葉型瓦器と権門勢力の対外貿易掌握の意図を結び付けた考察を修正し、管理貿易下の博多において大宰府官人と宋商人の接触を示すものとした［橋本 二〇一八］。

この場合、博多に楠葉型瓦器を持ち込んだのは大宰府官人であるということになるのだろうが、大宰府官人は楠葉型瓦器をどこから入手したのであろうか。

大宰府における楠葉型瓦器の出土は博多に比べると格段に少ない。また、官吏の遥任が進む中で、大宰府官人といっても、京都から派遣されてきた者は希になっていた。大宰府に楠葉型瓦器を供給したルートを求めると、和泉型瓦器をはるかにしのぐ量の楠葉型が出土している点から見て、権門に従属した京都近郊の交易集団の存在を想定するしかないのではなかろうか。

実は、博多遺跡群では、楠葉型瓦器椀に先行する楠葉型黒色土器B類椀の出土が知られている。集中出土地点は息浜の一部であり、息浜が海面から頭を出した程度で、潮が高くなれば海水が砂丘を乗り越えるような段階の内陸側緩斜面で、遺構としては、貧弱な掘立柱建物が散在するような景観である［福岡市教委 一九九一A］。とても大宰府の官人が居宅や別宅を構えるような場所とは思えない。同地点からは、近畿地方からの搬入土師器である「て」の字状口縁皿も出土している。これらのことから、報告書作成時点では、近畿地方からの人の移動を示しているとし、水運業者やその船を操った水手・船頭を想定した。その上で、彼らの船が投錨したのが、直接に風涛を受けることがない砂丘と砂丘の間の入江であり、投宿したのが、浜の仮屋であったと推測した。もっとも、それにしても遺構が貧弱すぎる感は拭えないが、あながち的外れではないように思う。とすれば、大宰府の官人がこのように立地条件が悪い苫屋を訪れたとは考えにくい。

以上、博多における楠葉型瓦器については、現時点では橋本氏の旧説を支持したい。

7　戦国時代の兵火に関して

近世以降の博多の骨格を作ったのは、天正十五年（一五八七）の豊臣秀吉による太閤町割りであった。本書においても、たびたび太閤町割りについては触れてきた。その契機となった博多の荒廃について、薩摩島津氏の兵火にかかり、焼け野原になったことがいわれ、定説化してきた。

島津氏の兵火について、佐伯弘次氏は、一次史料に確認できないことを指摘した［佐伯 一九九五］。すなわち、戦国時代の多くの兵火が文書やキリスト教宣教師の書簡などで史料的に確認できるのに対し、天正十四年の島津氏による兵火は、一次史料にはまったく見えないのである。佐伯氏は先の指摘の一方で、「状況的にはありえたと考えられる」としたが、水野哲雄氏は、一次史料にまったく見られないことをもって、否定的な立場をとる［水野 二〇一四］。

一次史料から確実なところでは、天正八年（一五八〇）の肥前竜造寺氏による侵攻がある。この被害は大きかったようで、ルイス・フロイスによれば、「悉く破壊され焼却され、蹂躙され尽くされ、市の痕跡すらとどめぬ有様」であったというし（ルイス・フロイス『日本史』第四〇章）、ガスパル・クエリヨも「短時間に悉く焼けて灰のほかには跡をとどめず」と記している（「イエズス会日本年報」一五八二年二月一五日〈天正十年一月二十三日〉付、長崎発、パードレ・ガスパル・クエリヨよりイエズス会総会長に贈りたるもの）。

そして、天正十五年（一五八七）、薩摩の島津氏を駆逐して九州を平定した豊臣秀吉によって博多の復興はなされた。秀吉が九州に入る前年の天正十四年、一足早く九州に進攻した黒田孝高の家臣である久野四兵衛が、博多の東にある箱崎八幡宮の門前町である箱崎に到着した。久野は、秀吉から博多町割りの命が孝高に下されたのを受け、焼け野原であった博多の町を実検し、その復興を行った。博多の町は、焼け跡で草深く茂っていたという（『豊前覚書』天正十四年十月二十四日条）。この時期、神屋宗湛は唐津に居を移しており（『宗湛日記』天正十四年小春二十八日条、天正十五年六月三日条）、博多の荒廃が著しかったことを示している。久野による復興は完遂しなかったようで、翌年薩摩から筑前箱崎に戻った秀吉は、滝川雄利・長束正家らを奉行として町割りを命じた。その際には、黒田―久野の町割りが下敷きとされたようだが、太閤町割りは二度にわたって行われたことになる。

このように、島津氏による兵火が、伝承の域を出ないものであるとすれば、博多は竜造寺氏の博多侵攻以来、七年以上にわたって荒廃の中にあったことになる。戦国時代、博多が兵火にかかったことは、少なくても四回記録されている。記録に残る最初の兵禍が、永禄二年（一五五九）であったことは、弘治三年（一五五七）の大内氏滅亡によって、博多周辺が一気に不安定化したことを物語っている。それでも、兵火に罹災したとはいえ、数年後には博多は復活していた。天正八年の竜造寺氏による侵攻以降、博多が自力で復興できなかったという事実は、永禄二年から天正八年までの二十一年間に四度という度重なる兵禍が博多を疲弊させたこと、そして商人らが博多を離れることで、博多の求心力が低下していったことを物語るといえよう。

註

（1）「ハナカタノ唐坊」について、山内氏の論文が発表された当初、筆者は、「ハ」が「ム」の誤記である可能性を指摘し、「ムナカタノ唐坊」ではないかと述べたことがある［大庭 二〇〇一B］。この誤記説は、服部英雄氏によってさらに強調されている［服部 二〇〇四・二〇〇五など］。山内氏は「ナ」を衍字と考えるのであるが、これについては山内氏がいうように「現時点ではしょせん水掛け論に終わってしまう」［山内 二〇一三］。本稿においては、林氏の指摘に導かれて検討しているので、「ハナカタノ唐坊」についても博多唐房史料として扱うが、筆者は宗像唐房の可能性を捨てるものではなく、山内氏のいうように未だ決着がつく問題ではないと考えている。

（2）源経信やその子息らの宋海商との交渉については、山内氏による検討がある［山内 二〇〇一］。

（3）この記事を見出し、紹介した渡邊誠氏は、宋海商の一部が殺害され、彼らの居留地として形成されていた「唐坊」が焼き打ちにあったため、殺害・焼き打ちから逃れた宋海商が長門国に至り、長門から中央に報告が届いたものとした［渡邊 二〇〇六］。

宋客が大宰府管内を避けて長門まで逃れていることからみても、焼き打ちはその背後に大宰府の関与がうかがわれるような、家を焼いた程度にとどまらない大規模なものであったと考えるべきだろう。

（4）管見の限り、中園氏の分析は現時点（二〇一八年十月）では報告されていないようである。公開された入手可能なものとしては、福岡市経済観光文化局文化財部（現文化財活用部）がインターネット上で公開している記者発表資料「福岡市と中国で同じ型で作られた軒丸瓦を確認」が、中園氏から提供を受けた三次元計測画像を掲載しており、詳しい。http://bunkazai.city.fukuoka.lg.jp/files/NewsParagraph170fileja.pdf

引用・参考文献

網野善彦　一九九六『中世的世界とは何だろうか』朝日選書五五五　朝日新聞社
網野善彦・石井進編　一九九五『中世の風景を読む7　東アジアを囲む中世世界』新人物往来社
有川宜博　一九九〇「平氏と博多」朝日新聞社福岡総局編『はかた学3　海が語る国際交流』葦書房
池崎譲二　一九八三「博多出土陶磁器の組成について」『貿易陶磁研究』3　日本貿易陶磁研究会
池崎譲二　一九八八「町割りの変遷」川添昭二編『よみがえる中世(1)東アジアの国際都市博多』平凡社
池崎譲二・森本朝子　一九八八「博多出土北宋後半期の貿易陶磁」『貿易陶磁研究』8　日本貿易陶磁研究会
石井　進　一九五九「大宰府機構の変質と鎮西奉行の成立」『史学雑誌』第六八編第一号
石井正敏　一九九八「肥前国神崎荘と日宋貿易—『長秋記』長承二年八月十三日条をめぐって—」皆川完一編『古代中世史料学研究』下巻　吉川弘文館
石黒ひさ子　二〇一三「中国における「墨書土器」および「墨書陶磁器」」『古代学研究所紀要』第一八号　明治大学古代学研究所
磯望・下山正一・大庭康時・池崎譲二・小林茂・佐伯弘次　一九九一「博多遺跡群周辺における遺跡形成環境の変遷」『日本における初期弥生文化の成立』横山浩一先生退官記念事業会　文献出版
磯望・下山正一・大庭康時・池崎譲二・小林茂・佐伯弘次　一九九八「博多遺跡群をめぐる環境変化—弥生時代から近代まで、博多はどう変ったか—」小林茂・磯望・佐伯弘次・高倉洋彰編『福岡平野の古環境と遺跡立地—環境としての遺跡との共存のために—』
伊野近富　一九九五「土師器皿」『概説 中世の土器・陶磁器』中世土器研究会
井上洋子　一九九〇「共同施設(井戸・便所)」福岡市教育委員会『福岡市の町家』
伊原　弘　二〇〇〇A「末代の道路建設と寄進額」『日本歴史』六二六
伊原　弘　二〇〇〇B「宋代社会と銭—庶民の資産力をめぐって」『アジア遊学18 特集　宋銭の世界』勉誠出版
宇野隆夫　一九九七「中世食器様式の意味するもの」『国立歴史民俗博物館研究報告』第七一集
榎本　渉　二〇〇一「宋代の「日本商人」の再検討」『史学雑誌』一一〇—二
大澤正己　一九八九「博多遺跡群築港線関係第3次調査出土の鋳造鉄精錬滓の金属学調査」『都市計画道路博多駅築港線関係埋蔵文化財調査報告(Ⅲ)博多』福岡市教育委員会
大庭康時　一九九二A「中世都市遺跡の調査＝博多」『季刊考古学』第三九号　雄山閣
大庭康時　一九九二B「中世葬制の一例—博多遺跡群第二六次調査出土の木棺墓—」『博多研究会誌』第一号　博多研究会
大庭康時　一九九二C「博多遺跡群の埋葬遺構について」『博多研究会誌』第一号　博多研究会
大庭康時　一九九三「聖福寺前一丁目二番地—中世後期博多における街区の研究(一)」『博多研究会誌』二号　博多研究会

大庭康時　一九九四A「博多―中世の商業都市」鎌倉考古学研究所編『中世都市鎌倉を掘る』日本エディタースクール出版部
大庭康時　一九九四B「博多綱首殺人事件―中世前期博多をめぐる雑感―」『博多研究会誌』三号　博多研究会
大庭康時　一九九四C「博多」『歴史読本11月号　誌上復原よみがえる中世都市』新人物往来社
大庭康時　一九九五A「中世から近世都市へ―発掘成果から見た十六・十七世紀の博多―」『福岡県地域史研究』第一三号（福岡県地域史研究所編二〇〇〇『福岡県史 通史編 福岡藩（1）』に再録）
大庭康時　一九九五B「大陸に開かれた都市　博多」網野善彦・石井進編『中世の風景を読む7　東アジアを囲む中世世界』新人物往来社
大庭康時　一九九六「中世都市「博多」の縁辺」『博多研究会誌』第四号　博多研究会
大庭康時　一九九七A「博多遺跡群における考古資料の分布論的検討メモ」『博多研究会誌』第五号　博多研究会
大庭康時　一九九七B「発掘調査からみた博多聖福寺と町場」中世都市研究会編『中世都市研究4　都市と宗教』新人物往来社
大庭康時　一九九八A「中世都市博多の成立」『福岡平野の古環境と遺跡立地』九州大学出版会
大庭康時　一九九八B「博多遺跡群出土の国産陶器について」『博多研究会誌』第六号　博多研究会
大庭康時　一九九九「集散地遺跡としての博多」『日本史研究』四四八
大庭康時　二〇〇一A「博多」『図解・日本の中世遺跡』東京大学出版会
大庭康時　二〇〇一B「博多綱首の時代」『歴史学研究』七五六　歴史学研究会
大庭康時　二〇〇三A「墨書陶磁器をめぐる最近の状況」『博多研究会誌一一・博多遺跡群出土墨書資料集成二』博多研究会
大庭康時　二〇〇三B「戦国時代の博多」小野正敏・萩原三雄編『戦国時代の考古学』高志書院
大庭康時　二〇〇三C「博多遺跡群の発掘調査と持躰松遺跡」『古代文化』五二九　古代学協会
大庭康時　二〇〇三D「博多」『季刊考古学』85　雄山閣
大庭康時　二〇〇四「港湾都市博多の成立と発展」大庭康時・佐伯弘次・服部英雄・宮武正登編『中世都市研究10　港湾都市と対外交易』新人物往来社
大庭康時　二〇〇六「博多の都市空間と中国人居住」歴史学研究会編『シリーズ港町の世界史2　港町のトポグラフィー』青木書店
大庭康時　二〇〇八「博多日記の考古学」『市史研究ふくおか』第三号　福岡市博物館市史編さん室
大庭康時　二〇〇九『シリーズ「遺跡を学ぶ」〇六一　中世日本最大の貿易都市　博多遺跡群』新泉社
大庭康時　二〇一〇「モデルとコピー―範型の選択意図―」『中世東アジアにおける技術の交流と移転―モデル、人、技術』平成一八年度〜平成二一年度科学研究費補助金（基盤研究（A））研究成果報告書（課題番号 18202017）研究代表者 小野正敏
大庭康時　二〇一一A「中世都市博多の都市領域と境界」中世都市研究会編『中世都市研究16　都市のかたち』山川出版社
大庭康時　二〇一一B「「西」の境界、青浦区九州の遺構と遺物」竹田和夫編『古代・中世の境界認識と文化交流』勉誠出版
大庭康時　二〇一四「博多遺跡群出土中世石硯について」『博多研究会誌』第十二号
大庭康時　二〇一五A「中世博多の黄昏と近世福岡城下町の曙光」『博多研究会誌』第十三号
大庭康時　二〇一五B「博多津唐房以前」『博多研究会誌』第十三号

大庭康時　二〇一七「新安沈没船出土木簡の基礎的検討」『博多研究会誌』第十四号
大庭康時　二〇一八「中世遺跡出土の港湾関連遺構と石見の港湾」『石見の中世領主の盛衰と東アジア海域世界』島根県古代文化センター研究論集第十八集
大庭康時・佐伯弘次・菅波正人・田上勇一郎編　二〇〇八『中世都市博多を掘る』海鳥社
岡崎　敬　一九六八「福岡市(博多)聖福寺発見の遺物について―大陸舶載の陶磁と銀―」『九州文化史研究所紀要』一三　九州大学九州文化史研究所
小野正敏　二〇〇一「焼き物の流通と消費」『図解・日本の中世遺跡』東京大学出版会
小野正敏　二〇〇三「威信財としての貿易陶磁と場」小野正敏・萩原三雄編『戦国時代の考古学』高志書院
小畑弘己　一九九七「出土銭貨にみる中世九州・沖縄の銭貨流通」『文学部論叢』第57号　熊本大学文学会
小畑弘己　二〇一一「出土銭からみた中世の博多」福岡市史編集委員会編『福岡市史　資料編　考古3　遺物からみた福岡の歴史』福岡市博物館市史編さん室
小畑弘己　二〇一三「寧波・博多交流の物証としての寧波系瓦の化学分析」中島楽章・伊藤幸司編『東アジア海域叢書一一　寧波と博多』汲古書院
折尾　学　一九八八「菊池一族の首級か」川添昭二編『よみがえる中世(1)東アジアの国際都市博多』平凡社
折尾学・池崎譲二・森本朝子　一九八四「中世の博多―発掘調査の成果から―」中山平次郎著・岡崎敬校訂『古代の博多』九州大学出版会
鏡山　猛　一九七一・七二「中世町割りと条坊遺制(上・下)」『史淵』一〇五・一〇六合輯、一〇九輯　九州大学文学部
鹿児島県立埋蔵文化財センター　二〇〇七『持躰松遺跡』鹿児島県立埋蔵文化財センター発掘調査報告書第一二〇集
鹿児島県立埋蔵文化財センター　二〇一〇『渡畑遺跡』鹿児島県立埋蔵文化財センター発掘調査報告書第一五一集
鹿児島県立埋蔵文化財センター　二〇一一『渡畑遺跡2』鹿児島県立埋蔵文化財センター発掘調査報告書第一五九集
鹿児島県立埋蔵文化財センター　二〇一二『芝原遺跡3』鹿児島県立埋蔵文化財センター発掘調査報告書第一七〇集
神奈川県立金沢文庫　一九九二『特別展「鎌倉への海の道」図録』
亀井明徳　一九八六『日本貿易陶磁史の研究』同朋舎
亀井明徳　一九九五「日宋貿易関係の展開」『日本通史』第六巻　岩波書店
亀井明徳　一九九七「東シナ海をめぐる交易の構図」『考古学による日本歴史』一〇　雄山閣出版
亀井明徳　二〇〇三「貿易陶瓷器研究の今日的課題」前川要編『中世総合資料学の提唱』新人物往来社
亀井明徳　二〇一五『博多唐房の研究』亜州古陶瓷学会
川添昭二　一九七五「鎌倉時代の対外関係と文物の流入」『岩波講座日本歴史6　中世2』岩波書店
川添昭二　一九八一『中世九州の政治と文化』文献出版
川添昭二　一九八二「鎮西管領一色範氏・直氏」森貞次郎博士古稀記念『古文化論集』同刊行会
川添昭二　一九八七「鎌倉中期の対外関係と博多―承天寺の開創と博多綱首謝国明―」『九州史学』八七・八八・八九合併号
川添昭二　一九八八A「鎌倉初期の対外関係と博多」箭内健次編『鎖国日本と国際交流』上巻　吉川弘文館
川添昭二　一九八八B「鎮西探題の役割」川添昭二編『よみがえる中世(1)東アジアの国際都市博多』平凡社

川添昭二　一九九二「中世における日本と東アジア(上)」『福岡大学総合研究所報』第一四七号　福岡大学総合研究所
川添昭二　一九九六『対外貿易の史的展開』文献出版
川添昭二・柳田純孝　一九八八「今津と栄西」川添昭二編『よみがえる中世1　東アジアの国際都市博多』平凡社
韓国文化公報部・文化財管理局編　一九八八『新安海底遺物総合篇』
木島孝之・西田博　一九九六「房州堀は戦国期の産物か」『県史だより』第八七号
木島孝之　一九九七「房州堀は戦国期の産物かⅡ」『中世城郭研究』第一一号
金峰町教育委員会　一九九八『持躰松遺跡　第一次調査』金峰町埋蔵文化財発掘調査報告書第一〇集
日下雅義　一九九三「湊の原型―肥前国神崎荘にみる」『朝日百科日本の歴史別冊　歴史を読みなおす』六　朝日新聞社
栗林文夫　一九九八「中国大陸との交易」鹿児島考古巡回展講演会資料　鹿児島県立埋蔵文化財センター
국립해양문화재연구소 二〇一三『태안 마도 출수 중국도자기』
小林茂・佐伯弘次　一九九二「近世の福岡・博多市街絵図―公用図について―」『歴史学・地理学年報』第十六号　九州大学教養部
小林茂・磯望・佐伯弘次・高倉洋彰編　一九九八『福岡平野の古環境と遺跡立地』九州大学出版会
五味文彦　一九八七「神崎荘と博多・袖の湊」『週刊朝日百科　日本の歴史』六五
五味文彦　一九八八A「日宋貿易の社会構造」『今井林太郎先生喜寿記念　国史学論集』同論文集刊行会
五味文彦　一九八八B『大系　日本の歴史5　鎌倉と京』小学館
五味文彦　二〇〇七『王の記憶』新人物往来社
五味文彦　二〇〇八『日本の歴史5　躍動する中世』小学館
佐伯弘次　一九八七「中世都市博多の発展と息浜」『日本中世史論攷』川添昭二先生還暦記念会
佐伯弘次　一九八八A「博多の戦乱と火災」川添昭二編『よみがえる中世(1)　東アジアの国際都市博多』平凡社
佐伯弘次　一九八八B「大陸貿易と外国人の居留」川添昭二編『よみがえる中世(1)　東アジアの国際都市博多』平凡社
佐伯弘次　一九八八C「まぼろしの湊」川添昭二編『よみがえる中世(1)　東アジアの国際都市博多』平凡社
佐伯弘次　一九八八D「元寇恩賞地」川添昭二編『よみがえる中世(1)　東アジアの国際都市博多』平凡社
佐伯弘次　一九九二A「戦国時代の堺と博多」『堺と博多展』図録　福岡市博物館
佐伯弘次　一九九二B「鎮西探題館の位置と構造―文献史料からみた―」『博多研究会誌』第一号　博多研究会
佐伯弘次　一九九三「中世の博多袖浜をめぐって」『博多研究会誌』第二号　博多研究会
佐伯弘次　一九九五「中世博多の火災と焼土層」『博多研究会誌』第三号　博多研究会
佐伯弘次　一九九六「博多出土墨書陶磁器をめぐる諸問題」博多研究会編『博多遺跡群出土墨書資料集成』
佐伯弘次・小林茂　一九九一「文献および絵図からみた房州堀」『博多二二』福岡市埋蔵文化財調査報告書第二五〇集　福岡市教育委員会
佐伯弘次・小林茂　一九九八「文献および絵図・地図から見た房州堀」小林・磯・佐伯・高倉編『福岡平野の古環境と遺跡立地』九州大学出版会

佐賀県教育委員会　一九八〇『尾崎利田遺跡』佐賀県文化財調査報告書第五五集
佐賀県教育委員会　一九九一『筑後川下流用水事業に関わる文化財調査報告書3　本村遺跡』佐賀県文化財調査報告書第一〇二集
佐藤一郎　一九九二「律令期の博多遺跡群」『博多研究会誌』一
佐藤一郎　一九九三「末代の陶磁と瓦の文様―博多出土の軒丸瓦と黄釉鉄絵盤の花卉文をめぐって―」『博多研究会誌』二
佐藤一郎　一九九四「博多出土の桶巻作りの平瓦について」『博多研究会誌』三
佐藤一郎　一九九五「博多出土の瓦製し吻について」『博多研究会誌』四
志方正和　一九六七「大宰府府官の武士化について」『九州古代中世史論集』志方正和遺稿集刊行会
斯波義信　一九六八『宋代商業史研究』風間書房
斯波義信　二〇〇六「綱首・綱司・公司：ジャンク商船の経営をめぐって」森川哲雄・佐伯弘次編『内陸圏・海域圏交流ネットワークとイスラム』九州大学COEプログラム(人文科学)東アジアと日本：交流と変容
嶋谷和彦　一九九三「堺環濠都市の拡大と計画性をめぐって」『秀吉時代の都市と貿易陶磁器―博多・堺を中心として―』博多遺跡研究会・関西近世考古学研究会・東洋陶磁学会・堺環濠都市遺跡研究会
申叔舟著・田中健夫訳注　一九九一『海東諸国紀』岩波文庫　岩波書店
鈴木正貴　二〇〇〇「出土遺物からみた結物」小泉和子編『桶と樽』法政大学出版局
鈴木康之　二〇〇六「滑石製石鍋の流通と消費」小野正敏・萩原三雄編『鎌倉時代の考古学』高志書院
鈴木康之　二〇〇八「滑石製石鍋の流通と琉球列島―石鍋の運ばれた道をたどって」池田榮史編『古代・中世の境界領域―キカイガシマの世界―』高志書院
瀬野精一郎編　一九七五『肥前国神崎荘史料』吉川弘文館
高倉洋彰　二〇一五「歴史的地名活用の有効性と問題点―唐房と「トウボウ」地名」『九州考古学』第九〇号　九州考古学会
田上勇一郎　二〇〇八「発掘調査からみた中世都市博多」『市史研究ふくおか』創刊号　福岡市史編さん室
太宰府市教育委員会　一九九八『大宰府条坊跡X』太宰府市の文化財　第三七集
太宰府市教育委員会　二〇〇〇『大宰府条坊跡XV　陶磁器分類編』
高橋昌明　一九八四『清盛以前―伊勢平氏の興隆』平凡社選書
筑紫　豊　一九六六「平清盛と博多袖の湊―附・原田種直がこと―」『博多のうわさ』三二―五
中国社会科学院考古研究所浙江工作隊　一九八一「浙江竜泉県安福竜泉窯址発掘簡報」『考古』一九八一年　六期
張　勇　一九九八「福州地区発現的宋元墨書」『福建文博』一九九八年第一期　福建文博編集部
張　勇　二〇一六「浅談近年出土、出水的唐宋磁器瓷器墨書」『南方文物』二〇一六・一
土田充義　一九九〇「街道と通り庭」『福岡市の町家』福岡市教育委員会
土橋理子　一九八六「晩唐から北宋時代の中国陶磁器出土状況の定量的分析試論」『中近世土器の基礎研究Ⅲ』中世土器研究会

常松幹雄　一九八七「造瓦技法に関する一研究―平瓦、軒平瓦における押圧技法の分布と展開―」『東アジアの考古と歴史』上　同朋社出版
常松幹雄　一九九二「博多出土古瓦に関する一考察―押圧文瓦・草花文瓦の分布とその背景―」『博多研究会誌』一号
常松幹雄　一九九八「博多遺跡群に見る埋め立てについて」『福岡平野の古環境と遺跡立地』九州大学出版会
徳永貞紹　一九九六「佐賀県出土の中世墨書資料」『博多遺跡群出土墨書資料集成』博多研究会
徳永貞紹　一九九八「肥前神崎荘・松浦荘域の中世港湾と貿易陶磁」『貿易陶磁研究』18　日本貿易陶磁研究会
徳永貞紹　二〇一〇「初期滑石製石鍋考」『先史学・考古学論究』Ⅴ　龍田考古会
戸田芳実　一九七六「王朝都市と荘園体制」『岩波講座日本歴史　四』岩波書店
永井　晋　二〇一〇「金沢文庫古文書に見る唐船派遣資料」『金沢文庫研究』三二四　神奈川県立金沢文庫
永井昌文　一九八六「祇園町遺跡D―1区出土人骨群」『高速鉄道関係埋蔵文化財調査報告Ⅴ』福岡市埋蔵文化財調査報告書第一二六集
長崎県　一九六三『長崎県史　史料編』第一
長崎県教育委員会　一九八九「宮田A遺跡」『九州横断自動車道建設にともなう埋蔵文化財発掘調査報告書Ⅵ』長崎県文化財調査報告書第九三集
長崎県教育委員会・松浦市教育委員会　一九八六『楼楷田遺跡』長崎県文化財調査報告書第七六集
長沼賢海　一九五三「国際混血児」『史淵』五六（長沼賢海一九七六『日本海事史研究』九州大学出版会に再録）
中村和美　一九九八「鹿児島県坊津と出土陶磁器」『貿易陶磁研究』18　日本貿易陶磁研究会
中山平次郎　一九八四A「続 古代の博多」中山平次郎著・岡崎敬校訂『古代の博多』九州大学出版会
中山平次郎　一九八四B「博多古図」中山平次郎著・岡崎敬校訂『古代の博多』九州大学出版会
博多研究会編　一九九六『博多遺跡群出土墨書資料集成』
博多研究会編　二〇〇三『博多研究会誌第一一号・博多遺跡群出土墨書資料集成二』
橋口　亘　一九九八「鹿児島県坊津町泊海岸採集の陶磁器」『貿易陶磁研究』18　日本貿易陶磁研究会
橋本久和　一九九二『中世土器研究序論』真陽社
橋本久和　一九九七「畿内産瓦器椀と九州北部の交易形態」『中近世土器の基礎研究』一二　日本中世土器研究会
橋本久和　一九九九「中世男山山麓の流通拠点」『研究紀要』第二号　大阪市文化財協会
橋本久和　二〇一八『概論　瓦器椀研究と中世社会』真陽社
服部英雄　二〇〇四「旦過・大の馬場・唐房」『中世景観の復原と民衆像』花書院
服部英雄　二〇〇五「日宋貿易の実態―諸国来着の「蕃客」たちとチャイナタウン唐房」『東アジアの日本―変容と交流―』2　九州大学21世紀COEプログラム（人文科学）
林　文理　一九九四「博多綱首関係史料」『福岡市博物館研究紀要』第4号　福岡市博物館
林　文理　一九九八「博多綱首の歴史的位置―博多における権門貿易―」大阪大学文学部日本史研究室創立五〇周年記念論文集『古代中世の社会と国家』清文堂

林　文理　二〇〇一『復元・博多津唐房展』展示解説シート」福岡市博物館
林　文理　二〇〇二『博多八景展』展示解説シート」福岡市博物館
林　文理　二〇〇八『ふくおか橋ものがたり』展示解説シート」福岡市博物館
林　文理　二〇一八「国際交流都市博多―「博多津唐房」再考―」木村茂光・湯浅治久編『生活と文化の歴史学10旅と移動―人道と物流の諸相』竹林舎
東彼杵町教育委員会　一九八九『白井川遺跡』東彼杵町文化財調査報告書第三集
東彼杵町教育委員会　一九八八『岡遺跡』東彼杵町文化財調査報告書第二集
日野尚志　一九七六「筑前国那珂・席田・粕屋・御笠四郡における条里について」『佐賀大学教育学部研究論文集』二四(1)
福岡市教育委員会　一九八一『博多』Ⅰ　福岡市埋蔵文化財調査報告書第六六集
福岡市教育委員会　一九八四Ａ『高速鉄道関係埋蔵文化財調査報告Ⅳ　博多』福岡市埋蔵文化財調査報告書第一〇五集
福岡市教育委員会　一九八四Ｂ『麦野下古賀遺跡』福岡市埋蔵文化財調査報告書第一〇七集
福岡市教育委員会　一九八四Ｃ『諸岡遺跡―第14・17次調査報告―』福岡市埋蔵文化財調査報告書第一〇八集
福岡市教育委員会　一九八六Ａ『高速鉄道関係埋蔵文化財調査報告Ⅴ　博多』福岡市埋蔵文化財調査報告書第一二六集
福岡市教育委員会　一九八六Ｂ『博多Ⅵ』福岡市埋蔵文化財調査報告書第一四四集
福岡市教育委員会　一九八七Ａ『博多Ⅷ』福岡市埋蔵文化財調査報告書第一四八集
福岡市教育委員会　一九八七Ｂ『高速鉄道関係埋蔵文化財調査報告Ⅵ　博多』福岡市埋蔵文化財調査報告書第一五六集
福岡市教育委員会　一九八七Ｃ『柏原遺跡群Ⅲ』福岡市埋蔵文化財調査報告書第一五七集
福岡市教育委員会　一九八八Ａ『博多一二』福岡市埋蔵文化財調査報告書第一七七集
福岡市教育委員会　一九八八Ｂ『都市計画道路博多駅築港線関係埋蔵文化財調査報告Ⅰ　博多』福岡市埋蔵文化財調査報告書第一八三集
福岡市教育委員会　一九八八Ｃ『都市計画道路博多駅築港線関係埋蔵文化財調査報告Ⅱ　博多』福岡市埋蔵文化財調査報告書第一八四集
福岡市教育委員会　一九八八Ｄ『高速鉄道関係埋蔵文化財調査報告書Ⅶ　博多』福岡市埋蔵文化財調査報告書第一九三集
福岡市教育委員会　一九八九Ａ『戸原麦尾遺跡(Ⅱ)』福岡市埋蔵文化財調査報告書第二〇一集
福岡市教育委員会　一九八九Ｂ『都市計画道路博多駅築港線関係埋蔵文化財調査報告(Ⅲ)博多』福岡市埋蔵文化財調査報告書第二〇四集
福岡市教育委員会　一九八九Ｃ『都市計画道路博多駅築港線関係埋蔵文化財調査報告(Ⅳ)博多』福岡市埋蔵文化財調査報告書第二〇五集
福岡市教育委員会　一九九〇Ａ『粕屋郡粕屋町戸原麦尾遺跡〈Ⅲ〉』福岡市埋蔵文化財調査報告書第二一七集
福岡市教育委員会　一九九〇Ｂ『博多　一三』福岡市埋蔵文化財調査報告書第二二八集
福岡市教育委員会　一九九〇Ｃ『博多　一四』福岡市埋蔵文化財調査報告書第二二九集
福岡市教育委員会　一九九〇Ｄ『博多　一五』福岡市埋蔵文化財調査報告書第二三〇集
福岡市教育委員会　一九九〇Ｅ『福岡市の町家』
福岡市教育委員会　一九九一Ａ『博多　一七』福岡市埋蔵文化財調査報告書第二四五集

福岡市教育委員会 一九九一B『博多 一八』福岡市埋蔵文化財調査報告書第二四六集
福岡市教育委員会 一九九一C『博多 二〇』福岡市埋蔵文化財調査報告書第二四八集
福岡市教育委員会 一九九一D『博多 二一』福岡市埋蔵文化財調査報告書第二四九集
福岡市教育委員会 一九九一E『博多 二四』福岡市埋蔵文化財調査報告書第二五二集
福岡市教育委員会 一九九二A『博多 二五』福岡市埋蔵文化財調査報告書第二八〇集
福岡市教育委員会 一九九二B『博多 二六』福岡市埋蔵文化財調査報告書第二八一集
福岡市教育委員会 一九九二C『博多 二七』福岡市埋蔵文化財調査報告書第二八二集
福岡市教育委員会 一九九二D『博多 三〇』福岡市埋蔵文化財調査報告書第二八五集
福岡市教育委員会 一九九二E『博多 三一』福岡市埋蔵文化財調査報告書第二八六集
福岡市教育委員会 一九九二F『博多 三二』福岡市埋蔵文化財調査報告書第二八七集
福岡市教育委員会 一九九二G『博多 三三』福岡市埋蔵文化財調査報告書第二八八集
福岡市教育委員会 一九九二H『入部 Ⅲ』福岡市埋蔵文化財調査報告書第三一〇集
福岡市教育委員会 一九九三A『香椎A』福岡市埋蔵文化財調査報告書第三一七集
福岡市教育委員会 一九九三B『博多 三四』福岡市埋蔵文化財調査報告書第三二六集
福岡市教育委員会 一九九三C『博多 三五』福岡市埋蔵文化財調査報告書第三二七集
福岡市教育委員会 一九九三D『博多 四〇』福岡市埋蔵文化財調査報告書第三三二集
福岡市教育委員会 一九九五A『博多 四四』福岡市埋蔵文化財調査報告書第三九三集
福岡市教育委員会 一九九五B『博多 四六』福岡市埋蔵文化財調査報告書第三九五集
福岡市教育委員会 一九九五C『博多 四八』福岡市埋蔵文化財調査報告書第三九七集
福岡市教育委員会 一九九六A『博多 五〇』福岡市埋蔵文化財調査報告書第四四七集
福岡市教育委員会 一九九六B『博多 五一』福岡市埋蔵文化財調査報告書第四四八集
福岡市教育委員会 一九九七A『清末 Ⅲ』福岡市埋蔵文化財調査報告書第五〇八集
福岡市教育委員会 一九九七B『博多 五六』福岡市埋蔵文化財調査報告書第五二一集
福岡市教育委員会 一九九七C『博多 五七』福岡市埋蔵文化財調査報告書第五二二集
福岡市教育委員会 一九九八『博多 六一』福岡市埋蔵文化財調査報告書第五五六集
福岡市教育委員会 一九九九A『博多 六六』福岡市埋蔵文化財調査報告書第五九三集
福岡市教育委員会 一九九九B『博多 六八』福岡市埋蔵文化財調査報告書第六〇五集
福岡市教育委員会 二〇〇〇A『香椎B』福岡市埋蔵文化財調査報告書第六二一集
福岡市教育委員会 二〇〇〇B『吉塚祝町1』福岡市埋蔵文化財調査報告書第六二四集

福岡市教育委員会　二〇〇〇C『博多　七四』福岡市埋蔵文化財調査報告書第六三二集
福岡市教育委員会　二〇〇一『博多　七五』福岡市埋蔵文化財調査報告書第六六六集
福岡市教育委員会　二〇〇二A『博多　八〇』福岡市埋蔵文化財調査報告書第七〇六集
福岡市教育委員会　二〇〇二B『博多　八五』福岡市埋蔵文化財調査報告書第七一一集
福岡市教育委員会　二〇〇八『博多　一二三』福岡市埋蔵文化財調査報告書第九九三集
福岡市教育委員会　二〇一〇『博多　一三五』福岡市埋蔵文化財調査報告書第一〇八六集
福岡市教育委員会　二〇一一『博多　一四三』福岡市埋蔵文化財調査報告書第一一二六集
福岡市教育委員会　二〇一七『博多　一五七』福岡市埋蔵文化財調査報告書第一三一五集
福島金治　一九九一「鎌倉極楽寺の唐船派遣について」『地方史研究』四一―五　地方史研究協議会
藤木久志　一九九七『戦国の村を行く』朝日選書五七九　朝日新聞社
福建省泉州海外交通史博物館編　一九八七『泉州湾宋代海船発掘与研究』海洋出版社
堀本一繁　一九九七「戦国期博多の防御施設について～「房州堀」考～」福岡市博物館『研究紀要』第七号
堀本一繁　二〇一〇「太閤町割り以前の博多」『中世都市研究15　都市を区切る』山川出版社
本田浩二郎　二〇〇六「博多」小野正敏・萩原三雄編『鎌倉時代の考古学』高志書院
本田浩二郎　二〇〇八「中世博多の道路と町割り」大庭・佐伯・菅波・田上編『中世都市博多を掘る』海鳥社
三浦純夫　一九八八「結桶の出現と普及」『考古学と技術』同志社大学考古学シリーズⅣ
水野哲雄　二〇一四「中世都市博多の黄昏と周辺地域における都市の様相」博多・山口・大分三都市研究会第四回研究集会・城下町科研中津研究集会
事務局編『博多・山口・大分三都市研究会第四回研究集会・城下町科研中津研究集会「中世都市の黄昏と近世城下町の曙光」発表資料集』
南出眞助　一九九八「日本の古代中世における港の空間構成」『アジア文化学科年報』一三　追手門学院大学
宮崎貴夫　一九九四「長崎県における貿易陶磁研究の現状と課題」『長崎県の考古学―中・近世研究特集―』長崎県考古学
宮崎貴夫　一九九八「長崎県地域の貿易陶磁の様相―肥前西部・壱岐・対馬―」『貿易陶磁研究』18　日本貿易陶磁研究会
宮下貴浩　一九九八「鹿児島県持躰松遺跡と出土陶磁器」『貿易陶磁研究』18　日本貿易陶磁研究会
宮本雅明・山路恵　一九八九A「近世町割から窺う中世後期の博多…博多・福岡の都市空間形成史―中世編(1)―」『日本建築学会九州支部研究報告』第三一号
宮本雅明・山路恵　一九八九B「遺構と文献から見た中世後期の博多と息浜…博多・福岡の都市空間形成史―中世編(2)―」『日本建築学会九州支部研究報告』第三一号
宮本雅明　一九八九A「文献と絵図から見た中世後期の聖福寺境内…博多・福岡の都市空間形成史―中世編(3)―」『日本建築学会九州支部研究報告』第三一号
宮本雅明　一九八九B「絵図と遺構から見た中世後期の博多濱…博多・福岡の都市空間形成史―中世編(4)―」『日本建築学会九州支部研究報告』第三一号

宮本雅明　一九八九C「都市史からみた中世博多の都市空間…博多・福岡の都市空間形成史―中世編（5）―」『日本建築学会九州支部研究報告』第三一号
宮本雅明　一九八九D「空間志向の都市史」高橋康夫・吉田伸之編『日本都市史入門Ⅰ　空間』東京大学出版会
宮本雅明　一九九一「中世後期博多聖福寺境内の都市空間構成」『建築史学』第一七号（『福岡平野の古環境と遺跡立地』九州大学出版会に再録）
村井章介　一九八七「解説」『老松堂日本行録』岩波文庫
村田修三　一九八五「戦国期の城郭―山城の縄張りを中心に―」『国立歴史民俗博物館研究報告』第八集　国立歴史民俗博物館
森　克己　一九七五『新訂日宋貿易の研究』国書刊行会
森　公章　一九九八『古代日本の対外認識と通交』吉川弘文館
森　茂暁　二〇〇六「『博多日記』の文芸性と九州の元弘の乱」『福岡大学人文論叢』第三七巻四号　福岡大学人文学部
森本朝子　一九八六「博多居留宋人に関する新資料」『Museum Kyushu』一九　博物館等建設推進九州会議
森本朝子　一九九六「一二世紀の中国陶磁に関する新知見」『博多研究会誌』四号　博多研究会
森本朝子　一九九七「博多出土の貿易陶磁―その分類試案（1）―」『博多研究会誌』五号　博多研究会
柳原敏昭　一九九九「中世前期南九州の港と宋人居留地に関する一試論」『日本史研究』四四八
山内晋次　一九八九「日本の荘園内密貿易に関する疑問―一一世紀を中心として―」『歴史科学』一一七
山内晋次　一九九六「東アジア海域における海商と国家―一〇～一三世紀を中心とする覚書―」『歴史学研究』六八一
山内晋次　二〇〇一「平安期日本の対外交流と中国海商」『日本史研究』四六四
山内晋次　二〇〇三『奈良平安期の日本と東アジア』吉川弘文館
山内晋次　二〇一〇「『香要抄』の宋海商史料をめぐって」『アジア遊学一三二　東アジアを結ぶモノ・場』勉誠出版
山内晋次　二〇一三「日宋貿易と「トウボウ」をめぐる覚書」中島楽章・伊藤幸司編『東アジア海域叢書11　寧波と博多』汲古書院
山本輝雄　一九八八「解体移築された旧飯尾家住宅について」福岡市教育委員会『都市計画道路博多駅築港線関係埋蔵文化財調査報告（Ⅱ）博多』福岡市埋蔵文化財調査報告書第一八四集
山本信夫　一九九七「新安海底遺物」『考古学による日本歴史10　対外交渉』雄山閣出版
吉岡康暢　一九九七「かわらけ小考」『国立歴史民俗博物館研究報告』第七四集
吉岡康暢　一九九七「新しい交易体系の成立」『考古学による日本歴史』九　雄山閣
吉田博行・菅野（五十嵐）和博　二〇〇六「福島県陣が峯城跡出土の土器・陶磁器」『貿易陶磁研究』26　日本貿易陶磁研究会
脇田晴子　一九九七「文献からみた中世の土器と食事」『国立歴史民俗博物館研究報告』第七一集
渡邊　誠　二〇〇〇「十二世紀の日宋貿易と山門・八幡・院御厩」入間田宣夫編『兵たちの時代Ⅱ　兵たちの生活文化』高志書院（渡邊二〇一二に再録）
渡邊　誠　二〇〇六「大宰府の「唐坊」と地名の「トウボウ」」『史學研究』第二五一号（渡邊二〇一二に再録）
渡邊　誠　二〇一二『平安時代貿易管理制度史の研究』思文閣出版
綿貫友子　二〇〇三「中世の都市と流通」榎原雅治編『日本の時代史11　一揆の時代』吉川弘文館

初出一覧

はじめに　書き下ろし

総論「考古学からみた博多の展開」（『中世都市博多を掘る』海鳥社、二〇〇八年）

Ⅰ　唐房の時代

第一章「集散地遺跡としての博多」（『日本史研究』四四八、一九九九年）
第二章「博多綱首の時代」（『歴史学研究』七五六、二〇〇一年）
第三章「博多の都市空間と中国人居住区」（『シリーズ港町の世界史2　港町のトポグラフィー』青木書店、二〇〇六年）
第四章「博多綱首殺人事件」（『博多研究会誌』第三号、博多研究会、一九九四年）

Ⅱ　都市の景観

第一章「中世都市博多の都市領域と境界」（『中世都市研究16　都市のかたち』山川出版社、二〇一一年）
第二章「聖福寺前一丁目2番地」（『博多研究会誌』第二号、博多研究会、一九九三年）
第三章「博多日記の考古学」（『市史研究　ふくおか』第三号、福岡市博物館市史へんさん室、二〇〇八年）
第四章「発掘調査からみた博多聖福寺と町場」（『中世都市研究4　都市と宗教』新人物往来社、一九九七年に加筆）
第五章「戦国時代の博多」（『戦国時代の考古学』高志書院、二〇〇三年）
第六章「中世都市から近世都市へ」（『福岡県地域史研究』第一三号、福岡県地域史研究所、一九九五年）
終　章　書き下ろし

あとがき

私事であるが、本書が刊行される頃、筆者は定年を迎える。一九八二年に福岡市に文化財専門職として採用されてから三七年、この間自分が何をしてきたのか、どう過ごしてきたのか、かすかな傷痕でもいいから残したいという気持ちが、昨年あたりから湧いてきた。本書をまとめることにした動機である。

そもそも九州に縁もゆかりもない筆者が、文化財専門職として生きる場に福岡を選んだのは、北部九州の弥生時代に対する憧憬からである。しかし、長いようで短かった福岡市での発掘人生を通観すれば、そのかなりの部分を中世の博多遺跡群が占めていた。そして、いつの間にか、博多の魅力にのめり込む自分がそこにいた。

私は、自分自身で「研究者」を標榜したことはない。私は、あくまで「掘り屋」でありたいと思ってきた。研究成果としての論文を書いたつもりもない。「掘り屋」が、発掘調査した情報を発信する基本的な手段は、発掘調査報告書である。しかし、限られた整理予算と期間で刊行する報告書は、特に膨大な遺構と遺物が出土する博多遺跡群においては、そのほとんどが概要報告書であり、掲載できない情報が大量に取り残される。また、博多遺跡群に限った話ではないが、一つの遺跡を何回も掘っていれば、調査地点ごとの相違や特徴、様相の違いに気づかなくては嘘である。それは、実際に調査を担当しなくては、報告書などにお行儀よく並んだ情報からでは感じ取れないようなものであり、気づいた段階ではいわば掘り屋の勘みたいなものなのだが、そういう違和感には、必ずや意味があるはずである。そして、気付いた人間が言葉にしないと、誰にも伝わらない性質のものであり、そうであればなおさら、「掘り屋」は語らなくてはならない。私に言わせれば、それこそが、考古資料を歴史資料として位置づける、あるいは考古資料と過去の現実を結ぶ「繋ぎ」である。もちろん、勘をひとに説明するためには、事実関係の整理と裏づけが必要となる。結果、公表するときには、一応、研究論文のような体裁となる。本書に掲載した、いわゆる論文のほとんどは、筆者のそのような想いを文字にしたものにすぎない。

五味文彦氏は、中世都市を三つの類型に分けたが、その一つの代表に博多をあげた。五味氏によれば、博多は境界性を原理とし、モノを基軸に据えて、港湾としての性格を持つ都市である［五味 二〇〇七］。それは、「計画的に形成されたというよりは自生的に成立し次第に改造が加えられたもの」で、「都市の成立や展開を考える上で」、あるいは「現代にいたるまでの都市の歴史を考える上で基準となる都市」であり、「都市が異文化や文物の交流・交換の場として発展を見たことを考えるならば、日本の都市の原型」に位置づけられるという［五味 二〇〇八］。

私は、五味氏のように体系的に整理した歴史観を持って、博多を俯瞰するだけの見識を持つものではない。しかし、博多遺跡群が、中世を通じて都市であり続けた全国にも稀有な遺跡である、という認識はある。そして、それは私たちに、出土資料の形をとってさまざまな表情を見せてくれるのである。そこには時代を超えて通底するものもあれば、経時的に変化するものもある。一方、残された文献史料は、この豊かな中世博多の世界をうかがうにはあまりに乏しい。結果、出土資料が見せる豊かな表情の多くが、われわれには理解できない不可思議な表情となってしまう。

博多には、物語がある。語り伝えられた伝説もあるが、リアルタイムで記された物語もある。一例をあげよう。

本書でも取り上げているが、『博多日記』という史料がある。元弘三年（一三三三）、後醍醐天皇の綸旨に応じた菊池武時の鎮西探題攻撃からその少し後までを詳細につづった、日記体の記録である。記したのは、彼杵荘の訴訟のため、博多の鎮西探題を訪れ、承天寺に寄宿していた京都東福寺の僧良覚である。彼は、『博多日記』の中に、一つの幽霊憑依譚を記している。

　鎮西探題館を攻めて敗死した菊池一族の首級は、探題館の犬射馬場にさらされた。それを見物に行った女の話である。「或人ノ従女」とある。彼女はさらし首見物に行ったのである。見物しているうちに、身の毛がよだつ思いがした。その場はすごしたが、程なくして、病みついてしまう。そんな話を聞いて二人の僧が家主のもとを訪れ、彼女に対面する。「従女」であるから、身分ある女性の「或人」に仕えており、「家主」は「或人」の夫、あるいは父であろうか。

　すると、病みついていた女はにわかに起き上がり、男のしぐさで僧に礼をし、上座に導いて自身は下座に畏まった。僧は問う。「あなたは一体どのようなお方なのでしょうか」。丁寧である。女のしぐさが、よほど礼にかなったものだったのであろう。身分ある者の霊が取りついた、と踏んだのである。女はいう。「私は菊池入道の甥で、左衛門三郎というものです」。そして、左衛門三郎の語りは続く。「菊池で妻を迎え、十六日になろうとしたときに今回の出陣となりました」。そこで、新妻との別離の場が語られる。きっと生きて再びお目にかかろうという左衛門三郎に、妻は彼が脱いだばかりの袴をとって涙にくれる。その面影が今も忘れられない。わが額の髪を切って妻に与え、妻の髪をお守りに首にかけて、探題館の犬射馬場で死に際まで持っていたと涙する。合戦のことを語るときには勇ましく声を荒げるも、妻のことを言うときには悲しみを漂わせる、芝居の一幕を見るような、いわば名場面である。

　しかし一転、話題は移る。息浜の菊池宿館を出発するとき、夜更けまで酒を飲んでいた。初陣の緊張をほぐそうとしたのであろうか、あるいは景気付けか、出陣は明け方前だが、どうも直前まで酒に浸っていたようだ。左衛門三郎は続ける。「酒を飲んで、水を飲みたかったのに飲めないまま出陣し、討ち死にしてしまった。のどが渇いて仕方ないので、水が飲みたい、水をくれ！」乞うて飲んだ水は、小桶に二杯。あげくにこう続く。「われは上戸であるから して、酒を飲ませろ！」そして、提子一杯の酒をぐびり…「ぷはーっ、うまいのう…（筆者の推測）」。しかも、姿は女性(「にょしょう」と読んで下さい)! こうなるともう、落語である。

この物語は、地元に語り伝えられた民話・伝承の類ではない。一次史料に記されたれっきとした実話である。実話というのが危うければ、良覚が身近に聞いた、ついそこで起きた話である。

学ぶべき点も多々ある。首級は犬射馬場にさらされた。菊池左衛門三郎が討ち死にした場も犬射馬場であり、おそらく探題館の馬場であろう。そこに、さらし首見物の老若男女が出入りできた。探題館の馬場は、オープンな場だったのであろうか。あるいはさらし首の間だけ解放されたのか。「家主」は、どのような身分の者だったのだろうか。『博多日記』には、武士たちの姓名は結構詳細に出てくるから、武士であるとは考えにくい。合戦とは直接かかわらなかった、商家の主などを連想したい。しかし、彼は、左衛門三郎の乞いを容れ、酒をひと提子、即座に出している。酒は、そんなに身近だったのだろうか。酒を常備していた彼は、よほどの有徳人であろうか。提子で酒を注ぐという行為は、どういう人々の間にまで広がっていたのだろうか。

一方、「従女」を持つことができる身分であることから、「家主」を上級武士だとしたらどうなるか。良覚があえて名前を出さなかった、あるいは出すことを憚ったとしたら、探題方の有力武士ではなかったか。つまり、合戦の勝者である。少し悪意を含んだ憶測をしてみよう。勝者の、しかも有力武士の家の従女が、敗者の生首見物に行ったのである。得意げな表情、勝ち誇った眼の色がうかんでいたのではないか。そこに敗者の、しかも新妻との涙の別れを引きずった悲運の若武者の霊が取りつく。勝者の驕りに憑りついた敗者の悲哀! しかも敗者は酒好きで、勝者から酒をせしめる。実はこの話には続きがあり、二人の僧は除霊として、左衛門三郎のために卒塔婆を立てさせる、つまり、最後は供養までさせてしまうのである。名前を出さなかったことに、良覚の幕府批判、北条氏批判が込められていたとしたら、この話はただの噂話にとどまらず、寓話の色を帯びる。いずれにしても面白い、実に面白い物語である。

私は、いわゆる真面目な「研究の徒」ではない。考古学的方法論に則った緻密な分析は、どうも苦手なようだ。私には、地中から顔を出すさまざまな遺物が、百鬼夜行する付喪神のように見える。博多遺跡群からは、銅や鉄の提子が出土している。その提子には、どのような物語があったのだろうか。付喪神の姿を捉え、彼らに呪縛され、彼らのする法螺話、自慢話込みの語りかけに耳を傾け、そこから中世博多を透かし見ること、そうして見えた幽かな残像を紡いで、博多を歴史の流れの中に貼り付けること、およそ学問的とは言えないかもしれないが、私の居場所はそこにこそある。

本書は、私にとって一つのけじめではあるが、私の耳にはまだ文字にできていない付喪神たちの与太話がいくつか残っている。本書はこれで閉じるが、もうしばらくは、この身勝手な作業を続けていきたいと思っている。

末尾になったが、本書を刊行するにあたって、その労を厭わずにお付き合いくださった高志書院の濱久年氏に感謝する。

静岡大学の考古学研究室に在籍して以来、今日に至るまで、藤田等先生には公私共にお世話になってきた。私の在学中には、先生は学生部長の重責を担っていたため講義は極端に少なかった。しかし、考古学実習や夏休みの発掘調査で身近に先生に接し、発掘現場の楽しさと考古学の実践を学ぶことができた。「掘り屋」の職人技にこだわる私の指向は、先生から学んだといえる。不肖の弟子ではあるが、本書の刊行を喜んでいただけることと思う。

九州大学の佐伯弘次先生には、私が博多遺跡群の発掘調査を担当するようになった早い段階から、常にご指導いただいてきた。そもそも、身近に川添昭二・佐伯弘次というお二人の偉大な文献史学者がいて、発掘情報に温かいまなざしと関心を向けていただいてきたことは、博多遺跡群の考古学調査・研究の進展にあたって、計り知れない激励と影響を与えてきた。これまで書き散らしてきた駄文で一書を編むことについても、佐伯先生からお勧めいただいた。深謝する次第である。

宮崎大学の関周一先生にも、早くから論文をまとめることを勧めていただいてきた。ここにようやく、形とすることができた。怠惰な私への励ましに感謝申し上げる。

本書は、いうまでもなく博多遺跡群の発掘調査に携わった、福岡市の先輩、同僚たちのご苦労の結果でもある。とりわけ、先達として考古学的な博多研究の基礎を作ってくれた池崎譲二氏、博多を調査し始めたころの私に吉備系土師器椀（当時は早島式と呼んでいた）や楠葉型瓦器、備前焼などの基礎知識を与えてくれた故吉留秀敏氏には、多くのことを学んだ。その他、個々のご尊名は上げないが、諸先輩・同僚諸氏には感謝する次第である。

博多遺跡群は、人見知りで人づきあいが苦手な私に、全国の多くの先生方や仲間を与えてくれた。それもまた、博多の魅力の恩恵であろう。いちいちそのお名前をあげないが、仲間たちとの付き合いや酒席での情報交換が、不精な私に刺激と着想を与え続けてくれた。謝意を表するとともに今後ともお付き合いのほどを願いたい。そして、すばらしい出会いとやりがいをくれた博多遺跡群に感謝する。

最後に、あまり丈夫でもない身体ながら家事の一切を引き受け、私の身勝手な勉強を許し支えてくれた最愛の妻智子と娘一葉に最大の感謝をささげる。

二〇一八年十一月一日

大庭　康時

【著者略歴】
大庭 康時（おおば こうじ）
1958年　静岡県生まれ
1982年　静岡大学人文学部人文学科卒業
専　攻　考古学
現　在　福岡市経済観光文化局文化財活用部埋蔵文化財課

〔主な著書論文〕
『中世都市 博多を掘る』（編著・海鳥社）、「博多」（『いくつもの日本　新たな歴史へ』岩波書店）、「博多の都市空間と中国人居住区」（『港町の世界史3　港町のトポグラフィ』青木書店）、「集散地遺跡としての博多」（『日本史研究』448）、「博多綱首の時代」（『歴史学研究』756）ほか多数。

博多の考古学ー中世の貿易都市を掘る

2019年3月25日第1刷発行

著　者　大庭康時
発行者　濱　久年
発行所　高志書院

〒101-0051 東京都千代田区神田神保町2-28-201
TEL03(5275)5591　FAX03(5275)5592
振替口座　00140-5-170436
http://www.koshi-s.jp

印刷・製本／亜細亜印刷株式会社

ISBN978-4-86215-191-9